老年大学培训教材系列丛书

王卫东 著

老年教育原理

广东高等教育出版社
Guangdong Higher Education Press

·广州·

图书在版编目（CIP）数据

老年教育原理／王卫东著. —广州：广东高等教育出版社，
2023.2（2024.11 重印）

（老年大学培训教材系列丛书）

ISBN 978 – 7 – 5361 – 7309 – 5

Ⅰ．①老…　Ⅱ．①王…　Ⅲ．①老年教育 – 老年大学 – 教材
Ⅳ．①G777

中国版本图书馆 CIP 数据核字（2022）第 154189 号

老年教育原理

LAONIAN JIAOYU YUANLI

出版发行	广东高等教育出版社
	地址：广州市天河区林和西横路
	邮政编码：510500　电话：（020）87551597
	http://www.gdgjs.com.cn
印　　刷	东莞市雅达彩印有限公司
开　　本	787 毫米 ×1 092 毫米　1/16
印　　张	18
字　　数	238 千
版　　次	2023 年 2 月第 1 版
印　　次	2024 年 11 月第 2 次印刷
定　　价	49.00 元

老年大学培训教材系列丛书
编 委 会

前　言

　　这本《老年教育原理》是广东省老干部大学和广州大学教育学院老年教育研究中心合作的"老年大学培训教材系列丛书"的最后一本。

　　2015 年，鉴于广东省老年（老干部）大学师资队伍教育专业性偏低的状况，广东省老干部大学蒋海鹰校长和本人不谋而合地想到：培训师资、提高他们的专业素质，是一个迫在眉睫的重要任务。培训教师，就得有教材。经过协商，我们决定利用广东省老干部大学和广州大学教育学院老年教育研究中心的力量，合作编写一套老年大学师资培训教材。在这套教材的第一本《老年大学教学：理论与艺术》即将付梓时，时任责任编辑的北京师范大学出版社郭兴举博士建议，不要过于强调老年大学师资培训，任何关注老年教育和老年大学发展的社会人士，都可以阅读和学习这套丛书。于是，这套书便更名为"老年大学培训教材系列丛书"。虽然仍冠以"教材"之名，但是其用途已超越培训师资，成为一套普及老年教育理论知识、辅助老年教育理论研究的老年教育论著。

　　在之后的几年里，两个单位的专业人员通力合作，先后编写了《老年大学教学：理论与艺术》《老年教育心理学》《老年大学课程论》《老年教育管理：理论与实务》。尽管在这一过程中经历了新冠疫情、出版社更换等多种因素的困扰，但这些教材都先后得以出版，并且在广东省老年大学师资培训、老年教育研究等方面发挥了一定的积极作用，产生了良好的影响。

这本《老年教育原理》最初计划由笔者主编，组织相关专业人员共襄其成。但鉴于之前主编一些教育学和老年教育论著时出现的因不同的编写者在理论认识、撰写风格等的差异而导致整本书在观点和风格等不尽统一的问题，最后笔者决定以一己之力完成这本书的撰写。历经近两年，终于完稿。

《老年教育原理》设计和撰写的基本原则是：坚持以马克思主义的思想、观点、立场，以及习近平新时代中国特色社会主义思想为指导，紧密结合新时代中国社会发展的新态势和中国老年教育的实际情况，尽量遵循教育原理的基本内容和表述规范，合理借鉴老年教育学的已有研究成果，内容组织上坚持理论与实践相结合，文字表述上努力做到简朴、易懂。

《老年教育原理》共计八章，分别阐述了老年教育的概念、要素和形态、目的、价值、内容、途径、现代化建设以及老年教育研究问题。考虑到这套书总体上仍属教材范畴，对于那些在老年教育研究界尚未形成共识的理论问题，本书不予详述。例如，现代国家和地区的普通教育均形成了制度化教育系统。虽然老年教育起源于现代社会，发展十分迅速并成为终身教育体系的组成部分，但是它尚未形成如普通国民教育系统那样纵向贯通、横向关联的教育系统。因此，虽然老年教育制度是老年教育原理的基本内容，但是笔者踌躇再三，还是决定将这一部分内容暂付阙如。

每一章的基本逻辑是：首先理清基本概念的内涵，然后再阐述相关理论。尽管原理知识具有普遍性，但是教育学问题从根本上来说属于价值范畴，完全超越国家和民族文化的教育原理是不存在的，所以本书侧重于结合我国老年教育实践的历史和现状来阐述老年教育基本理论，当然也会尽量扩展素材范围，以使本书尽可能在最大程度上体现出教育原理的意蕴。本书还选摘了一些国内外（以我国为主）老年教育研究的理论成果以及老年教育实践的成功做法。理论研究成果可以丰富老年教育的基本理论知识，实践经验能够在理论知识之外增加读者的感性认识，增强本书的可读性。部分理论问题的分析，是笔者介入老年教育领域之后的思考，虽已尽力，但肯定会存在浅陋和错误之处。所以，本书的付梓也是给自己一个获得老年教育界的前辈和同仁指教的机会。期盼大方之家不吝赐教，本人不胜感激！

《老年教育原理》除了可供老年大学和老年教育机构师资培训和教师自学之外，对于以下人士也有一定的价值：普通高等院校师范类本科生和研究生；从事老年教育实践工作的各类人员；有志于进入老年教育教师队伍行列从事老年教育教学工作，或关注老年教育事业改革和发展的社会人士；教育学界的理论工作者。

本书的撰写参阅了大量国内外教育学、心理学、哲学等知识领域的论著、教材、学术论文等，限于篇幅，书末只列举了主要参考书目。虽然其他研究成果未能一一呈列，但笔者对这些成果及其作者的尊敬未减丝毫，在此表示衷心的感谢！

广东高等教育出版社对本书的出版予以大力支持，特别是责任编辑冯沪萍女士在编校等方面付出颇多。谨向出版社的领导和工作人员致以深深的谢意！

王卫东

2022 年 5 月

目　录

第一章 教育与老年教育的概念

本章提要

　　本章首先对一般意义上的教育概念进行简要的分析，为正确理解和把握老年教育的概念奠定认识基础，然后阐释老年教育的概念，"打造"老年教育基本理论体系的"基石"。

第一节　教育的概念

　　教育的概念是指主体关于教育及其本质属性的理性认识，也指这一认识的结果。其中"教育"是主体的认识对象，它既具有自身的性质（如教育的社会性、永恒性、目的性、历史性、阶级性、相对独立性等），又与其他社会活动或现象（主要指政治、经济、文化、科技等社会现象和活动）之间存在着必然的联系。教育的性质及其与其他社会现象或活动之间的关系，统称为教育的属性。在教育的多重属性中，有些是决定教育区别于其他社会现象或活动的属性，即教育的本质属性。

一、关于教育内涵的不同理解

尽管在先秦时孟子就将"教""育"二字连用，但在 20 世纪以前的中国典籍中，"教""育"二字很少用在一起。据陈桂生教授的考证，"从孟子开始到 19 世纪末，以用'教育'一词的人数计，恐怕平均每百年才出现一人"①。中国传统文化关于"教""育"的理解，大多根据东汉许慎《说文解字》中的解释："教，上所施，下所效也"；"育，养子使作善也"。其中"教"原本是一种政治教化活动，或一种社会公共管理的手段，与今天教育活动的关联并不是很大。从教育学的角度来说，"教"表征的是中国古代的教育方式——上施下效。"育"的最初含义与教育活动的关系也不密切，其本义为妇女生育子女，后来引申为父母对孩子的抚养，再引申为天地间万物的生长或成长。《说文解字》对"育"所做的"养子使作善也"的解释，赋予"育"以社会伦理内涵，也道出了中国教育的本真意义——作为社会成员，不仅要生育下一代，赋予他们自然生命，而且要培养下一代，赋予他们社会生命，使他们向善、有道德。总的来说，中国文化中的"育"字作为一个规范词，明确地规定了教育的目的和价值方向——使人向善，走向美好。

西方文献中的"教育"有不同的词汇表征，如英语为"education"，法语为"éducation"，意大利语为"educaziōne"等。这些词汇，均从拉丁文动词"educēre"（意为"养育""培养"）的名词形式"educare"派生、演化而来。"educēre"中的前缀"e-"有"出"的意思，而词根"ducēre"的意思是"引导"，因此，"educēre"的意思就是"引出"——引出人身心中潜

---

① 陈桂生．学校教育原理［M］．长沙：湖南教育出版社，2000：92.

在的素质和能力。"通过一定的手段，把某种本来潜在于人身体和心灵内部的东西引发出来。这种潜在的东西是有价值的，故而才需要引发出来。"①这种"引出"式的教育，与中国传统的"上施下效"式的教育最大的不同在于：中国的教育十分强调教育者的权威地位和榜样作用，侧重于教育者的施教和示范，教育过程中的纪律管教十分严格；而在西方文化系统中，教育活动则是一个把潜藏在受教育者身心内部的素质引发、外现的过程，比较重视从受教育者的实际状况出发进行教育活动，而不过分强调外部因素对受教育者身心发展的影响。关于这一点，英国的伊丽莎白·劳伦斯（E. S. Lawrence）做了较为准确的概括："回顾一下对现代理论和实践有所贡献的教育理论家的著作，便可以发现有一个主题贯穿其中，由这个主题可以派生出许多其他的观点，这就是：相信成长的内在力量，走向光明是人的本性。发展是人本身潜在力量的展开，而教育者要相信这种力量。"②

古往今来，人们对"教育是什么"做过种种不同的解释。古希腊哲学家和教育家苏格拉底（Socrates，前469—前399）认为，教育是"使人得到改进"。"秉赋最优良的、精力最旺盛的、最可能有所成就的人，如果经过教育学会了他们应当怎样做人的话，就能成为最优良最有用的人。"③古典社会学创始人之一、法国社会学家和教育家迪尔凯姆（Émile Durkheim，1858—1917，又译为涂尔干、杜尔凯姆、杜尔干）提出："教育是成人一代对那些不能成熟地应付社会生活的年轻一代所施加的影响。其目的是，在孩童时期为青年一代的身体、智力和道德发展创造条件，并使之在上述方面达

---

① 石中英. 教育学的文化性格 [M]. 太原：山西教育出版社，1999：116.

② 劳伦斯. 现代教育的起源和发展 [M]. 纪晓林，译. 北京：北京语言学院出版社，1992：Ⅵ.

③ 色诺芬. 回忆苏格拉底 [M]. 吴永泉，译. 北京：商务印书馆，1984：139.

到政治社会的统一性和以特殊方式而产生的特殊环境所提出的要求。"① 实用主义集大成者、美国哲学家和教育家杜威（John Dewey，1859—1952）认为，教育即生活的过程，是生长，"是经验的改造或改组。这种改造或改组，既能增加经验的意义，又能提高指导后来经验进程的能力"②。德国存在主义哲学家雅斯贝尔斯（Karl Theodor Jaspers，1883—1969）认为，"所谓教育，不过是人对人的主体间灵肉交流活动（尤其是老一代对年轻一代），包括知识内容的传授、生活内涵的领悟、意志行为的规范，并通过文化传递功能，将文化遗产教给年轻一代，使他们自由地生长，并启迪其自由天性"③。

我国古代思想家也对"教育是什么"提出了许多见解，如孔子视教育为社会统治的手段，荀子提出"以善先人者谓之教"的观点。近代的学者也从不同的角度对教育的内涵进行了诠释，如蔡元培认为，教育是发展人的能力和完善人格，而马克思主义教育家杨贤江则将教育与社会生活联结在一起，提出教育"是帮助人经营社会生活的一种手段"，"教育的定义应是社会所需要的劳动领域之一"④。当代教育学者对教育的概念也有不同的表述。如成有信教授认为，教育的概念有广义和狭义（即学校教育）之分。教育概念都包含下列三个共同点：第一，都是有目的的，但自觉程度不同，即不一定都是有计划的和有组织的。第二，都是人对人的影响，即都包含下列三个要素：影响源——教育者、影响、影响受体——受教育者。但各自具有不同程度的确定性。第三，都能促进人的社会化，但程度不同。"教育概念一

---

① 布列钦卡. 教育科学的基本概念：分析、批判和建议 [M]. 胡劲松，译. 上海：华东师范大学出版社，2001：25.

② 杜威. 民主主义与教育 [M]. 王承绪，译. 2 版. 北京：人民教育出版社，2001：87.

③ 雅斯贝尔斯. 什么是教育 [M]. 邹进，译. 北京：生活·读书·新知三联书店，1991：3.

④ 郭齐家. 中国古代教育思想史 [M]. 北京：教育科学出版社，1987：411.

般可表述为：教育乃是促成人的社会化的人影响人的活动。学校教育的概念可表述为：教育乃是教师以人类社会所积累的知识和经验对学生的身心所施加的有目的、有计划和有组织的影响，并使之转化为学生的精神财富——掌握这些知识和经验，促进学生身心发展的过程。"[①] 叶澜教授指出，教育是有意识地以影响人的身心发展为直接目标的社会活动。上述的教育定义一般称为广义的教育，与此相对的是狭义的教育，即学校教育。学校教育是由专职人员和专门机构承担的有目的、有系统、有组织的，以影响入学者的身心发展为直接目标的社会活动。[②] 在诸种解释中，王道俊和王汉澜两位教授主编的《教育学》对教育的定义在我国产生了较大的影响。他们认为：教育分为广义和狭义两种。广义的教育指的是，凡是有目的地增进人的知识技能，影响人的思想品德，增强人的体质的活动，不论是有组织的或是无组织的，系统的或是零碎的，都是教育。狭义的教育是指有专门组织的教育，它是根据一定社会的现实和未来的需要，遵循年轻一代身心发展的规律，有目的、有计划、有组织地引导受教育者获得知识技能，陶冶思想品德，发展智力或体力的一种活动，以便把受教育者培养成为适应一定社会（或一定阶级）的需要和促进社会发展的人。[③]

二、教育概念的分析

教育学者尽管对教育概念的表述不完全相同，但却有一个基本共识，"即都把教育看作是培养人的活动"，认为"这是教育区别于其他事物现象的根本特征，是教育的质的规定性。如果失去了这一质的规定性，那就不能

---

① 成有信. 教育学原理［M］. 郑州：河南教育出版社，1993：63.
② 叶澜. 教育概论［M］. 上海：华东师范大学出版社，1991：8－9.
③ 王道俊，王汉澜. 教育学：新编本［M］. 2版. 北京：人民教育出版社，1989：41.

称之为教育了"①。所以，"教育是培养人的社会活动"已成为我国教育学界对教育概念或本质属性的界定。

教育的这一概念，可以从以下几个方面逐步深入地加以理解。

（一）教育是人类社会特有的一种活动

教育是人类社会特有的一种活动，表征了教育的社会性。它说明，教育只存在于人类社会之中，动物界是不存在教育的。

19 世纪后期，法国社会学家和哲学家勒图尔诺（C. Letourneau，1831—1902，又译为利托尔诺）提出了教育的生物起源说。他认为，教育在动物界早已存在，是人和动物所共有的活动。在这个问题上，人类和动物没有本质区别。"动物尤其是略为高等的动物，完全同人一样，生来就有一种由遗传而得到的潜在的教育，其效果见诸于个体的发展过程。"② 生物界的生存竞争是教育存在的基础。英国教育家沛西·能（T. P. Nunn，1870—1944）也持同样的观点。1923 年，他在不列颠协会教育科学组的大会上以《人民的教育》为题所做的演说中指出："教育从它的起源来说，是一个生物学的过程，不仅一切人类社会有教育，不管这个社会如何原始，甚至在高等动物中也有低级形式的教育。……教育既无待周密的考虑使它产生，也无需科学予以指导，它是扎根于本能的不可避免的行为。""生物的冲动是教育的主要动力。"③

---

① 王道俊，王汉澜. 教育学：新编本［M］. 2 版. 北京：人民教育出版社，1989：28.

② 勒图尔诺. 教育的源起［G］//瞿葆奎. 教育学文集·第 1 卷：教育与教育学. 北京：人民教育出版社，1993：158.

③ 沛西·能. 教育原理［M］. 王承绪，赵端瑛，译. 北京：人民教育出版社，1992：译者前言 38.

　　尽管动物界也存在类似于人类教育的活动，但是，它们的所谓"教"与"学"是一种基于生存本能的自发行为。由于没有语言，不具备将经验积累起来并传递给同类的能力，动物界的"教育"只能停留在第一信号系统的水平，并没有达到如人类这般真正的教育的程度。因此，尽管教育的生物起源说正确地肯定了动物本能活动和人类教育之间的联系，较之"教育起源于神意"的观点无疑具有进步性，但是尚缺乏更加充分的证据，因此这种观点还没有得到大多数教育学界人士的认同。

　　马克思主义认为，教育同人类的劳动、管理等社会实践活动一样，是人类进化和发展到一定阶段的特有产物。

　　从教育的起源来看，教育产生于人类社会生产和社会生活的需要。自诞生以来，人类在漫长的进化进程中逐步学会了与自然和同类进行交往以保存、延续和发展自我，其中生活经验和生产经验的萌生和累积、语言的发明和使用、工具的制造和创新、意识的逐步发达等，使人类日益超越与一般动物共同拥有的自然属性，具有自己独特的社会属性。保存种族并使之得到延续和发展的需要，使得人类必须在社会生产和生活过程中，发挥自己特有的语言（包括口头语言和肢体语言）功能，把产生和累积于社会生活和社会生产实践中的知识经验传递给下一代，这样便产生了教育。有了教育这种社会实践活动之后，人类在进化发展过程中不仅使社会新生代适应特定的社会环境，而且培养了社会新生代进一步改造社会环境、创造社会财富、推动社会发展的意识和能力，也培养了他们创造新知识的意识和能力。这些意识和能力，促进了人类社会的快速发展。之后，人类社会的知识经验越来越丰富，人们靠最初的口耳相传或手把手地教的原始教育方式、方法和手段已不能满足教育活动的需要。加之有了剩余产品、人的体脑分工、文字等，专门用于保存和传承知识的教育机构——学校就应运而生。从知识的角度来说，教育是因为知识的产生而产生，学校是因应知识的丰富而设立。

总之，教育是人类社会特有的一种现象。它的社会职能，就是传递社会生产经验和社会生活经验，促进新生一代的成长。教育是社会新生一代的成长和社会生活延续与发展所不可缺少的手段，为一切人、一切社会所必需。从这个意义上说，教育是人类社会的永恒范畴，与人类社会共始终。[①]

从教育自身的发展来看，教育自诞生后就随着人类社会的发展变化而发展变化，在不同的历史时期表现出不同的性质和功能，体现出教育的历史性；在人类阶级社会阶段，教育还具有明显的阶级性和等级性。

从教育与其他社会活动的关系来看，在人类社会发展过程中，任何特定时期的教育都要受这一时期的政治、经济、文化、科技等社会活动的制约，具有明显的社会制约性。教育的历史性、阶级性、等级性、社会制约性等，都是教育的社会性的重要表现。

（二）教育是一种有目的、有意识的社会活动

马克思曾经指出："蜘蛛的工作与织工的工作相类似；在蜂房的建筑上，蜜蜂的本事，曾使许多以建筑师为业的人惭愧。但是最劣的建筑师都比最巧妙的蜜蜂更优越的，是建筑师以蜂蜡建筑蜂房以前，已经在他脑筋中把它构成了。"[②] 这段话明确地说明，人与动物的根本区别之一，就在于人的活动是有目的的。

教育也是人类的一种有意识、有目的的社会活动。人类之所以能够产生教育的需要，首先是受自身活动的目的性支配的。当人们具备一定的社会生产和生活经验之后，是否要把这些经验传授给下一代，取决于人类是否有比较明确的意识。教育产生于人类社会生产和生活的需要，是指教育起源于人

---

①② 王道俊，王汉澜. 教育学：新编本［M］. 2 版. 北京：人民教育出版社，1989：25.

类在社会生活和生产过程中不断产生维持社会存在和延续社会发展的需要。人类有了这样的需要后，会意识到要通过某种手段来使需要得到满足，然后在这种意识驱动下进行有目的的经验传递，教育活动因此才得以产生。

动物类似于人的"教育"活动，实际上是动物在长期的进化过程中产生的一种程序化的动作条件反射活动，这种活动在本质上是本能的。无论动物经过怎样的训练，也难以达到像人类这样的高级心理活动，不可能具备如人类一般清晰而明确的意识和目的性。人类的教育活动——无论是向社会新生代传递生产知识，还是让他们养成所处的社会环境所必需的社会行为规范，甚至是增强自身的体力和体能——都是社会中的成年人根据社会生产和生活的需要，有目的地计划、组织和实施的活动。

美国教育史专家、心理学家孟禄（Paul Monroe，1869—1947）从人的心理和动物心理具有本质区别的观点出发，根据原始社会没有学校、没有教师、没有教材的原始史实，判定教育应起源于儿童对成人无意识的模仿。他说："原始社会以最简单的形式展现它的教育……用来帮助或强制个体服从普遍要求的复杂手段，绝大部分是无意识地对个体施加影响的，而这些普遍要求是个体为了能同他周围的人共处所必须履行的条件。……使用的方法从头到尾都是简单的、无意识的模仿。"[①] 这就是教育史上著名的教育的心理起源论。

教育的心理起源论有其合理的一面，但这种观点把人类的教育完全归结于儿童在无意识状态下的模仿行为，看不到人类的绝大多数活动都是在意识支配下产生的目的性行为，因而也是不科学的。

---

① 孟禄. 原始教育：一种非进取性的适应的教育［G］//瞿葆奎. 教育学文集·第 1 卷：教育与教育学. 北京：人民教育出版社，1993：178 – 179.

（三）教育是有目的、有意识地培养人的社会活动

人类的绝大多数活动都是有明确的意识和目的的。教育与其他有意识、有目的的社会活动的本质区别在于，它不以创造物质财富为直接目的，也不直接指向精神产品的生产，而是以人自身为直接目的。

然而，以人自身为直接目的的活动也有很多，如以人自身的繁衍和延续为目的的生育抚养活动、以人自身的健康为目的的医疗保健活动、以探明人的精神世界为直接目的的心理研究活动等。与其他以人自身为直接目的的活动相比，教育是以人的身心发展为直接目的的社会活动，或者说是以提升人的身心素质为基本职能的社会活动，人们通常简明地称之为培养人的社会活动。这就是教育的本质属性，或者说是教育的质的规定性。

当然，并不是所有"培养人"的活动都可以称为教育。比如，偷亦有技、盗亦有道，但偷窃者和强盗们之间的"传道授业"虽然也有明确的意识和目的，却不能称为教育。我们强调教育的目的性，其中包含着一个十分重要的内涵：教育的目的是促进受教育者照着有利于人类社会发展和文明进步的方向发展变化的。用中国文化话语体系来说，教育必须是"使人向善"的活动。这里的"善"，超越了道德之善，泛指人性中一切的美好和善良。判定一种社会活动是否属于教育活动，不仅要看它是否为一种有目的的活动，更要看它的目的是否正确——能否使人向善，使人走向美好和光明。

关于培养人的含义，我国当代著名的教育理论家孙喜亭教授曾经做出了分析。他认为，"教育是一种培养人的活动"，应有三层含义：第一，人是人，人不是动物，人生下来就带着人在进化、在历史进程中沉淀下来的历史的烙印。人的生理素质为人类所特有，而不为其他动物所具有。教育的重要内容之一，就是"引发"人的生理和心理的素质得以发展，使人的原始的

丰富的素质呈现出来。这可以称为人的本质的"外化"。第二，人的本质不仅是它的自然实体，人还是社会的实体。人既是社会的实体，他必然是在后天生活中获得了人类在历史进程中所形成的并构成人们共同生活的共同的文化。人总是在一定的文化环境中生活，人所处的环境中的文化，给人的心理以潜移默化的影响，这种影响完全是一种不自觉的过程，即"文化无意识"的作用，广义的教育，实际就是"文化化"的过程。第三，人在其现实性上，又是社会关系的总和。人总是具体的人，而不是抽象的人。教育的特定职能，就是按照社会要求造就一定社会所需要的人。这一过程，是将一定的社会本质内化于个体的过程，这可以叫作社会本质的"内化"。内化、文化化与外化是矛盾的运动、矛盾的发展和矛盾的转化。教育过程就是教育者凭借一定的手段，将特定的内容转化于受教育者的主体内部的过程。教育过程以动态的形式表现出来，而结果则以静的形态存在于受教育者的主体内部。教育对象化了，而对象被加工了。教育者的教育，结果就是使教育者成为社会所需要的社会成员。教育内容向着受教育者转化，内化表现为外化，完成一个教育过程，一个教育活动。[1]

（四）教育是人类社会中具有相对独立性的活动

人类社会活动不胜枚举，政治、经济、文化、科学、技术、教育、军事等。教育之所以能够成为一种单独的社会活动，说明它具有相对独立性。也就是说，教育与其他社会活动之间有着质的不同，有其自身发展变化的规律。

教育的相对独立性，首先表现在它是一种培养人的活动，它要解决的问题是把人类积累的社会生产经验和社会生活经验转化为受教育者个体的内在

---

[1]　孙喜亭. 教育原理［M］. 2 版. 北京：北京师范大学出版社，2003：69.

素质，形成受教育者的个性，这是教育所独有的性质。教育过程就是一种转化过程，这一过程采取的步骤和方法不同于政治经济制度运行和生产力发展的规律和法则，它与人们的精神活动规律密切相关，主要是在人们的认识活动指导下的社会实践。人们在教育活动中产生的一些认识，如因材施教、循序渐进、教学相长、言传身教等教育原则和方法，不会因政治经济制度或生产力发展水平的变化而变化或被否定，具有相对独立性。

教育的相对独立性，又表现在它的历史继承性。也就是说，某一特定历史阶段的教育要在之前的教育基础上向前发展。某一时期的教育思想、教育制度、教育内容、教育方法等，尽管受当时的政治经济制度和生产力发展水平所制约，但同时又是从以往的教育发展而来的，都与以往的教育有着渊源关系，是在以往的教育的基础上发展起来的。正因为如此，在同样的政治经济制度和生产力发展水平的国家里，可以具有不同特色的教育。不同民族的教育，也具有不同的传统和特点。

教育的相对独立性，还表现在教育具有与政治经济制度和生产力发展水平的不平衡性。这主要表现在两个方面：一是教育的滞后性，即一般情况下教育的思想、制度和内容等会落后于社会生产力或政治经济制度的发展；二是教育的超前性，即一些先进的教育思想和见解会产生于比较落后的政治经济制度之中。

（五）教育是通过教育者的教与受教育者的学这一双边活动完成的

任何一种教育活动，要想达成其目的，实现其转化过程，都离不开教育者的教和受教育者的学。教和学是构成教育活动必不可少的基本环节。然而，仅仅有教育者的教和受教育者的学，并不能构成教育活动，教育者的教和受教育者的学还需要教育内容、教育环境和教育手段的配合，这些要素共同作用，才构成完整的教育活动。

教育活动过程中的基本矛盾是教育者与受教育者之间的矛盾，这一矛盾反映了受教育者现实的发展水平与社会对他们提出的更高的发展要求之间的差距。社会的要求，集中体现在教育目的和内容等方面。社会要求与受教育者现实发展水平之间的差距，是推动受教育者发展的直接动力。解决社会要求与受教育者现实发展水平之间矛盾的主要途径是教与学。教育活动内部基本矛盾的实质，是教育与发展之间的矛盾。

三、国际社会关于教育概念的新理解

人们对自然界和社会诸事物、现象、过程的认识总是不断深化的。第二次世界大战以后，以微电子技术为代表的新技术革命给国际社会政治、经济、科技、文化、教育等领域带来了巨大的变革和发展，人们对教育内涵的认识也发生了新的变化。

1976 年，联合国教科文组织（United National Educational Scientific and Cultural Organization，UNESCO）教育统计局在《国际教育标准分类》中给"教育"下了一个具有操作性的新定义[①]："教育"不是广义的一切教育活动，而是有组织地和持续不断地传授知识的工作。其中"传授"是指在两个或两个以上的人中间建立一种转让"知识"的关系。这种传授可能是面对面的，也可能是间接的、远距离的；"有组织地"是说有一个组织学习的教育机构和一些聘请来的教师，按一定的模式，有计划地确定目标和课程，有目的地进行传授工作；"持续不断地"是指学习的过程要经常和连续；"知识"指的是人的行为、见闻、学识、理解力和态度、技能以及人的能力中任何一种可以长久保持，而不是先天或遗传产生的东西。可以说，这里所

---

① 联合国教科文组织教育统计局. 国际教育标准分类［M］. 北京：人民教育出版社，1988：2.

说的"知识"实际上指的就是文化。

这是一个外延宽广的"教育"定义，主要表现在：第一，它把"培训"包括在内，而不包括那些不是为学习而进行的传授活动，或是没有目标、没有一定模式和顺序的传授活动。如娱乐、运动、无组织的自学、家庭或是社会上进行的辅导。因为这些活动既没有组织机构或教师，也不是连续地进行的。第二，它既适用于正规教育（被称为"教育核心"），也适用于非正规教育。所谓"非正规教育"，包括成人扫除文盲，以及对农民、手工业者、产业工人、家庭主妇开办的长期的和有组织的培训班。这些教育活动可以在各种场合和形式（教室、讨论、实习、函授）通过任何适当的媒介（书本、教育器材、广播、电影或电视）来进行。正规教育与非正规教育以是否"注册"为界限。"注册"意味着学习者获得学习结果后会颁发学历证明。颁发学历证明的前提是非正规教育的学历与相应正规教育阶段的学习相当。第三，它适用于各种类型的学生和各个年龄组：儿童、青少年和成人，不按教育对象的年龄组而按教育程度确定教育层次。很明显，在这一新的教育定义中，其对象是包括老年人的。第四，它把"校外教育"包括在内。尽管这样将会在做教育统计时发生资料收集的困难，然而，这样的做法与现代教育方针和计划的发展是协调一致的。大家都承认，教育并不只是提供给在中小学和大学中读书的儿童和年轻人的一种"教学节目"，而是一个向人们提供机会，以发展其一生所需的经验、理解力和技能的连续不断的过程。

2015年，联合国教科文组织发布新的报告《反思教育：向"全球共同利益"的理念转变?》，其中将"教育"界定为"有计划、有意识、有目的和有组织的学习"。"学习"的内涵是"获得知识"；它"既是过程，也是这个过程的结果；既是手段，也是目的；既是个人行为，也是集体努力。是由环境决定的多方面的现实存在"。而"知识"可以被广泛地理解为"通过学习获得的信息、理解、技能、价值观和态度。知识本身与创造及再生产知识的文化、社会、环境和体制背景密不可分"①。在这个教育的新定义中，知识与教育的关系再次得到肯定，而知识的内涵也有了进一步的拓宽。因为当今社会中"获取何种知识，以及为什么、在何时、在何地、如何使用这些知识，是个人成长和社会发展的基本问题"②。联合国教科文组织在强调有目的、有计划和有组织的教育（即包括正规教育和非正规教育在内的制度化教育）的同时，也看到了非正式教育的价值，认为这种教育虽然不像制度化教育那样有组织、有系统，但也是个体所有社会化经验的必然体验，它以自我指导、家庭指导和社会指导为主要形式。这说明，新的教育内涵中，既包含着正式的制度化教育，也包含着日常生活中随时随地发生着的非正式教育。

第二节　老年教育的概念

尽管古代就有关于老年教育的思想，但是总体上说，老年教育是现代社会的产物。与对儿童、青少年的教育相比，老年教育还是一个新生事物。正因为如此，人们对老年教育本质的认识迄今还在发展之中。

① 联合国教科文组织. 反思教育：向"全球共同利益"的理念转变？［M］. 联合国教科文组织总部中文科，译. 北京：教育科学出版社，2017：8－9.
② 联合国教科文组织. 反思教育：向"全球共同利益"的理念转变？［M］. 联合国教科文组织总部中文科，译. 北京：教育科学出版社，2017：9.

一、关于老年教育概念的不同见解

（一）我国老年教育界关于老年教育概念的主要观点

我国老年教育界一般将老年教育理解为对老年人实施的教育，但是对其具体内涵的理解和表述有所不同。

叶忠海教授认为，老年教育是"按老年人和社会发展的需要，有目的有组织地为所属社会承认的老年人所提供的非传统的、具有老年特色的终身教育活动"。"它是终身教育体系中老年阶段一切教育的总和，包括正规、非正规和非正式老年教育，是终身教育中的最后阶段。"[①] 杨德广教授认为，老年教育是"教育者根据社会的要求和老年人的需要及特点，有目的、有计划、有组织地对老年人所提供的非传统的、具有老年特色的终身教育活动。它是终身教育体系中老年阶段一切教育的总和，包括正规、非正规和非正式老年教育，是终身教育中的最后阶段。从为老年教育'定位'而言，老年教育可以表述为：老年教育是以老年人为教育对象，满足老年人求知进取、康乐有为的需求，提升其生活和生命质量而进行的自信、自觉、自主、自由的学习活动，同时也是积极老龄化、健康老龄化，实现全民学习、终身学习，建设新型社会与经济社会可持续发展的战略选择"[②]。陆剑杰教授主编的《老年教育学——中国老年教育34年实践经验的学术研究升华》中，将"老年教育"界定为："以老年人为对象，为老年人学习需要的满足、老年人素质的提高、老年人对社会发展要求的适应而开展的终身教育活动。……广义老年教育包括老年学校教育、老年远程教育、老年社会教育；

---

①　叶忠海. 老年教育学通论［M］. 上海：同济大学出版社，2014：49.

②　杨德广. 老年教育学［M］. 北京：人民教育出版社，2016：12.

狭义老年教育仅指老年学校教育。"① 而我国第一部《老年教育辞典》中对"老年教育"的界定是：老年教育"是终身教育体系的最后阶段，是以老年人为教育对象，满足老年人各种学习要求，通过自主学习与自我教育为主的教育途径，以达到提高老年人生命和生活质量，促进其积极老龄化为教育目的的学习活动"②。

我国台湾地区的老年教育又称为老人教育、高龄教育，研究者对老年教育所下的定义也不尽相同。邱天助指出，老人教育是针对老人所进行的有系统、持续的学习活动，其目的在促进老人的知识、态度、价值和技巧上做改变。吴老德指出，老人教育专指为 65 岁以上者广增知识与技能所进行的有系统、持续性、正规、非正规与非正式的教育学习活动，以增进其应付问题与适应社会的能力，其目的在促进老年人在知识、态度、价值与技巧上的改变。林振春等人认为，老人教育是对 55 岁以上的学习者提供有系统、有意义的学习活动，促进学习者个人的知识、态度、价值与技能的改变，其目的在生活适应与达到自我实现。③ 朱芬郁则指出，高龄教育是指针对年满 55 岁以上者，提供其有组织且持续性的教学，透过传授生活中各种知识、技能和价值的活动，借以建构或重构其认知和情意世界。④

（二）国外关于老年教育市质发展的主要见解

国外的老年教育，又称为"高龄学习""第三年龄教育"等。

高龄学习是从学习者个人的立场出发，强调以老年学习者为主，指老年学习者所进行的学习活动，可以是老年人的自我学习、网络学习、经验学

---

① 陆剑杰. 老年教育学：中国老年教育 34 年实践经验的学术研究升华［M］. 南京：河海大学出版社，2018：4.

② 叶瑞祥，陈先哲. 老年教育辞典［Z］. 广州：广东人民出版社，2020：1－2.

③ 林振春，等. 老人教育学［M］. 台中：华格那企业有限公司，2012：12－13.

④ 朱芬郁. 高龄教育：概念、方案与趋势［M］. 台北：五南图书出版股份有限公司，2011：13.

习等。

"第三年龄"一词最初来自法国，现已成为英国及其他许多国家在政策规划上的重要名词。在国外，人们习惯于将人生的历程划分为四个相继的年龄期：儿童及青少年期、职业及谋生期、退休期、依赖期。"第三年龄"指的就是退休期。它之所以受重视，是因为退休后的"第三年龄"从时间上看大约占据了人生的1/3。在这一时间段里，一个人若能处于良好的状态，就能有效地减少生活中的不适，提高生活的质量，缩短第四年龄期的依赖期限。同时，处于这一阶段的人，往往生活压力较小，家庭负担不重，在发展自身的才能和兴趣方面具有较大的可能性和便利条件。因此，第三年龄对充分实现人生的价值和意义具有重要的作用，是人生的另一个关键期。[①] 第三年龄教育，就是为处于第三年龄阶段的老年人提供的教育。这一概念的提出产生了新的教育理念和教育价值："第一，让第三年龄的人群把学习当作自己退休后的基本生活方式。第二，让年轻时没能自由选择，没能开发潜能，一直存在梦想的第三年龄人群，通过自由选择进入新的知识才能领域，开发积累多年的潜在能力。第三，让愿意继续为社会发展作出贡献的第三年龄人群，找到重新服务社会的新渠道。"[②]

二、老年教育的定义及其阐释

通过归纳国内外关于老年教育内涵的不同观点可以发现，研究者对老年教育内涵的认识存在如下共性：第一，老年教育的对象是老年人。我国大陆的研究者一般不对老年年龄起点进行界定，只是统称"老年人"，而台湾地区对老年年龄起点的界定则各不相同，有55岁与65岁之差别。第二，老年

---

① 赵丽梅，洪明. 英国第三年龄大学及其借鉴 [J]. 成人教育，2007 (8)：95 – 96.
② 叶瑞祥，陈先哲. 老年教育辞典 [Z]. 广州：广东人民出版社，2020：515.

教育是终身教育的组成部分。第三，老年教育的内容主要是与老年素质发展有关的知识、态度、价值和技能（巧）等。第四，老年教育的途径包括正规教育、非正规教育和非正式教育，也强调老年人的自主学习。第五，老年教育的目的主要有二：一是帮助老年人提高生命和生活质量，达到自我实现；二是促使老年人适应社会，实现积极老龄化。

借鉴上述共识，结合教育学界对"教育"的界定方式，本教材对"老年教育"界定如下。

老年教育有广义和狭义之分。广义的老年教育是指一切有目的、有意识地影响老年人身心素质继续发展的社会活动，包括正规老年教育、非正规老年教育和非正式老年教育。狭义的老年教育，则指专门组织的老年教育活动，是根据一定社会现实和未来发展的要求，遵循老年人身心继续发展的基础和需求，有目的、有计划、有组织地促进老年学习者的综合素质进一步提高，帮助他们提高生活和生命质量，适应社会变化并参与社会，最终实现积极老龄化的社会活动。

（一）老年教育在本质上首先是一种教育活动，而不是其他社会活动

从其本质属性上来说，老年教育是一种培养老年人的社会活动，而不是养老事业或娱乐健康活动；从事老年教育的老年大学（学校）等社会组织是专门的教育机构，而不是老人活动中心或老龄服务中心。作为一种培养人的社会活动，老年教育直接指向老年人身心素质的继续发展。它既不是其他非直接指向老年人自身的社会活动（如政治活动、科技活动），也不是虽然直接指向老年人自身，但不是以促进老年人身心素质继续发展为根本任务的社会活动（如医疗、保健或心理咨询活动）。

从教育学意义上将老年教育的质的规定性确定为培养老年人，这没有丝

毫疑义，但是，这一认识在中国老年教育的发展过程中却几经转变。中国的老年教育起源于老干部离、退休制度，所以最初的老年教育被看作是党的组织工作和老干部工作的一个部分。1996 年，国家发布《老年人权益保障法》，把老年教育纳入老龄工作之中，这时的老年教育被看作是国家老龄工作的一部分，接受老年教育是为了养老，老年教育的根本理念是健康快乐，包括部分主管领导在内的社会公众都认为老年教育属于老龄事业或者养老事业，而不是一种教育事业。同时，这一时期的老年教育又划归文化部管理，出现了各级文化馆、图书馆、博物馆和社区文化活动中心举办老年教育活动的现象，于是人们又认为老年教育是一种文化事业。然而，老年教育本身又是实实在在的培养老年人的社会活动。这样，中国老年教育界便产生了老年教育姓"文"、姓"老"，还是姓"教"的纷争。随着老年教育规模的扩大、老年教育实践的发展，以及老年教育本质属性讨论的深入，越来越多的老年教育工作者倾向于将老年教育的本质属性视为一种教育活动。2010 年 7 月 29 日，《国家中长期教育改革和发展规划纲要（2010—2020 年）》正式颁布，其中明确提出"重视老年教育"[①]。2012 年 12 月 28 日修订的《中华人民共和国老年人权益保障法》第七十条指出，"国家发展老年教育，把老年教育纳入终身教育体系，鼓励社会办好各类老年学校。各级人民政府对老年教育应当加强领导，统一规划，加大投入"[②]。2016 年 10 月 5 日，国务院办公厅发布《老年教育发展规划（2016—2020 年）》，开篇就提出"老年教育

---

① 国家中长期教育改革和发展规划纲要（2010—2020 年）［EB/OL］.（2010 – 07 – 29）［2022 – 01 – 02］. http：//www. gov. cn/jrzg/2010 – 07/29/content_ 1667143. htm.

② 中华人民共和国老年人权益保障法［EB/OL］.（2021 – 10 – 29）［2022 – 01 – 02］. http：//www. gov. cn/guoqing/2021 – 10/29/content_ 5647622. htm.

是我国教育事业和老龄事业的重要组成部分"①。2021 年 11 月 18 日颁布的《中共中央 国务院关于加强新时代老龄工作的意见》中，再次明确指出"将老年教育纳入终身教育体系，教育部门牵头研究制定老年教育发展政策举措，采取促进有条件的学校开展老年教育、支持社会力量举办老年大学（学校）等办法，推动扩大老年教育资源供给"②。这些政策的出台，标志着从党和国家这一最高层面承认老年教育是我国终身教育的重要组成部分。至此，老年教育的根本属性问题在政策层面有了定论。

政策层面的定论，不意味着学术讨论达成了共识。关于老年教育的属性问题，目前仍处在深入讨论之中。

知 识 链 接

论老年教育的双重属性

从老年教育的实践和认识看，老年教育具有双重属性，同时兼备学习教育和文化康养的双重意义和价值。

老年教育首先是一种学习教育，具有教育属性。老年大学有教师、学生、课件、完整的课堂教学、学期学年，还有开学、毕业等规范的程序，俨然是正规教育的一套路数。但老年教育又不隶属于国民教育体系，不同于正规教育。勃兴的老年教育属于现代兴起的社会教育、继续学习、终身教育。之所以这样讲，大致上有两个原因：一个是老年人生存发展的社会需要，另一个是老年人自身发展的内在需要。

---

① 国务院办公厅. 老年教育发展规划（2016—2020 年）［EB/OL］.（2016 – 10 – 19）［2022 – 01 – 02］. http://www. gov. cn/zhengce/content/2016 – 10/19/content_ 5121344. htm.

② 中共中央 国务院关于加强新时代老龄工作的意见［EB/OL］.（2021 – 11 – 24）［2022 – 01 – 02］. http://politics. people. com. cn/n1/2021/1124/c1001 – 32291121. html.

从老年人生存发展的社会需要来看，如果老年人不继续接受教育，就会被时代发展的列车甩下来，落单、落伍、落后，以至于无法融入社会，无法在社会上很好地生存、享受和发展。我们党和政府顺应时代发展要求和趋势，提出了建设学习型组织、学习型政党、学习型社会及终身学习、全民学习的战略任务，我国老年教育的兴起和发展，理所当然是建设学习型社会的重要内容、重要方面；发展老年教育，也自然成为打通人生教育"最后一公里"的有力冲击波，成为实现终身教育不可或缺的重要环节。

从老年人自身发展的内在需要看，老年教育是老年人自我认识、自我完善的重要途径。人一降生，就面临两大课题：一是认识自我，二是认识世界。老年人也面临不断认识自我、完善自我的问题。数以千万计的老年人热衷老年教育，渴望走进老年大学的殿堂，实际上是在重新认识自我，发现和挖掘自身存在的潜能和特长，进一步完善和提升自我。

老年教育除了上述的教育属性以外，还具有文化康养的属性。迈进老年门槛之后，人人都要经过康养、医养、护养三个阶段。所谓"康养"，是指刚刚步入老年，尽管离开工作岗位或劳动场所，但还"年轻"的老年人，身体康健，没有大恙，养老养生是在身体康健的情形下进行的，以管理健康、安度晚年为生活内容；所谓"医养"，是指随着年老体衰，各种疾病逐渐袭来，养老养生是在身体带病的情形下进行的，以治疗疾病、安度晚年为生活内容；所谓"护养"，是指年纪越来越大，疾病多发且久治不愈，导致身体的一些器官功能退化弱化甚至丧失，无法自理，失能或半失能，养老养生是在别人照料护助的情形下进行的。这三个阶段中，康养位列第一。如果老年人把健康搞好了，康养时限拉长，自然就会延缓进入"医养""护养"阶段，而且"医养""护养"的时限大大压缩和减短了，老年人晚年生活的获得感、幸福感自然要大大增强，生活质量会明显提高。

"康养"不仅仅涉及物质方面，还有精神文化方面的内涵，前者可以称之为"物质康养"，后者可以称之为"文化康养"。"文化康养"极为重要，老年人出现病态问题，往往不是出现在物质生活方面，而是出现在情绪、心理等精神方面。而老年教育正是一剂极好的良药，是修补老年人康养短板的利器。人的衰老，不光是指生理方面，而且还包括心理方面。老之将至、老将必至，是自然规律。认识和对待人的老去这一自然现象，一定要有文化的眼光、社会的眼光，这就是属于"文化康养"的问题。

正是由于老年教育具有文化康养的本质属性，所以得到老年人的热追。通过老年大学的学习教育，老年人能接受和享受精神文化的滋养，健身益心。老年大学养生文化课程多、游学活动多、社会实践课多的三个鲜明的特点，进一步印证了老年教育所具有的文化康养的性质和功能。

资料来源：张晓林. 论老年教育的双重属性 [J]. 老年教育（老年大学），2021（10）：5 - 9.

（二）老年教育的对象主要是老年人

一般认为，老年人"指处于生命周期最后阶段的个体的人"[①]。但这种解释比较笼统，因为"老年人"是一个因时而异、因地而异、尚可细分的概念。

20世纪初，瑞典人口学家桑德巴（Sundbarg）提出以50岁作为划分老人的标准。第二次世界大战后，西方许多国家以60岁为下限作为统计劳动人口数量的标准。1956年，联合国以65岁为标准来计算老龄人口数量。[②]世界卫生组织（World Health Organization，WHO）在2006年发布的全球人口健康报告中，建议根据各国的社会经济学背景确定老年人的年龄标准。发达国家以65岁作为老年人的最低年龄界限，而发展中国家则以60岁为老年人的最低年龄界限。

我国于1996年颁布的《老年人权益保障法》第2条中规定，老年人的年龄起点是60周岁。至此，我国"老年人"有了法律层面上的通用标准。

我国台湾地区研究者根据不同的考察角度，将老年人的年龄分为[③]：①实足年龄。以达到多少岁为准，第二次世界大战后，联合国世界卫生组织以一个国家65岁以上人口达到总人口7%为高龄化国家。换言之，此一标准以65岁来定义老人。②法律年龄。西方国家自工业化之后开始有了国家退休制度，二战后德国将退休年龄定为65岁，而日本、英国和美国等国家以及我国台湾地区在相关的法律中是将65岁定为工作退休的临界点。③生物年龄。以身体功能减退为观点，如视力、行动能力、头发灰白、生理功能减退与慢性病产生等。④心理年龄。来自适应环境的记忆、智慧、情绪等自

---

① 李旭初，刘兴策. 新编老年学词典［Z］. 2版. 武汉：武汉大学出版社，2016：164.

② 林振春，等. 老人教育学［M］. 台中：华格那企业有限公司，2012：1-10.

③ 林振春，等. 老人教育学［M］. 台中：华格那企业有限公司，2012：10-11.

我控制技巧，以及个人主观对自己是否老化的感受。⑤社会年龄。偏重社会角色转变与社会期待符合的程度，如退休、扮演祖父母角色等。⑥实证年龄。通过对人群进行调研而获得的调研样本心目中的老人年龄。

老年教育的对象是老年人，但并不是所有的老年人都属于老年教育的研究对象，只有那些在老年教育机构中接受老年教育的老年人，才是老年教育的研究对象。那些在普通高等学校里接受继续高等教育（continuing higher education）的老年人被归为"非传统学生"（non-traditional students）之列。所谓非传统学生①，即离开义务教育后进入职场3年以上，或大学毕业后有3年以上实务工作经验，年龄超过25岁的学生。这些学生虽然在学习课程上有较大的弹性，但是在大学的规划和课程设计方面则完全被视为一般学生。他们是终身教育的主力军。老年学习者是一种非传统学生，而且有别于一般在职进修者，因为他们继续接受教育并不是基于职场上的需要，其求学动机是多元的。

知识链接

老年教育对象的扩展

在教育老人学（educational gerontology，中国台湾地区又译为"教育老年学"）视野中，老年教育的对象不仅仅是老年人，而且包括与老年教育相关的专业人员和非专业人员，甚至是社会上的所有人。对老年人进行的教育，是为老年人开展的教育（education for older people），叫老年教育；而为所有人（包括幼儿、儿童、青少年、大学生、一般成年人，及专业人员到老人本身）开设的关于老年人、老龄化、老年人的

---

① 台湾成人及终身教育学会. 高龄学习与高等教育［M］. 台北：师大书苑有限公司，2009：7－9.

服务等方面的教育，是关于老年人的教育（education about aging），其目的在于在全社会形成关于老人教育的观点，这种教育可称为老化教育。

我国研究者提出了"泛老年教育"的概念。"泛老年教育"意蕴有二：一是在老年教育内部以老年人（老年教育价值主体）为教育对象，以满足老年人的学习需求、健康需求、发展需求（老年教育价值客体）而开展的终身教育；二是在老年教育外部以青少年、党政干部、社区管理和托养机构工作者（老年教育价值主体）等为教育对象，以围绕普及人口老龄化国情教育、老年心理健康教育、老年康复教育等而开展的老年管理、赡养、服务（老年教育价值客体）等相关内容的教育。还有研究者将日本福祉教育观念引入我国，通过世代融合的功能和手段，将老年教育的教育对象突破老年人群体，扩展到社会全体成员，进一步扩大了老年教育的内涵和边界。

资料来源：

①邱天助. 教育老年学 [M]. 台北：心理出版社有限公司，1993.

②林振春，等. 老人教育学 [M]. 台中：华格那企业有限公司，2012.

③张飞，江丽. 价值论视域下老年教育实施路径研究 [J]. 中国成人教育，2021（4）.

④虞红，夏现伟. 国际老年教育发展的新动向及对我国的启示：基于福祉教育的视角 [J]. 职教论坛，2019（6）.

在人口老龄化这一全球大趋势之下，对老年人之外的相关人员进行关于老年问题的教育是一个重要的研究课题。但是，狭义的老年教育对象仍然是老年人。

（三）老年教育的基本矛盾是老年教育者的教与老年受教育者的学之间的矛盾

老年教育是由老年教育者和老年受教育者构成的人与人之间的双边活动。老年受教育者身心发展的年龄特征、他们在接受老年教育之前的综合素质水平，以及他们继续接受教育的需求，是老年教育活动的基础和前提。老年教育通过老年教育者根据一定的社会发展要求和老年受教育者的实际情况，向老年受教育者的继续发展提出一定的要求。这种要求是高于老年受教育者的现实水平的。老年教育要求和老年受教育者实际水平之间的差距，反映了老年教育的基本矛盾。这一矛盾的解决过程，是老年教育者在老年受教育者现实水平的基础上，通过设定合适的老年教育目标，组织一定的教育内容，选择恰当的教育手段和方法，创设适宜的教育情境，促使老年受教育者的身心素质向既定目标发展。当老年受教育者经过一段时间的学习，身心素质达到或者在一定程度上达到发展目标之后，老年教育者又向他们提出新的发展目标，这样周而复始的过程，使老年教育体现出周期性、持续性。老年受教育者在老年教育者的引领下循序发展，身心素质水平逐渐提高。老年教育者的教和老年受教育者的学之间的矛盾始终存在，老年教育是一个在"制造"矛盾—解决矛盾的循环中发展和提升的过程。老年教育者的教和老年受教育者的学之间的矛盾是老年教育的基本矛盾，这种矛盾是一般意义上教育的基本矛盾——教育与发展之间的矛盾——在老年教育领域的体现。

（四）老年教育的方式既包括正规教育，也包括非正规教育和非正式教育

随着终身教育理念在全球的普及，各个国家和地区都建立了终身教育体系。终身教育理念强调学习权是每个人的基本权利，学习伴随人的一生。终身教育理念的践行，仅仅依赖正规教育是不够的，它需要正规教育、非正规

教育以及非正式教育的协同作用。

学习权也是老年人人权的基本内涵，老年教育是终身教育体系的重要组成部分。老年教育不应该仅仅是老年大学（学校）或其他专门的老年教育机构对老年人实施的教育，它同样包括正规老年教育、非正规教育以及非正式老年教育。

正规老年教育是"一个国家或地区根据社会和老年人个体发展的需要，为达到一定的教育目标而构建的各级各类教育的有机、综合的老年教育系统，是分学科、分专业进行的有组织的教育系统"[①]。正规老年教育的载体主要是老年大学（学校），其基本特点是有固定的校舍、特定的培养目标、规范的教学计划和教学大纲、系统的管理制度、固定的教师和一定规模的老年受教育者。现在，一些正规老年教育机构还在探索建立规范的学制、教师职称评定制度和毕业证书制度等。

非正规教育最早由美国学者菲利普·H. 孔布斯（P. H. Coombs，又译为库姆斯）在20世纪80年代提出。它指"任何在正规教育体制以外所进行的，为人口中的特定类型、成人及儿童有选择地提供学习形式的有组织、有系统的活动"[②]。其主要特点是：第一，以失去正规教育机会的人为主要对象，特别注重为处在不利地区的不利处境的人们提供补偿教育，满足特定人群接受教育的需要。第二，以受教育者的实际需求为导向，注重具体经验和技术。第三，有组织，但没有充分制度化；系统，但不是完全常规化，具有更大的灵活性。第四，对受教育者一般没有年龄、资历的限制，对教育者也

① 叶瑞祥，陈先哲. 老年教育辞典 [Z]. 广州：广东人民出版社，2020：24.
② 孔布斯. 世界教育危机：八十年代的观点 [M]. 赵宝恒，等译校. 北京：人民教育出版社，1990：24.

没有固定不变的资格标准。第五，教育成本较低。① 非正规老年教育的主要形式有社区老年教育、大众媒体老年教育等。

正规教育与非正规教育同属于正式教育，它们共同的特点是"合乎一定手续或规范"，例如，入学者需要办理报名、注册手续，接受一定的考核，甚至需要缴纳一定的费用等。

所谓"非正式教育"，一般是指在工作和日常生活中进行的教育，即每个人从日常经验和生活环境——家庭、工作、娱乐中，从家人和朋友的榜样和态度中，从旅游、读报、看书、收听广播、收看电视中学习和积累知识、技能，形成一定的态度和价值观念。这种教育具有潜在性、弥散性、随机性等特点。② 非正式教育是当今社会普遍的学习形式之一，它强调社会成员随时随地学习的可能性和可行性。

上述三个概念并不在一个逻辑层次上，但从实践的角度来看，三者之间又存在着内在的关联，"非正规教育可以看作是位于从正规教育到非正式教育的连贯体之中"③，具有中介性。

在发展老年教育、满足老年人日益增长的多样化需求方面，正规性教育、非正规性教育和非正式教育都很重要。三类教育相互补充，相辅相成。在准备继续接受教育时，老年人可以选择正规教育，也可以参与非正规教育和非正式教育。

（五）老年教育的最终目的是实现老年人的积极老龄化

全球出现人口老龄化态势之后，人们提出了许多应对这一态势的政策和

---

① 王卫东，田秋华. 教育学纲要 [M]. 广州：中山大学出版社，2009：14.

② 陈乃林，孙孔懿. 非正规教育与终身教育 [J]. 教育研究，2000（4）：20 - 21.

③ 拉德克利夫，科利塔. 非正规教育 [G] //瞿葆奎. 教育学文集·第14卷：教育制度. 北京：人民教育出版社，1990：482.

理念。这些政策和理念随着时代的变化不断得以修改和凝练，其间经历了"成功老龄化—生产性老龄化—健康老龄化"阶段，最终形成了今天为国际社会公认的新理念和政策框架——积极老龄化。

1997年，西方七国首脑会议首次提出"积极老龄化"的概念。2001年，世界卫生组织出版了《积极老龄化：从论证到行动》一书，明晰了积极老龄化的概念。2002年，联合国第二届世界老龄大会总结了1982年以后对老年问题的新认识，更加重视"独立、参与、照顾、尊严、自我实现"的老年人原则，提出了三个优先方向，即老年人和发展、促进老年人健康和福祉、确保建立有利的支助性环境。在这次会议后，世界卫生组织出版了另一本专著《积极老龄化：政策框架》。

积极老龄化，是指充分发挥老年人体力、精神等方面的潜能，保证所有人在老化过程中能够充分享有自己的权利，按照自己的需求、爱好、能力参与社会活动，并能得到充分的保护、安全和照护。这里的"积极"，是指老年人可以继续参与社会、经济、文化、精神、公民等领域的事务；同时，退休人员、患病或残疾老年人也能为他们的家庭、同龄人、社区、国家贡献积极的力量，而不仅仅指健康，也不仅仅指具有身体的活动能力或者参与体力劳动的能力。

积极老龄化的目标主要是：第一，减少老年人伤残和患慢性疾病的可能性；第二，减少老年人对于使用昂贵的医疗和照顾服务的需要；第三，增加老年人独立自主且高质量生活的可能性；第四，使老年人对经济、社会文化和政治有持续的贡献，实现老有所为、健康快乐。

积极老龄化的基本支柱包括健康、参与和保障。健康旨在预防和减少重度残疾、慢性疾病、过早死亡，使老年人可以享有高质量、时间较长的老年期生活，减少其对医疗服务和康复护理的需求。参与是基于基本人权，并根据老年人的能力、需求和喜恶提供选择。当劳动力市场以及教育、健康等方面的社会政策为人们提供了完全参与各个领域事务的机会时，老年人可以持续为社会做出积极贡献，包括参与带薪工作和志愿工作。保障指当老年人不能自我保护时，国家和社会政策应有相关措施确保其需求的满足，同时家庭和社区也应为老年人提供支持和帮助。与以前的老龄化理念相比，积极老龄化强调赋予老年人更多权利。除了参与经济活动外，还包括参加政治、社会、文化等活动，在活动中做出贡献，从而提高生活质量。同时，对国家和政府的责任进行了界定和阐述，为政策法规的制定提供了更明确的方针。

老年教育的根本价值追求，就在于促使老年人口的积极老龄化，使老年人在身心素质得到进一步发展的基础上，提升自己的生命和生活质量，安享晚年；同时又能够在力所能及的前提下继续融入社会、奉献社会，在这个过程中实现人生价值，提高晚年的幸福感。

第二章　老年教育要素和形态

本 章 提 要

　　本章首先阐述老年教育要素的概念和具体内容，然后分析老年教育形态的基本理论。对这些问题的正确理解和把握，是我们科学认识老年教育活动的前提。

第一节　老年教育要素

　　老年教育是一个复杂的社会系统，由若干性质和层级各不相同的子系统构成。无论这些子系统具有怎样的独特性，它们和老年教育这个大系统都具有共同的基本要素。认识老年教育的内部结构和活动方式等，需要将老年教育系统进行"分解"，找出构成老年教育的基本要素。

一、老年教育要素概述

（一）老年教育要素的概念

要素是构成事物的必要因素。老年教育要素是指构成老年教育活动必不可少的、最基本的组成部分。

构成老年教育的成分有很多，但并不是所有的成分都可以称为要素，只有那些老年教育活动中不可或缺的成分，才可以称为老年教育的要素。老年教育的要素与老年教育的组成部分、老年教育的因素等概念不可等量齐观。

老年教育系统能否良好运转，发挥其应有的功能，取决于该系统的结构、系统内部各要素的组织（或联结）方式的合理程度，而建构合理结构的前提是明确构成老年教育系统的各个要素，分析这些要素在老年教育系统中的地位和作用。从教育研究的角度来说，"揭示简要要素组合与分解的不同类型、不同层次，从而展开教育的逻辑体系，才能最终揭示种种复杂的教育现象的内在联系"①，探明老年教育规律，建立严密的老年教育理论体系。

（二）老年教育要素的内容

尽管人们对老年教育的界说不尽相同，但是都认为老年教育活动是由老年教育者的教和老年受教育者的学构成的双边活动，所以老年教育要素首先包括老年教育者和老年受教育者。然而，仅仅有这两种要素是不够的，老年教育者的教和老年受教育者的学有赖于一个必要的中介——老年教育内容，同时还必须采用使老年教育内容在老年教育者和老年受教育者之间进行传递的途径、方法、方式等老年教育手段。老年教育内容和老年教育手段也是构成老年教育的基本要素。此外，任何老年教育活动都是在具体的环境中展开的，不存在脱离特定环境的老年教育活动，当然也不存在没有活动的老年教育环境，教育活动与教育环境是形影相随的，老年教育环境也是构成老年教育活动的必不可少的因素。概括起来，老年教育要素包括五个方面，即老年

---

① 陈桂生. 教育原理［M］. 2 版. 上海：华东师范大学出版社，2000：10.

教育者、老年受教育者、老年教育内容、老年教育手段和老年教育环境，其中老年教育者和老年受教育者是具有能动性的要素。

二、老年教育要素分述

（一）老年教育者

在日常的老年教育实践中，人们常常把在老年大学（学校）等老年教育机构中实施教育教学活动的人称为老年大学（学校）教师。这种称呼在教育学理论中是不确切的，因为教育学中教育者的内涵有广义和狭义之分。"广义的教育者是指运用特定的内容和手段对他人的身心发展施加直接影响的人，包括学校和其他社会教育机构中的教师、管理人员、兼职教师、家庭教师、家长等。狭义的教育者主要是指在专门的教育机构中以对学习的人的身心发展施加影响为专门职业的人，即我们通常所说的教师。"[①] 据此，老年教育系统中的教育者，也有广义和狭义之分。广义的老年教育者是指在老年大学（学校）和其他老年教育机构中通过创设特定的教育环境（情境），运用特定的老年教育内容和手段，对老年受教育者身心的继续发展施加直接影响的所有人。狭义的老年教育者，特指在老年大学（学校）等专门的老年教育机构中对老年学生身心的继续发展施加直接影响的专业人员，这些专业人员才是教育学意义上的教师。

老年教育者是老年教育活动中教的主体，在老年教育过程中具有主导作用，或者说是老年教育的主导性要素。他们的主导地位和作用，是由老年教育活动中老年教育者和老年受教育者双方的活动性质和关系决定的。

在老年教育活动中，老年教育者从事的是施教的影响活动，老年受教育

---

① 王卫东，田秋华. 教育学纲要 [M]. 广州：中山大学出版社，2009：8.

者从事的是受教的接受活动。在他们共存互动的某个专业领域中，老年教育者在专业知识、方法技能等方面知之较多，有向老年受教育者传授的可能（即有"教"可施），而老年受教育者的专业知识、方法技能等方面知之较少，有向老年教育者学习的必要（即有"教"可请）。双方在知识和技能方面占有程度高低不同的情况下，加上社会和老年受教育者发展需要的驱动，才使老年教育活动得以顺利实施。在具体的教育过程中，老年教育者根据特定的老年教育目的，选择适当的老年教育内容，采用恰当的老年教育方法手段，创设适宜的老年教育环境，组织并调控老年教育进程，引导老年受教育者朝着既定的教育目标发展，不断提升其身心素质，促进老年受教育者身心的继续发展。为了有效地进行老年教育活动，促使老年受教育者德、智、体等方面全面发展，老年教育者必须深入了解、全面掌握老年受教育者的思想变化、知识基础、接受能力、兴趣爱好、认知风格等。从这个意义上说，老年教育者在老年教育过程中发挥着主导作用。

知 识 链 接

我国老年教育教师队伍的特点

一、老年教育教师队伍的多样性

一是专业差异，绝大多数教师是有一技之长的专业人士，没有学过教育学、心理学等学科。虽然在技术上有过人之处，但是在教育方法上也许不尽如人意。二是心理差异，有些教师是在岗的专业教师或专业人员，观念时尚却难以理解老年人的心理特点，交流沟通上存在一些问题。三是素质差异，大部分教师觉得老年教育是公益事业，理应奉献自己，发挥专长，但在教学中严格、严谨程度不够。

二、老年教育教师队伍的不固定性

老年教育往往是以课程教学为主体，并不像大学里分设专业。因此，老年学校需要满足学员需求，不断更新课程设置和课程内容，由此造成教师队伍的不固定性。为此，完善的教师评估制度是非常必要的。

三、老年教育教师队伍的亲和性

老年教育中，老年人的生活经历丰富。他们有很强的自尊心，又认为自己年龄较大，记忆力大不如前，充满了自卑感。因此，老年教育教师应该从细节着手，努力提升自己的素养，尊重老年人，理解老年人。在老年教育中，教师与学员的关系是平等的。为了建立和谐的师生关系，教师应该从六个方面出发，巧用态势语：关怀真诚的眼神、微笑温暖的表情、优雅大方的手势、亲切得体的身姿、合理适度的空间距离和整洁端庄的仪容。

资料来源：杨德广. 老年教育学 [M]. 北京：人民教育出版社，2016：196－200.

（二）老年受教育者

和老年教育者一样，老年受教育者也有广义和狭义之分。广义的老年受教育者是指在老年教育活动中通过接受老年教育者的影响和积极主动的学习，使自己的身心素质得到进一步发展的老年人。狭义的老年受教育者是指在老年大学（学校）等专门老年教育机构中以学习为基本职责的老年人，即我们通常所说的老年学生。

在我国，人们习惯性地将成人受教育者称为"学员"，以区别他们和在普通学校中学习的青少年学生，但是在老年大学（学校）接受教育的老年人，与接受成人教育，特别是接受在职成人教育的学员有很大的不同，反而与青少年学生在许多方面相似，所以，用"老年学生"称呼他们比用"老年学员"更为恰当。

"学员"与"学生"两个概念的区别

1. 学员大多数是成年人，而"学生"既包括青少年儿童，也包括50岁以下的成年人和老年人，是一个比"学员"更加宽泛的概念。

2. 学员主要是指在普通教育机构（即正规的中小学和普通高等学校）之外的教育机构进行学习的人，而学生主要是指在正规的学校和其他专门的教育机构中学习的人。

3. 学员是带着明显的功利性目的进行学习的人，而学生则以发展自己为主要目的。老年学生的学习不具备功利性，他们进入老年大学（学校）或其他老年教育机构继续学习的主要目的在于弥补自己文化知识上的不足、进一步提高自己的身心素质，或者满足自己精神的愉悦。所以，他们更具备"学生"的身份特征。

4. 学员多是在不影响正常工作和生活的情况下，利用业余时间进行学习的人，而学生是利用专门的时间进行学习的人。学员可以根据自己的情况灵活安排学习时间，学生的学习则是有计划的，相对固定的课程安排和作息时间，是他们能够花费大部分时间和精力进行学习的外部保证。

5. 学员大多是进行速成式学习的人，学生是以正规的学习为根本任务的人。学员的学习由于带有功利目的，所以他们更希望在短时间内完成学习任务，达成学习目的。而学生的学习是有目的、有组织、非功利性的，他们的学习内容是经过专业人士进行合理编排的，具有系统性和顺序性；学生应该在学制规定的学习年限内完成特定的学习任务。

6. 学员是既可以在教育者的指导下进行学习，也可以自主学习的人，学生主要是在教师的指导下进行学习的人。学生的年龄越小或学习层次越低，教师在他们的学习过程中发挥的指导作用越大。

资料来源：王卫东. 受教育者身份的转变与老年大学教育的转型[J]. 终身教育研究，2017（1）：15-20.

在老年教育活动中，老年受教育者首先是老年教育的对象，是教育者施教的客体。但是，他们又是学习的主体，在老年教育中发挥着主体作用。老年教育活动的顺利实施仅仅依靠老年教育者的教是不行的，还必须依靠老年受教育者的学。因为老年教育者施加的影响最终要落实到老年受教育者身心的继续发展上。老年受教育者是接受老年教育者直接影响的主体，如果缺少他们积极主动的认知、理解、记忆和践行，老年教育者的任何有目的的影响都难以产生应有的效果。换言之，有效的老年教育活动，必须有老年受教育者积极、主动的参与，他们在老年教育活动中与老年教育者配合的程度直接影响着老年教育的效果。为了提高自己的学习效率，老年受教育者不但要充分发挥自己的主观能动性，积极地参与教育过程，而且还要了解和研究老年教育者的综合情况，如他们的思想状况、教学风格、知识水平、教育能力、个性品质等。这时，老年教育者便成为老年受教育者的认识对象，即客体；而老年受教育者则成为教育活动中的主体。此外，老年受教育者的身心状态存在一定的差异，这些差异制约着老年教育者施教的目标、内容、方法、组织形式等。总之，老年教育者的教是为老年受教育者的学服务的，从这个意义上说，老年受教育者决定着老年教育的必要性和可能性。

（三）老年教育内容

老年教育内容是老年教育者施教和老年受教育者学习的人类文化，如知识、技能、思想、观点、道德、行为、习惯等的总称，是老年教育者和老年受教育者在教育活动中共同的认识客体。

人类文化与老年教育内容不是全等关系，而是包含关系。只有人类文化中那些符合一定社会发展需要和老年受教育者身心发展特点、适合通过老年教育进行传承的那部分内容，才可以构成老年教育内容。不同历史时期、不同国家和地区有不同的老年教育内容，面向不同的老年受教育者的教育内容也有所差别。我国目前的老年教育内容概括起来包括德育、智育、体育、美育、劳动教育等五大类。

老年教育内容是老年教育者和老年受教育者之间重要的中介。如果没有老年教育内容，老年教育者施教和老年受教育者学习的对象丧失殆尽，老年教育活动就难以达到其目的。对于有计划、有组织的制度化教育来说，教育内容尤为重要。因为制度化教育以专门传承人类文化知识为己任，对教育内容有很大的依赖性。为了高效地传递有价值的人类文化知识，专业人员要对浩如烟海的人类文化进行精心选择，编制成教科书，并制定教学计划和课程标准等。老年教学计划、课程标准和教科书，是老年教育内容在制度化老年教育中的具体形式。

（四）老年教育手段

老年教育手段是老年教育者借以施教、老年受教育者借以学习的各种物质资源、方法、方式、途径等的总称。

老年教育手段可以分为物质手段和精神手段。前者指开展老年教育活动时所运用的各种物资设备和设施，如教室、教具、实验室、语音室、实验器材、多媒体设备、多媒体教育资源等。后者指的是为达成老年教育目的、完成老年教育任务而采用的各种教育方法、教育艺术、教育组织形式等。

老年教育手段也是老年教育者和老年受教育者之间的重要中介，它既是双方的认识对象，也是双方协调配合、顺利完成老年教育任务的重要保证，尤其对老年教育质量和效率产生着直接的影响。今天，国际老年教育界积极推行老年教育信息化，强调在老年教育过程中充分运用人工智能、数字技术等现代教育技术手段。

知识链接

老年教育信息化

老年教育信息化的内涵包括以下几个方面：它是将 IT 技术应用于老年教育改革的行动；它的目的是为了实现老年教育的现代化；它是一个动态的不断发展的过程，并有其自身的领域及范围；它也具有"技术"和"教育"双重属性；它的本质是"实现老年教育的信息资源与知识的共享"。

将现代信息技术融入老年教育改革与发展之中，加速老年教育现代化，是迎合社会发展客观要求的新举措与新尝试。IT 技术的应用能"实现老年教育的信息资源与知识的共享"，有效促进老年教育向纵深发展过程中所遇到的种种困难的解决。在有限资源情况下，将信息技术应用和推广到老年教育改革中，能够满足更多老年人需求，让他们有效地、便捷地参与教育与学习的活动。

国外调查发现，老年人并不认为他们已经老到无法学习电脑，或者对电脑的兴趣和运用电脑能力会输给年轻人。13.6% 的老人认为电脑是自己喜欢的学习方式，而且有 32% 的老年人会选择学习使用电脑。据统计，美国约有 72% 的老人使用网络通信，59% 的老人利用网络来研究特定的主题。这在一定程度上说明，老年教育走信息化改革的道路是可能的。

我国推进老年教育信息化的重点是：第一，建设数字化老年开放大学；第二，发展老年教育远程服务模式；第三，加强老年教育数字化资源建设。

推行老年教育信息化，国家应该大力加强信息化政策法规的立法，为老年教育信息化改革指明导向、制定标准、明确范围和提供保障。积极争取社会各界（包括个人、政府或团体）的力量支持，筹措经费，以确保信息化改革的正常运作。建设一支具有创新精神和创新能力的优秀教师队伍，在老年教育信息化教学中进行网络辅导、远程释疑、面授解惑等。进行技术的投入和创新，尤其是网络、电子、信息等技术支持，以改革老年教学手段和方式。利用社区平台，整合社区资源，为老年教育信息化改革服务。

资料来源：李洁，孙惠丽. 解读老年教育信息化［J］. 中国成人教育，2017（17）：106－107；付晓萍. 信息化视角下老年教育的发展研究［J］. 中国成人教育，2017（1）：120－122.

（五）老年教育环境

老年教育环境同样有广义和狭义之分。广义的老年教育环境指为促进老年受教育者身心素质的继续发展而有意识地创设的各种环境，一般可分为家庭老年教育环境、社区老年教育环境、学校老年教育环境等。狭义的老年教育环境是指老年大学（学校）或其他专门老年教育机构为了保证达到老年教育目的而专门创设的具体情境，如老年大学（学校）的课堂教学情境，就是老年大学（学校）教师为了高效率、高质量地完成教学任务而精心创设的老年教育环境，我们一般也称之为老年教学情境。

老年教育环境是老年教育活动的特定时空条件，是一种"教育场域"。任何老年教育活动都是在具体的教育环境中展开的，没有老年教育环境，老年教育就失去了存在的基础。关于这一点，加拿大的教育学者马克斯·范梅南（Max Van Manen）有明确的论述："教育情境是那些构成教育行动的场所，是使成人和儿童间体验成为可能的环境和条件。而教育情境又是成人与孩子间特殊情感的教育关系构成，在这样的情境中，成人和孩子都为情境提供了必要的条件。……成人和孩子都积极主动地带有意向性地投入到这种体验。"①

老年教育的上述五个要素中，老年教育内容、老年教育手段和老年教育环境是三类客体，老年教育者和老年受教育者总体上是两类主体，但他们之间又互为主客体。主体与主体之间、主体与客体之间相互作用，构成复杂的老年教育关系，如老年教育者与老年受教育者之间的关系、老年教育者与老年教育内容之间的关系、老年教育者与老年教育手段之间的关系、老年教育者与老年教育环境之间的关系、老年受教育者与老年教育内容之间的关系、老年受教育者与老年教育手段之间的关系、老年受教育者与老年教育环境之间的关系。其中，老年教育者和老年受教育者之间的关系是上述诸种关系中最主要的关系，充分地认识和研究这些关系，是做好老年教育工作的前提。

第二节 老年教育形态

老年教育在社会现实生活中是以完整、多样的形态呈现的。通过"分解"找出构成老年教育的基本要素之后，还需要对这些要素进行"整合"，理清它们在不同时空条件的组合形式和整体功能。整合后形成的各种老年教育的具体形式，就是老年教育形态。

---

① 范梅南. 教学机智：教育智慧的意蕴 [M]. 李树英，译. 北京：教育科学出版社，2001：95－96.

一、老年教育形态的定义

老年教育形态是指老年教育活动在特定时空条件下的客观存在形式和表现状态，是老年教育者、老年受教育者、老年教育内容、老年教育手段、老年教育环境五种要素在不同的时空背景下组成的、整体性的社会存在。

二、老年教育形态的主要类型

（一）正规老年教育与非正规老年教育

根据规范程度的不同，老年教育可以分为正规老年教育和非正规老年教育。

1. 正规老年教育

正规老年教育是由上级主管部门（如教育行政部门）认可的老年大学（学校）等老年教育机构所提供的有目的、有组织、有计划的、以直接影响老年受教育者身心继续发展为目标的社会活动。这种老年教育有固定的教育场所；有特定的教育计划、课程大纲和教科书；有专业的老年教育者和专职的管理、服务人员；某些专业领域的学习还需要老年受教育者具有一定的文化基础和学习条件。

2. 非正规老年教育

非正规教育是指"任何在正规教育体制以外所进行的，为人口中的特定类型、成人及儿童有选择地提供学习形式的有组织、有系统的活动"[①]。根据这一定义，非正规老年教育是指在正规老年教育系统之外对老年人提供

---

① 孔布斯. 世界教育危机：八十年代的观点［M］. 赵宝恒，等译校. 北京：人民教育出版社，1990：24.

的系统的、有组织的以直接影响其身心继续发展为目标的社会活动。

非正规老年教育不是正规老年教育的补充形式，而是与正规老年教育并行的另外一种老年教育形态。这种老年教育没有相对独立的形式，与老年人的生活（包括低龄老年人仍然在从事的社会生产活动）高度一体化；它以不能参加正规老年教育的老年人为主要对象，以这些老年人的实际情况和需求为导向设置教育内容和方法，具有更大的灵活性。与正规老年教育相比，这种老年教育的成本也相对较低。

（二）实体老年教育与虚拟老年教育

根据空间存在形式的不同，老年教育可分为实体老年教育和虚拟老年教育。

1. 实体老年教育

实体老年教育是指在一个现实的空间环境内，由老年教育者对老年受教育者的身心继续发展实施直接影响的社会活动。从时间维度上说，这种形态的教育包括了信息时代来临之前的所有教育形态（如老年学校教育、老年家庭教育以及老年社区教育）。信息时代到来之后，网络技术、电视、广播等多媒体技术在老年教育系统中的普遍应用，扩大了老年教育的空间环境，催生了全新的老年教育形态——虚拟老年教育。即便如此，实体老年教育仍然是一种重要的客观存在。

在实体老年教育中，老年教育者和老年受教育者在同一个特定空间环境中面对面地展开交流。这为老年教育者——特别是在老年大学（学校）和其他专门的老年教育机构中从事教育教学工作的教师——提供了更多的教育机会。教师在面对面的教育活动中运用自己的教学语言（包括口语、板书，以及动作、神情等非言语表达方式）对老年学生产生多途径的影响，不仅能够促使他们高效率地学习、更好地理解老师所讲授的文化科学知识，而且可以与教师产生即时的情感交流。此外，教师的教育态度、教学方法、道德行为、世界观等在这种面对面的交流过程中也会潜移默化地影响老年学生。这些是虚拟教育无法代替的。在真实的教育环境中，老年学生还可以与其他同学即时进行思想、情感、知识、技能等方面的交流和共享，这也是虚拟教育不能完全实现的。

实体老年教育的主要不足在于：第一，由于空间环境是有限的，所以，实体老年教育不能满足日益增长的老年人的学习需求，我国老年教育出现的"一座难求"现象，就反映了这种缺陷。第二，由于老年教育者和老年受教育者是在同一时空环境中进行交流的，有限的教育时间制约了老年受教育者对教育教学过程的参与程度。第三，一般情况下，实体老年教育要求老年受教育者多是在自己特定的位置（如老年大学教室中固定的座位）上接受教育，这会对他们的身心产生一定的负面影响。第四，实体老年教育过程主要由老年教育者掌控，他们多是按照预定的课程大纲和教育设计去有步骤地实施教育活动，在一定程度上不能更多地照顾到不同老年受教育者的个体状况，也限制了老年受教育者学习的主动性。

2. 虚拟老年教育

虚拟老年教育又可以称为"网络老年教育""线上老年教育""远程老年教育"等，是在网络虚拟空间环境中对老年人身心继续发展施加直接影响的社会活动。

虚拟老年教育是随着以多媒体和互联网为代表的现代信息技术在老年教育系统中的普及运用而产生的，虽然它的本质属性也是对老年受教育者身心继续发展施加直接影响，但是已经具有了一些新的性质：第一，虚拟老年教育突破了实体老年教育时空环境的局限，使老年教育在更为广阔的虚拟空间（如虚拟教室、虚拟社团、虚拟校园等）内展开，可以满足更多的老年人继续学习的需求。第二，虚拟老年教育虽然离不开老年教育者的作用，但是更加凸显了老年受教育者的主体地位和作用。在信息时代里，用"老年学习者"这一概念更能体现老年人主动学习的特点。第三，虚拟老年教育的资源更为丰富。通过互联网，老年教育资源可以在更大的范围内进行共建共享，为满足老年人多样化、个性化的学习需求提供了资源保障。总之，虚拟老年教育以信息为中心、网络为媒介、校园为平台，可以实现老年教育资源共享最大化、配置最优化、开发多样化和运用合理化。

虚拟老年教育虽然具有实体老年教育不可比拟的优势，但是它并不是要取代实体老年教育，实际上也不可能取代实体老年教育。正像许多教育学者认识到的那样，"虚拟教育的缺陷就是实体教育的优越性之所在，而虚拟教育的优势就是实体教育的局限性之所在，所以虚拟教育与实体教育应该有机结合，只有实现两者优势互补，才能给人类的教育带来新的活力和新的希望"①。未来老年教育的发展趋势之一，应该是实体老年教育和虚拟老年教育相互补充，共同发展。

（三）老年家庭教育、老年学校教育与老年社会（社区）教育

根据实施场所的不同，老年教育可以分为老年家庭教育、老年学校教育和老年社会（社区）教育。

1. 老年家庭教育

家庭教育有广义与狭义之分。广义的家庭教育指家庭成员之间在日常生活过程中相互影响身心素质发展的活动，既包括家庭成员之间自觉的或非自觉的、有形的或无形的多重水平的影响，又包括家庭的社会背景、生活方式和环境因素对其成员产生的熏陶。狭义的家庭教育是指在一定的家

---

① 项贤明. 教育学原理［M］. 北京：高等教育出版社，2019：57.

庭文化背景下，由父母或其他年长者对子女或其他未成年家庭成员施加的、有助于他们社会化和形成健全人格的教育影响活动。从广义的角度来理解家庭教育时，就存在老年家庭教育形态。它是指在家庭日常生活过程中，由家庭成员中的晚辈向老年人，或者老年人相互之间进行知识、技能、道德、审美、个性等方面影响的过程，目的仍然是指向家庭老年人身心素质的继续发展。为了突出其教育场所的独特性，老年家庭教育也可称为家庭老年教育。

美国文化人类学家玛格丽特·米德（Margaret Mead，1901—1978）将人类文化划分为三种基本类型：前喻文化、并喻文化和后喻文化。前喻文化指晚辈向长辈学习，并喻文化指同辈之间的学习，后喻文化指长辈向晚辈学习。老年家庭教育属于后喻文化和并喻文化。在微电子、互联网和信息技术迅猛发展的今天，老年人已有的知识、技能已不能够满足社会生产和生活的需要，因此他们必须向家庭中的晚辈学习，利用晚辈新颖的文化知识给自己创建一个富有生命力的未来。

老年家庭教育的基本特点有以下三个。

第一，它是以亲情为基础的一种教育活动。家庭主要由具有血缘关系的社会成员构成，老年人在哺育儿孙的过程中，出于骨肉之情，给予他们以关爱和教育，是一种不计代价、不求回报的付出，也是他们责无旁贷的天职。当家庭中的子孙长大成人之后，他们也应该将自己的亲情反哺给父辈或祖辈，帮助他们获得新的知识、能力、道德品质、审美情趣等，使他们能够自如地适应和主宰晚年生活。无论是哺育还是反哺都是基于亲情的活动，这是家庭教育的独特之处。

第二，老年家庭教育内容全面，手段多样。从内容上来说，凡是老年人不具备的社会生产和生活所需要的一切知识、技能、规范、价值观念等，都在老年家庭教育之列。从手段上来说，年轻人向老年人讲解相关知识、为老年人做示范、手把手地教老年人掌握技能等，都属于老年家庭教育的范畴。甚至是年轻的家庭成员在家庭生活中的日常行为习惯，也会对老年人产生潜移默化的影响。

第三，老年家庭教育不具备严密的组织和计划，具有灵活、分散的特点。老年家庭教育弥散在日常家庭生活之中。在平时的生活过程中，老年人就可以从子孙那里学习到自己所缺失的知识、技能、价值观、审美情趣和能力等。这种与生活形影相随的老年家庭教育弥散在家庭生活中的时时处处，相机而教，随机而学。

2. 老年学校教育

老年学校教育，又可称为学校老年教育，是指在专门创设的老年学校中，教师对老年学生实施直接影响，促进后者身心继续发展的社会活动。

与老年家庭教育相比较，老年学校教育更加强调老年教育的目的性、计划性、组织性、专业性等。所谓目的性，是指老年学校教育有专门的培养目标。各级各类老年学校培养目标的实现，是老年教育目的得以达成的基础和保证。所谓计划性，是指老年学校教育通过设计学校课程体系和相关的教育教学活动，对这些教育教学内容在时间进度、空间安排等方面做出整体的和具体的安排，并据此确立各个教育阶段的任务和内容，以保证老年学校教育的顺序性和高效性。所谓组织性，是指老年学校本身就是一种社会组织。作为老年组织机构之一，老年学校通过设定具体的教育目标、设计校风校训、制定学校规章制度、建设有特色的学校文化等，确保学校组织的向心力和各项工作的有序开展，这是老年学校教育高效率的保证。所谓专业性，是指在老年学校中有专门的教师、学校领导管理人员，以及后勤服务队伍。他们围绕学校教育目标和管理目标，在各自的岗位上为老年学生在校期间的学习和生活提供专业服务，保证老年学生既能获得身心素质的继续发展，又能度过快乐、安康的生活。

虽然老年教育有多种形态，但是老年学校教育因其明确的目的性、严密的组织性、内容的全面性、手段的多样性、人员的专业（门）性、教学的高效性等特点在诸形态中占据主导地位。然而，由于它是一种制度化的正规教育，所以也必然地带有制度化教育的局限。老年教育的高质量发展，需要多种形态的老年教育的协同作用，不能将老年学校教育作为促进老年受教育者身心继续发展的唯一途径。

3. 老年社会（社区）教育

广义的老年社会教育是指一切社会生活中直接影响老年人身心继续发展的活动；狭义的老年社会教育，则是指老年家庭教育和老年学校教育之外的社会文化机构以及有关的社会团体或组织针对老年人实施的教育活动。

1835 年，德国社会教育学家狄斯特威格第一次提出"社会教育"的概念，并亲自创办了社会教育机构。在我国，"社会教育"这个术语直到 1911 年辛亥革命以后才出现。1912 年，蔡元培在民国政府教育部设立"社会教育司"，开创了我国社会教育的先河。

广义的老年社会教育广泛存在于社会生产和社会生活之中，将所有的老年教育形态都包含在内，因此也包括了老年家庭教育和老年学校教育。为了凸显各种不同形态教育的地位和作用，有教育学研究者将一般意义上的"社会教育"所涵盖的内容进行分解，将它分为职业组织教育、文化组织教育、社区教育。①

当前，"社区教育"这一概念正在被大众接受并加以广泛使用。一般认

---

① 项贤明. 教育学原理［M］. 北京：高等教育出版社，2019：57.

为，社区教育是"一种终身教育概念和组织形式。旨在加强教育的服务职能，推进社区发展，并将学校当作向社区所有年龄层开放的教育娱乐中心，成为义务教育与其他福利事业的结合体。教育活动跨出学校的范围，由社区人士共同参与管理，他们既可为学生，又可为教师，或两者兼任。教育内容关系到社区生活，为整个社区的利益服务"[①]。

社区教育是一种更为狭义的社会教育，但是在其发展过程中，人们将它再次进行了狭义和广义的区分。狭义的社区教育指的是社区内学校教育和家庭教育之外的文化、教育等机构及社会团体、企事业单位、个人对各社会成员所开展的教育。广义的社区教育指的是为了社区发展，在社区中开展的具有教育意义的活动，包括各种寓教育于其中的社区文化活动。学校和家庭都是社区的组成部分，故广义的社区教育是由学校教育、家庭教育和狭义的社区教育组成的。从这个角度来看，老年家庭教育、老年学校教育和老年社会教育三种形态中的"老年社会教育"的内涵与狭义的"老年社区教育"等同（我国有人也称之为"社区老年教育"）。虽然称谓有所差异，但这种教育在本质上是指某个特定社区内老年家庭教育和老年学校教育之外的、社会机构和个人开展的、促进老年人身心继续发展的活动。

知识链接

我国社区老年教育的主要特色

我国社区老年教育虽然起步较晚，但呈现出鲜明的办学特色，各地在办学和管理上有不少创新点。

1. 普惠大众、公平全纳。社区老年教育通过整合、利用社区的各类资源，针对老年群体开展各类活动，满足老年人就近入学的需要。

---

① 顾明远. 教育大辞典：增订合编本·下 [Z]. 上海：上海教育出版社，1998：1366.

它没有门槛限制，全体老年人都可以快乐、自由地学习，保障老年人教育的学习权利，体现社会的包容与公平。

2. 多方参与、主体多元。开展社区老年教育的机构既有公办的老年大学、社区学院、高校职业院校、养老机构，也有民办老年大学或公办民助的教育机构，还有社区居民自发组成的学习团队，以及居民个人举办的各种老年活动小组。

3. 养教融合、方式多样。养老和教育相结合是社区老年教育的鲜明特色。以送教上门、体验互动、志愿服务、学习资源共享等教育服务模式开展形式多样的社区老年教育，构建全新的老年学习圈，将老年教育从学校延伸到养老院、养老社区，以良好的支持服务提升老年人的学习获得感，提高老年人学习乐趣和幸福指数，提高老年教育的参与度。

4. 因应信息技术创新学习方式。各地社区老年教育积极探索如何利用互联网技术，实现互联网＋老年教育的有效性，扩大教育供给，扩展优质学习资源。

5. 团队学习、共学养老。老年人自愿组成学习团队，拓展了老年人群学习生活的空间和形式，成为老年群体自主学习、互动学习交往的平台和场所，有利于发挥老年人自主学习的积极性和主动性，更能体现社区老年教育的本质特点和老年人群的学习优势。

6. 志愿服务、奉献社会。社区老年大学参与服务社会需求，打造社区志愿服务实践学习模式，体现了知行合一的学习本质。老年学生参与社区建设和社区治理、青少年思想道德教育、精神文明建设和环境治理等方面的志愿服务，助人乐己，奉献社会，把学习成果转化为社会服务的实践。

资料来源：刁海峰. 中国老年教育发展报告（2019—2020）［M］. 北京：中国商务出版社，2021：165 – 166.

（四）党委主管（举办）的老年教育、行政部门主管（举办）的老年教育、党政部门联合主管（举办）的老年教育

这是我国特有的老年教育形态的分类。

根据其上级主管部门或举办主体的不同，老年教育可以分为党委主管（举办）的老年教育、行政部门主管（举办）的老年教育和党政部门联合主管（举办）的老年教育。

1. 党委主管（举办）的老年教育

这是我国最早出现的老年教育形态，其主要载体是老（年）干部大学。1978年改革开放之后，我国逐步废除了干部职务终身制，建立起离退休干部制度。为了满足老干部离退休后的精神生活需要，山东省部分离退休老干部经过长时间酝酿，于1983年9月成立了我国第一所老干部大学——山东省红十字会老年大学，开启了我国老年教育的先河。之后，我国老干部大学教育迅速发展。从其发轫可以看出，中国老年教育起源于党委老干部工作。1983年，中共中央组织部明确规定：各省、自治区、直辖市的负责老干部工作的机构统称为老干部局，归口各省、自治区、直辖市党委组织部。占据我国老年教育"半壁江山"的老干部教育，均归属党委主管。

2. 行政部门主管（举办）的老年教育

在党委主管主办的老年教育蓬勃发展的同时，行政部门主管的老年教育也有了发展。这方面行动较早的是上海市政府。1985年，上海市教卫办创办了上海老年人进修学院，次年9月改名为上海老年大学。同样是1985年创办的天津老年人大学，是由离退休的老干部和老同志组成的校委会向天津市第二教育局申请登记，获得批准后成立的。这两所老年大学，都是由当地教育行政部门主管的。此外，还有文化系统依托社会文化机构（如艺术馆、文化馆、社区文化活动中心、社区学校等）开办的老年教育，其主管者是

文化行政部门；有从养教结合的角度发展起来的老年教育，其主管者是民政领导管理部门；等等。

在教育行政部门主管（举办）的老年教育中，有三种具体形态是值得关注的：一是普通高校举办的老年教育，二是开放大学举办的老年教育，三是社会力量举办的老年教育。

普通高校举办老年教育的历史也比较长。最早的萌芽是 1952 年美国芝加哥大学开设的第一个函授课程。该课程面向所有成人，属于成人教育的范畴，并非为老年人专设，但其中包含老年教育。稍后，佛罗里达州开办了第一个专为老年人设计的课程，带动了专门为老年人开设的课程的增多。而普通高校举办老年教育的标志，则是 1973 年法国图卢兹大学内正式成立的世界上第一所第三年龄大学。今天，法国"老年大学"中的"大学"一词，意味着必须与一所高等教育机构相关联。老年大学与高等教育机构之间是否有联系，成为能否加入法国老年大学联盟的一个重要标准。换言之，要成为法国老年大学协会的成员，该老年大学须是一所高等教育院校中的某个部门或其附属的某个机构，它们与普通高校大学在行政、财务和人员等资源上实行共享。我国最早的由普通高校举办的老年大学是 1984 年 10 月成立的北京师范大学老年大学。后来，一些普通高校也逐步开始创办老年大学，举办老年教育。2020 年，加盟高校老年大学发展联盟的普通高校达到 116 所。[①]

普通高校有较为丰厚的师资、专业、知识、研究、制度、网络资源，在老年教育的发展中占据着重要的地位。普通高校广泛参与老年教育发展，提供形式多样的老年教育活动，已成为国际老年教育发展的趋势。我国普通高校虽然开始通过创办老年大学等形式参与老年教育，但是参与程度远远不够，

---

① 本书编委会. 中国老年教育发展研究报告（2018—2020）［M］. 北京：当代中国出版社，2021：156 – 159.

仍然有很大的开发空间。普通高校提高老年教育参与度主要表现为：第一，利用高质量的师资力量，为老年大学生提供高质量的教育教学服务，包括课程体系设置、教材编写、教育教学等。第二，发挥高校科研优势，通过委托、合作等形式，开展老年大学建设方面的研究工作，提供老年大学发展的新理论、新见解，开展国内外老年大学校际之间的学术交流，推动老年大学发展的科学化和国际化。同时将老年大学办学过程中积累的、好的经验进行凝练和提升，产生新的老年大学教育理论，丰富和发展老年教育科学理论。第三，借鉴普通高校的管理模式，帮助老年大学实现有序办学、科学管理，提高老年大学的办学和管理水平。第四，利用普通高校的空间和网络系统，发展实体和网络老年大学，为老年大学生提供更为充分的学习条件，满足他们继续发展的需求。第五，举办老年教育专业的职前教育和教师在职培训，培养老年大学和老年教育事业需要的优秀人才，提高老年大学在职教师的专业素质。[①]

在国外，开放大学举办老年教育表现最突出的是英国。1969 年，英国成立了著名的开放大学（Open University of United Kingdom，又称公开大学、空中大学）。开放大学对学生入学不设任何门槛和资格限制，学生只要有明确的学习动机和学习需求，就可以灵活安排入学时间；对完成课程的时间不设任何限制，学生可以根据爱好自由选读喜爱的课程，课程主要通过远程教学的形式开展，学生可以自由参加面授辅导课和辅修课。由于远程教学范围广，播放量大，投资回报率高，学生就读开放大学的学费相对较低。这些方面充分考虑到了老年人的特点，满足了老年学生的需求。[②] 我国在 20 世纪 80 年代就有广播电视大学体系开展老年教育的探索，但开放大学举办老年教育标志

---

① 王卫东. 社会机构与中国老年大学的发展［M］//林元和，王友农. 中国老年教育理论研究与国际对接（2017 年）. 广州：广东经济出版社，2018：180 – 185.

② 王旭. 英国老年教育及其对我国的启示［J］. 世界教育信息，2007（5）：55 – 56，75.

则是 2015 年 1 月国家开放大学联合全国老龄工作委员会办公室、民政部中国社会福利与养老服务协会、人力资源和社会保障部职业技能鉴定中心等单位，共同成立全国首家老年开放大学。之后，在国家政策引领和支持下，开放大学举办老年教育发展势头迅猛，目前已成为我国老年教育系统的重要组成部分。最新的研究报告将我国开放大学体系举办老年教育的经验概括为：第一，依托开放大学体系构建开放型、服务型的老年教育办学体系，扩大老年教育覆盖面；第二，充分利用现代信息技术优势，建设适合老年人学习的网络平台；第三，采用多样化学习方式，向老年人提供便利的学习服务；第四，发挥远程教育优势，扩大老年教育服务范围，服务基层、社区、乡村地区的广大老年人群体；第五，贴近老年人实际需求，开设老年学生感兴趣的专业课程；第六，满足养老服务从业人员需求，培养国家养老服务业人才；第七，采取多种方式，努力汇聚老年教育领域优质学习资源；第八，建立学习测评与激励机制，提升老年人的社会成就感；第九，建设老年教育学分银行，积累老年人学习成果。[①] 从以上经验概括我们也应该看到，开放大学体系举办老年教育在我国毕竟还是一个新生事物，在其发展过程中还存在着不少有待提升的空间。

社会力量举办的老年教育以民办老年大学为主要载体。我国最早的民办老年大学是 1984 年成立的广州市岭海老人大学。与其他行政部门主管、主办的老年教育相比，社会力量举办的老年教育虽然还较为薄弱，但它是我国老年教育事业发展的必要组成部分，是我国创新老年教育体制机制，推动老年教育高质量发展的重要环节。国务院办公厅印发的《老年教育发展规划（2016—2020 年）》中明确提出：鼓励社会力量参与老年教育，充分激发市

---

① 本书编委会. 中国老年教育发展研究报告（2018—2020）［M］. 北京：当代中国出版社，2021：203－207.

场活力，推进举办主体、资金筹措渠道的多元化，通过政府购买服务、项目合作等多种方式，支持和鼓励各类社会力量通过独资、合资、合作等形式举办或参与老年教育。① 这标志着社会力量举办老年教育已经进入我国政府的顶层设计。如何根据国家的要求，大力发展社会力量举办的老年教育，不断提高社会力量举办的老年教育的质量，是老年教育研究的新领域。

3. 党政部门联合主管（举办）的老年教育

以上两种老年教育形态的主管（举办）部门都是单一的，此外也有党政部门联合主管（举办）的老年教育形态。如1984年4月成立的哈尔滨市老年人大学，其主管部门由哈尔滨市教育局、市委老干部局和市总工会三个部门联合组成；而同年9月成立的南京金陵老年大学，则由省市军地联合主管主办。

知 识 链 接

我国台湾地区的老年教育形态

我国台湾地区老年教育的办理机构大致可以分为公共部门及民间单位。公共部门包括教育部门、社教部门、卫生部门、民政部门等附设单位或委托办理单位；民间单位包括非营利组织、协会、学会及宗教团体。据此，台湾的老年教育机构可以分为四大类：一是教育部门所办理的高龄学习资源中心、社区老人学习中心、乐龄大学、社区乐龄班、家庭教育中心、社教馆等；二是社政部门所办理的长青学苑、老人文康中心、社区照顾关怀据点等；三是民间组织所办理的老人社会大学、敬老大学、南阳义学等；四是宗教团体所办理的松年大学、长青大学、松鹤学苑、长青班等。

资料来源：林振春，等. 老人教育学［M］. 台中：华格那企业有限公司，2012：7-5.

---

① 国务院办公厅. 老年教育发展规划（2016—2020年）［EB/OL］.（2016-10-19）［2022-01-02］. http://www.gov.cn/zhengce/content/2016-10/19/content_5121344.htm.

第三章 老年教育目的

本章提要

　　本章首先对老年教育目的的概念和功能进行简要的阐释，然后探讨我国老年教育目的的理论基础——马克思主义关于人的全面发展学说，最后梳理我国党和政府关于老年教育的主要方针政策精神，介绍我国老年教育学界关于老年教育目的的主要观点以及我国老年教育目的的重要体现——中国老年大学办学宗旨。

第一节 老年教育目的的概念和功能

　　理想的教育和现实的教育之间存在着一定的差距，教育实践活动就是通过教育者和受教育者的相互作用，尽可能地弥补这种差距，使教育达到或者最大限度地达到理想状态。这种理想状态，即教育要追求的目的。任何称得上"教育"的人类社会活动，都有其目的。老年教育目的是老年教育原理的必要组成部分，理解老年教育目的首先就要掌握其内涵和功能。

一、老年教育目的概念

（一）教育目的概述

教育目的是人们根据一定社会或阶级的需要，以及受教育者身心发展的规律和需要，对教育培养人的质量规格的总体设计。它规定着把受教育者培养成为什么样的人这一根本问题，体现着不同主体的教育价值观。

教育目的由相互关联的两个方面构成：一是把受教育者培养成为什么样的社会成员，这是对教育对象的社会价值所做出的规定，反映了教育所培养的人与社会的关系；二是在教育对象身上所要形成的综合素质，反映了教育要发展的教育对象的各种素质以及它们之间的联系。

教育目的对教育活动具有指导意义，是教育工作的出发点和归宿。教育制度的制定、教育内容的确定、教育方法的选择、教育工作的管理、教育质量的评价等，无不受制于教育目的。

教育目的与教育方针不同。教育方针是国家在一定历史时期，根据社会政治经济发展的需要和基本的国情，通过一定的立法程序，为教育事业确立的总的工作方向和奋斗目标，是教育政策的总概括。教育方针的基本内容包括：教育发展的指导思想、教育目的、实施教育的途径。教育目的是指把受教育者培养成为一定社会所需要的人的基本要求，是一种教育的理想和价值追求。它虽然是由人们主观提出的，但具有一定的客观性。教育目的是教育方针的一个组成部分。教育目的与教育方针的区别主要表现在：教育方针的制定主体是国家政府，反映的是特定时期国家主体对教育发展的要求和限定，而教育目的是任何人都可以对其进行规划和设定，提出自己的教育目的和理想追求。在现代社会中，国家教育方针的出台要经过一定的法律程序，而教育目的的提出则无须这一环节。教育方针中包含着实现教育理想的途径，而有些教育目的仅仅反映的是主体对教育的期待和设想，其中并不必然地包含达成教育目的的途径。

现代国家和地区大多形成了与本国和本地区经济、政治、文化等制度相适应的制度化教育体系，它以学校教育制度为主体。因此，教育目的便具有了层次性。总体的教育目的是根据社会或国家一定历史时期的政治、经济、文化、科技发展的要求以及受教育者身心发展状况来制定的，是具有普遍指导意义的育人标准，适用于教育系统中的各级各类机构。教育目的概念之下，还有培养目标和学校教育目标两个下位概念，它们与教育目的之间存在着包含与被包含的关系。培养目标是指一个国家或地区学校教育系统中某一级或某一类教育机构培养人的共同要求和质量规格。它既体现教育目的中确定的总的育人规格，又反映这些学校特殊的育人规格，适用于教育系统中的某一级或某一类机构。学校教育目标是一所学校根据教育目的、培养目标以及本校的实际情况所制定的具体育人标准。它是教育目的、培养目标的进一步具体化，反映的是一所学校成员的教育预期，体现的是一所学校教育工作者和领导管理者的价值选择和追求，只适用于某一所学校。

教育目的、培养目标、学校教育目标之间是共性与个性、普遍性与特殊性的关系。在理论研究和教育实践中，常常出现将三个概念混为一谈的现象，这是不科学的。

（二）老年教育目的的定义

老年教育是现代终身教育的最后一个阶段，是现代国家终身教育体系的必要组成部分。从教育目的层次上来看，"老年教育目的"应该准确地称为"老年教育培养目标"。然而，老年教育又是相对独立的一个教育系统，它本身又可分为不同层次和不同类型的老年教育机构。从老年教育系统本身的角度来说，"老年教育目的"的说法是可以成立的。我国出版的老年教育论著和教材中多采用"老年教育目的"这一术语，本书也承袭此惯例。

根据教育目的的概念，"老年教育目的"可以界定为：老年教育目的是指主体根据一定社会或阶级的需要，以及老年受教育者的身心基础和继续发展需要，对通过老年教育促使老年受教育者继续发展所达到的质量规格或理想状态的总体思考和设计。

这一定义包含以下三个要点。

第一，老年教育目的的确立要依据一定社会或阶级的需要。老年教育目的要解决的核心问题是通过老年教育把老年受教育者培养成为什么样的老年人的问题，任何一个人都生活在特定国家和民族的社会文化环境之中，都需要通过自身的社会化而成为适应社会并推动社会发展的人。教育目的中所谓的培养人的质量规格，有相当大的部分反映的是特定国家和民族对其所需要的社会成员的质量要求，老年教育目的也不例外。

特定国家和民族对老年教育培养什么样的老年人的质量要求是多方面的，其中最为主要的包括：①国家和民族对老年教育培养的老年受教育者提出的思想政治素质（包括政治立场、政治觉悟、社会价值观、思想意识等）和道德品质的要求，这是由其政治经济制度决定的；②国家和民族对老年教育培养的老年受教育者提出的文化素质（包括人文素养、科技素养、一般的思维品质与能力、特定的专门知识和技能等）的要求，这是由其特定的文化特质和科技发展水平决定的；③国家和民族对老年教育培养的老年受教育者提出的身体素质、心理素质、社会交往素质等方面的要求。

第二，老年教育目的的确立，还要依据老年人接受老年教育之前的综合素质基础以及他们接受老年教育的需求。虽然老年教育要依赖社会条件和要求，但是，老年教育活动的直接对象是老年受教育者。社会对老年教育要培养的老年人质量规格的要求，必须充分考虑老年受教育者的发展基础、身心发展特点和进一步接受教育的需要，通过老年受教育者在老年教育过程中积极的发展变化，才能够从理想变为现实。老年受教育者具有丰富的人生经历和生产生活经验，与青少年学生相比更具有积极性、主动性和创造性，这就要求老年教育工作者必须将老年教育活动建立在尊重、调动和利用老年受教育者自身因素的基础上。因此，确立老年教育目的，必须考虑老年受教育者的各种条件，尤其是他们的学习需求。

知 识 链 接

麦克拉斯基的老人学习需求理论

麦克拉斯基（H. Y. McClusky）强调人类潜能的发展是终身的历程，教育对老人的增能是主要的力量。他借用马斯洛的需求理论，在1971 年的白宫老龄化会议（White House Conference Aging）中发表《教育的背景和问题》（*Background and Issue on Education*）一文，提出高龄者参与学习的五类需求。

（一）应付的需求（coping needs）：此种需求主要系指生存的需求，老人为了在变动的社会中求生存，必须学习适当的谋生技能，以便适应环境。

（二）表现的需求（expressive needs）：指参与活动与表达自我的需求，借由活动或参与本身，获得内在回馈，亦即从活动中获得满足。

（三）贡献的需求（contributive needs）：系指从事有利他人服务社会事务的需求，老年人也有给予的需求，老年人往往寻找服务的机会，希望对社会有所贡献，并在贡献中自我实现，如此使他们觉得自己是有用的和有被需要的感觉。

（四）影响的需求（influence needs）：老人想以其力量影响社会，对社会做有意义的事，高龄者仍愿意参与公共事务，借由政治活动、社区团体、服务组织等参与，来满足其影响他人及社会的需求。

（五）超越的需求（transcendence needs）：系指希望更深入地了解生命的意义，检讨过去人生的同时，将自己统合于更超然的人生目的中，并超越生理外在的限制，提升自我生命价值至更高层次。

检视这五种老人教育的需求，即是高龄者学习所追求的目的，为高龄教育提出立论依据并勾绘出愿景蓝图。

资料来源：朱芬郁. 高龄教育：概念、方案与趋势 ［M］. 台北：五南图书出版股份有限公司，2011：14－15.

第三，老年教育目的旨在通过老年教育使老年受教育者在各个方面达到高于现实水平的理想状态或规格。老年教育目的是社会对老年受教育者身心继续发展的价值期待，是相关主体（主要包括社会或国家、老年教育者、老年受教育者等三类主体）对老年受教育者继续发展指标的思考和设计。这一理想状态必定是高于现实水平的，但是要高得适度，要通过老年教育能够实现和达到，否则就不是合理的老年教育目的。这种适度很难用量化的标准来规定和描述，它是老年教育艺术的体现。在日常教育生活中，教育工作者和管理工作者常常用"跳一跳能够摘到桃子"来形容教育目的的适度。

此外，老年受教育者达到理想的继续发展水平是多因素综合作用的结果，老年教育在其中发挥着重要的作用，但并不具有决定性，更不是唯一的影响因素。我们既要重视和充分发挥老年教育的价值，又要理解老年教育的有限性，任何无限夸大老年教育在老年受教育者继续发展中的作用的认识和做法都是无益的。

（三）老年教育目的的层次性

老年教育是一个相对独立的教育系统，它本身可以再划分为层次、性质和任务各不相同的各级各类子系统。从这个意义上说，老年教育目的是整个老年教育系统中所有老年教育机构都要遵循的总的质量规格。在此总质量规格之下，会有不同层级和类型的老年教育培养目标。我国"老年学校也有等级，省级、副省级、地级大城市的老年大学，学员学历都在高中以上，40%～60%具有大学本科和专科的学历，这些老年大学应该有较高的培养目标，可以提出继承和发扬中国的传统文化、掌握现代信息技术、培养一批老年文化人才、开展文学美术的创作活动、成为适应当代社会发展的'现代老人'等目标。一般地级城市和较发达的县级城市，有大学本科和专科学历的只有较少人数，大部分是高中或初中学历。对于这一等级的老年大学，培养目标可以比前一类老年大学降低。不提'培养老年人才，开展文学美术创作活动'的要求，但要强调做'现代老人'，风范长者。一般县级老年大学和发达乡镇的老年学校更要降低，可以单提引导老年学员，实现积极休闲，活跃文化生活，提高生活生命质量。对于社区的老年教育的培养目标，在提高生活生命质量的同时，要求关心社区工作，为社区的各项活动增添正能量"[①]。

老年教育目的的层次性，不仅体现在不同层次和类型的老年教育机构的培养目标上，还体现在每一所老年教育机构的教育目标上。例如，一所老年大学可以根据国家教育目的、老年教育目的、所在老年大学层级的培养目标，以及本校的发展追求与实际情况，制定本校的育人标准。这一目标的实现，需要将它分解为学校的思想政治教育目标、学校管理目标、教学目标、

---

① 陆剑杰. 老年教育学：中国老年教育34年实践经验的学术研究升华［M］. 南京：河海大学出版社，2018：161.

后勤保障目标等若干亚目标，而每一个亚目标又可以再分解为更为具体的下位目标，如学校的教学目标可以再分解为每一门课程的教学目标。一门课程的教学目标，又可以细分为每一学年的课程教学目标、每一学期的课程教学目标、第一学段的课程教学目标，直至每一节课的课程教学目标。通过不断地目标细分，学校总体目标转化为老年大学每个部门、每个人的具体任务。各项具体任务的完成，才使老年大学教育目标得以实现。

二、老年教育目的的主要功能

（一）定向功能

老年教育目的是人们关于老年教育发展最终结果的一种价值追求，这种追求的基础是人们关于社会和老年受教育者发展趋势的认识。因此，老年教育目的中必然地包含着老年受教育者的发展方向。它不但为老年受教育者预设了发展路向，而且也确定了老年教育者的工作目标。当老年教育者和老年受教育者在老年教育过程中出现了偏离老年教育目的规定方向的行为时，老年教育目的可以帮助他们进行反思并重新定向，把老年教育活动调整到预定的方向和轨道上。

（二）规范功能

既然老年教育目的是对培养什么样的老年受教育者的质量规格，那么其规范作用也就不言而喻了。老年教育目的确定以后，规范和支配着老年教育的各个方面。老年教育内容的选择、老年教育方法的运用、老年教育的组织等，都应该符合既定的老年教育目的的要求。

（三）评价功能

老年教育目的反映的不仅是人们对老年教育的期待和追求，而且是人们对预期结果实现程度的评价指标，因而老年教育目的也就具有评价老年受教育者发展状况，以及老年教育实施状况的基本功能。老年教育系统中各级各类老年教育机构的培养目标和每一所老年学校的教育目标，老年教育活动的组织实施状况，特别是老年教育的最终结果，都要根据老年教育目的来进行价值评判。

第二节　我国老年教育目的

确立我国教育目的的理论基础是马克思主义关于人的全面发展学说，这也是认识和把握我国老年教育目的精神的根本理论依据。党和政府在老年事业的政策法规中提出的发展老年教育的指示要求，为明确我国老年教育目的提供了重要依据。中国老年大学协会提出的老年大学办学宗旨，是我国老年教育目的基本精神的集中体现。

一、我国老年教育目的的理论基础——马克思主义关于人的全面发展学说

（一）马克思主义关于人的全面发展学说的教育学意义

在马克思主义关于人的全面发展学说提出以前，历史上就有一些思想家和教育家提出过关于人的全面发展思想。马克思主义批判地吸取了这些思想的合理内核，创立了马克思主义关于人的全面发展的学说，使人的全面发展思想从空想变为科学。

马克思主义关于人的全面发展学说的教育学意义在于：只有根据马克思主义关于人的全面发展学说，我们才能科学地分析人的全面发展的社会根源，认识人的全面发展的客观依据和历史必然性，明确实现人的全面发展的

根本途径。在此基础上，才能确立正确的社会主义教育目的。中华人民共和国成立之后，我们将马克思主义关于人的全面发展学说作为确立教育目的的根本理论基础，它也必然地成为认识、确立和理解我国老年教育目的的根本理论依据。

（二）马克思主义关于人的全面发展学说的主要内容

1. 人的全面发展的含义

其一，马克思主义认为，人的发展从根本上说是社会物质生产实践的产物，而社会劳动分工在其中发挥着重要作用。机器大工业生产打破了工场手工业时期的劳动分工导致工人职能固化的问题，要求劳动的变换和职能的更替，使社会劳动分工发生了变化，从而为人的全面发展提供了可能性和必要性。因此，人的全面发展首先是指人的劳动能力的全面发展。马克思指出，人的劳动能力是"人的身体即活的人体中存在的、每当他生产某种使用价值时就运用的体力和智力的总和"①。体力和智力获得充分的自由的发展和运用的人，是"各方面都有能力的人，即能通晓整个生产系统的人"②。他们能够"根据社会的需要或他们自己的爱好，轮流从一个生产部门转到另一个生产部门"③。在《德意志意识形态》中，马克思和恩格斯是这样描绘体力和智力获得充分的自由的发展和运用的人的劳动状态的："在共产主义社会里，任何人都没有特殊的活动范围，而是都可以在任何部门内发展，社会调节着整个生产，因而使我有可能随自己的兴趣今天干这事，明天干那

---

① 中共中央马克思恩格斯列宁斯大林著作编译局. 马克思恩格斯文集：第 5 卷 [M]．北京：人民出版社，2009：195.

② 马克思，恩格斯. 马克思恩格斯选集：第 1 卷 [M]．北京：人民出版社，1972：223.

③ 中共中央马克思恩格斯列宁斯大林著作编译局. 马克思恩格斯选集：第 3 卷 [M]．北京：人民出版社，1972：322.

事，上午打猎，傍晚从事畜牧，晚饭后从事批判，这样就不会使我老是一个猎人、渔夫、牧人或批判者。"①

其二，人的发展状况不仅受社会生产力水平的制约，也受社会关系制约。因为"人的本质不是单个人所固有的抽象物，在其现实性上，它是一切社会关系的总和"②；"人，不是抽象的纯生物的个体，而是一定社会的具体成员。人的体力、智力、知识、才能、兴趣、爱好、意识倾向、行为习惯等等，都是由他们所处的生产关系和生产方式决定的。人们所生活于其中的各种社会关系，如民族的、阶级的、家庭的等等，这些社会关系实际上决定一个人能够发展的程度"③。所以，人的全面发展不仅指人的劳动能力，即体力和智力的充分、自由的发展，而且还包括人对社会关系总和的全面占有、对人的本质的全面占有。"人的发展，实际上是指在人的劳动能力全面发展的基础上，包括人的社会关系、道德精神面貌、意志、情感、个性及审美意识和能力上的和谐统一发展。"④

其三，从全人类得到彻底解放这一最高目的出发，人的全面发展既是某一个体或者某些个体的全面发展，也是所有社会成员在各个方面都得到自由、充分的发展。马克思主义认为，真正的人的发展是全社会的每一个人的发展，而不能是一部分人发展而另一部分人不发展。因为"一个人的发展取决于和他直接或间接进行交往的其他一切人的发展"⑤。因此，"在马克思主义经典

---

① 黄济，王策三. 现代教育论［M］. 北京：人民教育出版社，1996：233.
② 中共中央马克思恩格斯列宁斯大林著作编译局. 马克思恩格斯文集：第 1 卷［M］. 北京：人民出版社，2009：505.
③ 马克思，恩格斯. 马克思恩格斯全集：第 46 卷（下）［M］. 北京：人民出版社，1980：219.
④ 王道俊，郭文安. 教育学［M］. 北京：人民教育出版社，2009：97.
⑤ 马克思，恩格斯. 德意志意识形态·节选本［M］. 北京：人民出版社，2003：99.

作家的论著中讲到'人的发展'的地方，大都明确指出是'个人的发展'；在讲到'个人的发展'时，大都指出是'社会全体成员的普遍发展'"①。

2. 人的全面发展的社会历史进程

在马克思主义关于人的全面发展学说中，自始至终贯穿着这样一个思想：人的全面发展是历史的过程和历史的产物，社会分工与人的发展密切相关。这一历史过程主要可分为三个阶段。

（1）"原始的全面性"阶段。

人类初创之际，为了自身的生存及人类的延续，人们不得不从事简单的生产劳动，而劳动分工主要是依据性别、体力和需要等自发进行的，人们的生产能力只是在较小范围内缓慢地发展，社会关系意识很不明晰。凡此种种，使这一阶段的人表现出原始的全面性。很明显，这种原始的全面性是人类社会生产力水平低下的标志，是人类初创时期愚昧和野蛮的产物。关于这一点，马克思主义创始人说得十分清楚："在人类发展的早期阶段，单个人显得比较全面，那正是因为他还没有形成自己丰富的联系，并且还没有使这种联系作为独立于他自身之外的社会权力和社会关系同他自己相对立。"②

（2）片面发展阶段。

到了原始社会末期，随着生产工具的进步，社会生产力得到进一步发展，于是便产生了社会分工的必要性和可能性。此时，每一个人从事某项专门的工作，逐步出现了体力劳动和脑力劳动相分离的状况。"个人就是受分工支配的，分工使他变成片面的人，使他畸形发展，使他受到限制。"③ 这

---

① 袁贵仁. 对人的哲学理解［M］. 郑州：河南人民出版社，1994：564－565.
② 中共中央马克思恩格斯列宁斯大林著作编译局. 马克思恩格斯全集：第46卷［M］. 北京：人民出版社，1972：109.
③ 中共中央马克思恩格斯列宁斯大林著作编译局. 马克思恩格斯选集：第3卷［M］. 北京：人民出版社，1972：514.

种片面发展状况在资本主义社会显得尤为突出，社会发展与个体发展之间的矛盾有时处于尖锐对立状态。"大工业从技术上消灭了那种使整个人终生固定从事某种局部操作的工场手工业分工，但大工业以资本主义形式同时又更可怕地再生产了这种分工并且把工厂工人变成局部机器的有自我意识的附件……"① 在社会主义制度下，人的发展仍处于片面发展阶段，因为虽然社会主义制度为个体发展创造了优越的条件，个体与社会在发展过程中产生的矛盾可以通过社会自我调控而得到基本解决，从而使个体发展与社会发展在总体上呈一致型关系，但是社会主义社会的生产力并没有得到高度发展，社会主义的首要任务仍然是解放和发展生产力。这一阶段，人类社会仍然存在劳动分工，有些人甚至在某一固定工作岗位上终其毕生。另外，在社会主义条件下，个体发展与社会发展尚未达到高度的一致、完美的统一，二者仍然存在不一致，甚至是对立的情况。因此，在社会主义社会中，人的全面发展仍然是一种激励人们去努力追求的美好理想。尽管这一阶段的人仍处于片面发展状态，但是与其原始的全面性相比，却是有了质的改变，这是人类发展摆脱蒙昧、走向文明的重要表征。特别是现代社会中机器大生产极大地提高了生产效率，人们有可能支配更多的自由时间去从事学习、艺术、科学、健体等活动，大大提高了全面发展的程度。

（3）真正的全面发展阶段。

马克思主义认为，真正实现人的全面发展是需要一定的社会条件的。只有在共产主义社会，人的全面发展才能得以真正彻底的实现。因为"共产主义是私有财产即人的自我异化的积极的扬弃，因而是通过人并且为了人而对人的本质的真正占有；因此，它是人向自身、向社会的（即人的）人的

---

① 中共中央马克思恩格斯列宁斯大林著作编译局. 马克思恩格斯全集：第 23 卷 [M]. 北京：人民出版社，1972：530－531.

复归，这些复归是完全的、自觉的、而且保存了以往发展的全部财富的。这种共产主义，作为完成了的自然主义，等于人道主义，而作为完成了的人道主义，等于自然主义。它是人和自然界之间，人和人之间的矛盾的真正解决，是存在和本质、对象化和自我确证、自由和必然、个体和类之间的斗争的真正解放"[1]。在共产主义社会，人才能由原来形式上的"完全"的人（即原始的"全面"的人）变成真正的自然和社会的主人，人的发展才能由必然王国进入自由王国。到那个时候，社会成为全新的社会、"真实的集体"、"自由的王国"，人们也将成为"全新的人""真正的人""自由的人"，可以自主地从事活动的"完整的人"。

3. 实现人的全面发展的根本途径

以现代科学技术为基础的机器大工业生产的本性"决定了劳动的变换、职能的更动和工人的全面流动性"[2]，消灭了使人终生从事某种固定职业的工场手工业的分工，但也产生了更多的新分工。这种状况要求社会生产必须用能够从事不同社会职业、发挥不同社会职能的全面发展的人，代替只能从事某一种职业、发挥一种社会职能的人，所以马克思主义将人的全面发展问题，看作是现代社会发展的不可违背的客观规律。要培养全面发展的人，就离不开教育。现代社会的生产劳动，也要求现代社会成员学习现代科技知识、掌握现代生产原理和技术。在现代社会中，以科学技术为中介，教育和生产劳动不可避免地结合在了一起。教育与生产劳动相结合，是实现人的全面发展的根本途径。关于这一点，马克思明确地指出："从工厂制度中萌发

---

① 中共中央马克思恩格斯列宁斯大林著作编译局. 马克思恩格斯全集：第 42 卷 [M]. 北京：人民出版社，1972：120.

② 中共中央马克思恩格斯列宁斯大林著作编译局. 马克思恩格斯文集：第 5 卷 [M]. 北京：人民出版社，2009：560.

出了未来教育的幼芽，未来教育对所有已满一定年龄的儿童来说，就是生产劳动同智育和体育相结合，它不仅是提高社会生产的一种方法，而且是造就全面发展的人的唯一方法。"①

二、我国相关政策法规中关于老年教育的基本要求

（一）我国主要相关政策法规中关于老年教育基本要求的梳理

我国党和政府一直十分重视老年事业的发展。1982 年，我国第一次派出代表团参加联合国老龄大会。1987 年，中共十三大报告中明确提出："要注意人口迅速老龄化的趋向，及时采取正确的对策。"这是我国首次把老龄问题写进党的政治报告之中。20 世纪 90 年代进入人口老龄化时代以后，老龄问题进一步成为党和政府关注的重要问题。1992 年 10 月，中共十四大报告中提出"重视研究人口老龄问题"；1994 年，国家计委等十部委联合发布了我国第一个全面规划老龄工作和老龄事业发展的重要指导性文件《中国老龄工作七年发展纲要（1994—2000 年)》，其中提出老龄工作的目标是"老有所养、老有所医、老有所为、老有所学、老有所乐"②；1996 年，我国出台《中华人民共和国老年人权益保障法》，其中提出要"实现老有所养、老有所医、老有所为、老有所学、老有所乐"；2000 年，《中共中央、国务院关于加强老龄工作的决议》发布；2001 年，国务院颁布《中国老龄事业发展"十五"计划纲要（2001—2005 年)》，之后又先后颁布了《中国老龄事业发展"十一五"规划纲要（2006—2010 年)》《中国老龄事业发展"十

---

① 中共中央马克思恩格斯列宁斯大林著作编译局. 马克思恩格斯全集：第 23 卷 [M]. 北京：人民出版社，1972：530.

② 国家计委，民政部，劳动部，等. 中国老龄工作七年发展纲要（1994—2000 年) [EB/OL]. (1994 - 12 - 14) [2022 - 01 - 02]. https://china.findlaw.cn/faqui/p_ 1/21935.html.

二五"规划（2011 年）》《"十三五"国家老龄事业发展和养老体系建设规划（2017 年）》《"十四五"国家老龄事业发展和养老服务体系规划（2021 年）》。这些文件中都提出老龄工作要实现"老有所养、老有所医、老有所教、老有所学、老有所为、老有所乐"的目标，并就发展老年教育提出要求。例如，《中国老龄事业发展"十二五"规划》中提出"努力实现老有所养、老有所医、老有所教、老有所学、老有所为、老有所乐的工作目标，让广大老年人共享改革发展成果"。《"十三五"国家老龄事业发展和养老服务体系规划》中提出"坚持保障和改善老年人民生，逐步增进老年人福祉，大力弘扬孝亲敬老、养老助老优秀传统文化，为老年人参与社会发展、社会力量参与老龄事业发展和养老体系建设提供更多更好的支持，实现不分年龄、人人共建共享"①。2006 年 12 月，国务院新闻办公室发布《中国老龄事业的发展》白皮书，这是中国政府第一次以白皮书的形式发布关于老龄事业的发展状况，其中提出"老有所养、老有所医、老有所教、老有所学、老有所为、老有所乐"是中国老龄事业的发展目标，并将老年文化教育列为我国老龄事业的七项重要内容之一②。2016 年 10 月，国务院办公厅关于印发《老年教育发展规划（2016—2020 年）》，其中指出："老年教育是我国教育事业和老龄事业的重要组成部分"；老年教育"以提高老年人的生命和生活质量为目的"；"进一步实现老有所教、老有所学、老有所为、老有所乐，努力形成具有中国特色的老年教育发展新格局"③。2018 年，我国颁

---

① 国务院. "十三五"国家老龄事业发展和养老体系建设规划［EB/OL］.（2017 - 03 - 06）［2022 - 01 - 02］. http://www. gov. cn/zhengce/content/2017 - 03/06/content_ 5173930. htm.

② 国务院新闻办公室. 中国老龄事业的发展［EB/OL］.（2006 - 12 - 12）［2022 - 01 - 02］. http://www. gov. cn/zhengce/2006 - 12 - 12/content_ 2618568. htm.

③ 国务院办公厅. 老年教育发展规划（2016—2020 年）［EB/OL］.（2016 - 10 - 19）［2022 - 01 - 02］. http://www. gov. cn/zhengce/content/2016 - 10/19/content_ 5121344. htm.

布第三次修订后的《中华人民共和国老年人权益保障法》，其中第一章第四条规定：积极应对人口老龄化是国家的一项长期战略任务。国家和社会应当采取措施，健全保障老年人权益的各项制度，逐步改善保障老年人生活、健康、安全以及参与社会发展的条件，实现老有所养、老有所医、老有所为、老有所学、老有所乐。第七章第七十一条规定：老年人有继续受教育的权利。国家发展老年教育，把老年教育纳入终身教育体系，鼓励社会办好各类老年学校。① 2021年11月18日发布的《中共中央 国务院关于加强新时代老龄工作的意见》和2021年12月30日国务院发布的《"十四五"国家老龄事业发展和养老服务体系规划》中均强调要让老年人"老有所养、老有所医、老有所为、老有所学、老有所乐"，"共享改革发展成果、安享幸福晚年"②。

上述法律、法规和政策文件反映出，党和政府发展老年教育的根本目的在于提高老年人的生命和生活质量，其具体指标就是我国老年事业发展目标中的"四有"：老有所教、老有所学、老有所为、老有所乐。

（二）我国主要相关政策法规中关于老年教育基本要求的分析

1. 老有所教

老有所教，是指要保障老年人接受教育的权利，让不同年龄层次、不同文化程度、不同收入水平和不同健康状况的老年人均具有享受老年教育的机会。联合国大会于1991年12月16日通过的《联合国老年人原则》（第46/

---

① 中华人民共和国老年人权益保障法［EB/OL］.（2021 – 10 – 29）［2022 – 01 – 02］. http://www.gov.cn/guoqing/2021 – 10/29/content_ 5647622.htm.

② 中共中央　国务院关于加强新时代老龄工作的意见［EB/OL］.（2021 – 11 – 24）［2022 – 01 – 02］. http://www.gov.cn:8080/xinwen/2021 – 11/24/content_ 5653181.htm；国务院."十四五"国家老龄事业发展和养老服务体系规划［EB/OL］.（2022 – 02 – 21）［2022 – 01 – 02］. http://www.gov.cn/zhengce/content/2022 – 02/21/content_ 5674844.htm.

91 号决议）是：独立、参与、照顾、自我充实和尊严。其中在独立原则中明确规定老人"应能参加适当的教育和培训"，在自我充实原则中提出"应能享用社会的教育、文化、精神和文娱资源"。在终身教育理念的广泛传播与影响下，国际社会达成关于老年教育定位的共识，那就是："老年教育是终身教育的重要组成部分，没有成功的老年教育，就谈不上构建终身教育体系"①。我们党和政府也十分重视老年人受教育权的保障。《中华人民共和国老年人权益保障法》《老年教育发展规划（2016—2020 年）》等法规和政策中都明确指出老年教育是我国终身教育的必要组成部分，老年人有继续受教育的权利。在党和政府的主导下，我国老年教育发展迅猛。据不完全统计，截至 2019 年底，我国各级各类老年大学（学校）共有 7.6 万所，在校老年学生（含参加远程老年教育的学生）共有 1 300 万余人，一个全方位、广覆盖、多层次、多形式、多主体办学、普及教育与高端办学相结合的老年教育中国模式的办学形态业已形成。②

2. 老有所学

老有所学，是指老年人要遵照当今知识化社会"每位社会成员都是学习者"的基本理念，自觉地根据社会和自身发展的需要进行自主学习，以促进自身综合素质的继续发展。老年人的学习是老有所为和老有所乐的基础，通过积极主动地学习各种文化科学知识，了解国际国内形势动态，掌握当今社会生活和社会实践所需要的新知识、新技能，能够使老年人健康身心、陶冶情操、更好地融入社会和参与社会，为社会发展贡献自己的智慧和力量，同时也在奉献社会的过程中提升自身的生命质量和生活质量，更大程

---

① 叶忠海. 老年教育学通论［M］. 上海：同济大学出版社，2014：129.
② 本书编委会. 中国老年教育发展研究报告（2018—2020）［M］. 北京：当代中国出版社，2021：9.

度地实现自己的人生价值。老年人的学习，也是老有所为和老有所乐的重要环节，因为学习本身也是老年人有所作为和享受生活的方式。

3. 老有所为

老有所为，指老年人在积极老龄化理念指导下，充分运用自己的知识、智慧和人生经验以及良好的思想道德品质，积极融入社会生产实践和社会生活诸领域，在力所能及的情况下为社会和国家的发展继续贡献力量；也指国家和社会应当重视、珍惜老年人的知识、技能、经验和优良品德，发挥老年人的专长和作用，保障老年人参与经济、政治、文化和社会生活。国际社会十分重视老年人融入和参与社会，在多个政策文件中都提到这一主题。2002年4月8—12日，联合国在西班牙首都马德里召开第二次老龄问题世界大会。会议通过的《马德里政治宣言》中强调："老年人的潜力是未来发展的强大基础，这使社会能够越来越多地依赖老年人的技能、经验和智慧，不仅是为了让他们在改善自身福祉方面发挥主导作用，也是为了让他们积极参与整个社会的改善。""为了满足老年人的期望和社会的经济需求，应当让老年人参与社会的经济、政治、社会和文化生活。老年人只要愿意并有能力，就应一直有机会工作，从事令其满意的生产性工作，同时继续有机会参与教育和培训方案。增强老年人的能力和促进他们的充分参与，是促进老有所为的基本要素。应当向老年人提供适当的、可持续的社会支持。"会议通过的另一份重要文件《2002年马德里老龄问题国际行动计划》的主题包括：充分实现所有老年人的所有人权和基本自由；使老年人能够通过赚取收入工作和志愿工作，充分和有效地参与其社会的经济、政治和社会生活；通过诸如终生学习的机会和参与社区生活，为整个一生和晚年的个人发展、自我实现和幸福提供各种机会；增进老年人的尊严；等等。我们党和政府也特别重视老年人参与社会、老有所为问题。习近平总书记多次谈到发挥老年人积极作用问题。2015 年 5 月 27 日，习近平总书记在中共中央政治局第 32 次集体学习时强调，老年是人的生命的重要阶段，是仍然可以有作为、有进步、有快乐的重要人生阶段。要发挥老年人优良品行在家庭教育中的潜移默化作用和对社会成员的言传身教作用，发挥老年人在化解社会矛盾、维护社会稳定中的经验优势和威望优势，发挥老年人对年轻人的"传帮带"作用。要为老年人发挥作用创造条件，引导老年人保持老骥伏枥、老当益壮的健康心态和进取精神，发挥正能量，做出新贡献。2021 年重阳节来临之际，习近平对老龄工作做出重要指示，再次强调要大力弘扬孝亲敬老传统美德，落实好老年优待政策，维护好老年人合法权益，发挥好老年人积极作用，让老年人共享改革发展成果、安享幸福晚年。老有所为有多种轨迹："一是延伸在职时的职业或专业，如医生、教师、管理等。二是发展在职时无暇顾及的爱好、兴趣，如书法、绘画、诗词、音乐、写作。三是与时俱进，学习科技知识，适应新时期老有所为的需要。如学会使用电脑写文章、发邮件、查资料、玩游戏，学会用数码相机拍照，用手机收发短信等。四是参与'第二次创业'，如办各级民校、办专业培训班、办医疗诊所或律师事务所。五是从事社团组织领导工作。如在各级老年学学会、老教授协会、老年人协会、老科技工作者协会任职等。六是从事家务劳动和尽可能保持生活自理能力。"[1]

4. 老有所乐

老有所乐，有三层意思：一是指老年人的物质生活、精神生活、文化生活、社会生活等方面的需要得到了满足，或很大程度上得到了满足，具有较高的享乐感、幸福感。这是老年人具有较高的生命和生活质量的标志。二是指老年人有条件、有机会参与愉悦身心、陶冶情操、享受生活的活动，如老

---

[1] 李旭初，刘兴策. 新编老年学词典 [Z]. 2 版. 武汉：武汉大学出版社，2016：160.

年文化娱乐活动、参观旅游、体育健身等。这些活动可以使他们避免晚年的孤独感和失落感，在社会生活中产生归属感、融入感。三是指国家和社会要为老年人实现"老有所乐"创造条件，使他们能够安享晚年。老年人接受老年教育或自主学习，既是老有所乐的重要内容，也是老年教育的必要组成部分。

三、我国老年教育目的的理论观点和集中体现

（一）关于我国老年教育目的的不同学术观点

老年教育学术界对我国老年教育目的的见解各不相同，其中有以下几种代表性的观点。

1. 叶忠海教授等人的观点

叶忠海教授在其主编的《老年教育学通论》一书中提出，老年教育有两大基本目的：一是促进老年人终生而全面发展。人进入老年，摆脱了原来的在职岗位，有了追求自由选择和探索的机会和条件，于是产生了可凭借一生积累的知识和智慧来完善自己的愿望。针对老年人完善自我的需求，老年教育应理所当然地为满足老年人这种需求服务，要通过促进老年人积极老龄化，促进老年人终生而全面发展。二是促进社会可持续发展。老年教育对社会可持续发展具有积极的推进作用，其主要途径包括提高老年人的素质、整合老年人认同感等。另外，老年教育本身就是社会可持续发展的内涵和标志。[1]

2. 杨德广教授等人的观点

杨德广教授主编的《老年教育学》教材中，将老年教育目的确立为以下几个方面：第一，满足老年人的自我需求，包括健康需求、工作需求、依

---

[1] 叶忠海. 老年教育学通论［M］. 上海：同济大学出版社，2014：53－55.

存需求、和睦需求、尊敬需求、自我实现需求等。老年教育的目的，正是为了满足老年人各方面的需要，在老年人追寻生命的旅程中不断从生理、心理层面实现他们的自我需求，帮助他们实现从物质的满足到心灵的满足，最终达到生命的满足。第二，促进老年人的全面发展。进入老年期后，老年人摆脱了之前的职业束缚，拥有更多的时间和空间去自由选择自己想要的，这种欲求成为一种依靠一生积累的知识和智慧来实现自己梦想的动力。老年教育的目的，就是针对老年人的需求提供条件，促使老年人完善自我，尊重老年人的自由，促进老年人的全面发展。这种全面发展不仅是知识层面的，同时包括技能层面、精神层面、道德层面等。第三，开发老年人的潜能。老年人是社会重要的组成部分，不仅所占比重大，而且有宝贵的人生经验，价值高，潜能大，对社会影响也大。老年教育的目的，就是把老年人的潜在能量和积极性挖掘出来，不断发挥他们的聪明才智，使他们丰富的人生经验得到升华，增强他们应对各种挑战的能力，使他们老有所学、老有所乐、老有所为。第四，促进社会的和谐发展。老年教育事业作为国家发展的重要战略方针，承担着促进社会和谐发展的使命。老年教育的目的，就是要通过促进老年人自我和谐、与家人和谐，进而促进整个社会的和谐。[1]

3. 陆剑杰教授等人的观点

陆剑杰教授主编的《老年教育学——中国老年教育34年实践经验的学术研究升华》中，将我国老年教育目的表述为：满足老年学生的提高自身素质、实现颐养康乐、进取有为的需要；使他们完善人生，提升生命质量，再创生命精彩，享受生命幸福；引导他们积极参与社会发展，成为适应时代进步的现代老人。

---

[1] 杨德广. 老年教育学 [M]. 北京：人民教育出版社，2016：19-21.

这一老年教育目的包括了三个层面的内涵：第一个层面指的是老年教育的直接目的或现实目的——满足老年学员的学习要求；第二个层面指老年教育的根本目的或终极目的——体现老年教育的生命本质；第三个层面指老年教育的社会目的。这三个层面的内涵，体现了老年教育目的中的两个关系：一是现实目的和终极目的的关系。现实目的是较为直接的，相对感性的；终极目的是较为间接的，相对理性的。二者的联结也体现了老年教育本质的层次性。二是个体目的和社会目的的关系。个体目的是老年人的自我追求，社会目的是国家所要求的教育目的。老年学生是带着自我追求来上学的，老年大学则要做引导的工作，以期实现国家所要求、也是老年人所自愿的社会目的。①

知识链接

我国台湾学者关于老年教育目的的见解

老年教育的目的包括以下五个方面：

第一，改善老年人的生活质量。老年教育的一个重要目的，在于劝服老人继续参与学习活动并维持社会关系，以获得爱与被爱、尊重、自我实现等较高层次的需求满足，从而有助于老人生活质量的提升。

第二，使老年人持续地参与社会。老年人自工作岗位退休后，工作角色的丧失极易造成老人与社会的隔离。寻求另一种新的、有意义的社会角色，并以此角色参与社会，就显得特别重要。老年教育的目的，就在于让老年人经由再学习，增加自我引导的能力，通过社会参与，以维持社会关系，取代往昔的工作地位，了悟人生对于工作与生活的意义，为群体而贡献，从而在参与中肯定自我存在的价值。

① 陆剑杰. 老年教育学：中国老年教育34年实践经验的学术研究升华［M］. 南京：河海大学出版社，2018：159－160.

第三，使老年人适应社会变迁。现今是一个急变迁的知识社会。对高龄者而言，面对此一瞬息万变的现象，需要新的架构和态度来因应第三年龄阶段的生活，学习正是高龄者迎接挑战的最佳途径。学习可帮助老人了解社会变迁，预期变迁和应付变迁，改善生活方式，尤以让老人了解老化现象及自己身心的特质，强调生命的价值，对培养积极乐观的人生态度至为重要。

第四，促进老年人成功老化。成功老化不仅是对年龄增长所导致的各种失落加以适应，更是要发展新能力，适应新挑战。无论在生理上、心理情绪上，或社会上的正向促进，高龄者经由参与学习活动，能对老化有良好的适应，促进成功老化即是高龄教育的重要目的。

第五，促使老年人追求自我实现。老年人已完成了生命期中的工作和家庭责任，其在老年教育中的重要发展任务就是体验生命的意义，使个人达到统整、圆满、成熟与睿智的地步。老年教育的最高目的在于充实自我，达成自我实现，能作自我超越，发现生命的意义。

资料来源：朱芬郁. 高龄教育：概念、方案与趋势［M］. 台北：五南图书出版股份有限公司，2011：17－19.

尽管上述关于老年教育目的的论述不尽相同，但是其共性还是十分明显的。概而言之，老年教育的目的包括两个方面：一是对老年人自身发展提出更高的要求和更加理想的状态，二是通过老年教育促进社会的进步和发展。这两个方面是相辅相成的。

（二）我国老年教育目的的集中体现——中国老年大学办学宗旨

"宗旨"，《辞海》中的释义为"主要的旨趣""主意""意图"[①]。老年大学的办学宗旨，是指老年大学做好学校工作，办出高质量老年大学应有的旨趣，包括对办好一所老年大学的理念、目的、途径等的全面思考和设计。

老年大学办学宗旨和老年教育目的的根本区别首先在于二者的对象不一样。老年大学办学宗旨的对象是老年教育的主要载体——老年大学。它是完成老年教育任务、达成老年教育目的的主要承载者，但不是老年教育。而老年教育目的的对象是老年教育活动。其次，老年教育目的适用于所有承办老年教育的机构，包括老年大学但不仅指老年大学，而老年大学办学宗旨仅仅指老年大学这一类老年教育机构的办学目的和价值追求。最后，老年教育目的指向的是通过老年教育把老年人培养成为符合一定社会规格要求和满足老年人自身发展需要的"新老年人"，主要关涉如何运用科学的内容和恰当的手段促进老年人的继续发展；而老年大学办学宗旨主要是通过设定老年大学的发展理念、发展目标、发展内容、发展途径等，办好老年大学，为高质量地完成老年教育任务、达成老年教育目的创造适宜的环境和条件，做好学校的各项工作。在老年大学的各项工作中，教育是中心工作，但不是唯一工作。这就意味着老年大学办学宗旨中必然地包含着学校教育目标，但学校教育目标不是学校办学宗旨的全部内容，也意味着老年大学办学宗旨要体现和反映老年教育目的的要求，但老年教育目的总体要求在某一所的老年大学中需要转化为更加符合学校实际情况和发展要求的具体育人标准。这一区别，其实也说明了二者的联系：从教育的角度来说，老年教育目的中包含着老年大学办学宗旨的部分内容，而且是核心的内容，老年教育目的应该成为确立

---

① 辞海：（缩印本）[Z]．上海：上海辞书出版社，2000：1220.

老年大学办学宗旨的重要依据之一；从管理或办学的角度来看，老年大学办学宗旨的组成部分之一是具体化了的老年教育目的。办学宗旨在老年大学中的落实，是老年教育目的达成的重要途径。老年大学办学宗旨和老年教育目的就是这样一种既有根本不同，又有不可分割的交叉和联系的关系。

由于学校老年教育在老年教育系统中占据主导地位，而老年大学办学宗旨和老年教育目的之间又存在着不可分割的紧密联系，所以，可以将老年大学的办学宗旨视为老年教育目的的集中体现方式。1996 年 11 月，在福建省福州市召开的中国老年大学协会第二次代表大会上，确定了中国老年大学"增长知识，丰富生活，陶冶情操，促进健康，服务社会"的 20 字办学宗旨。它是对老年大学办学的科学定位，集中体现了党和国家对老年人提出的"老有所教、老有所学、老有所为、老有所乐"的目标，是我国老年教育目的的基本精神。

知识链接

国外老年大学的办学宗旨

由于各国社会经济发展水平和文化背景的差异，办学宗旨各有侧重，但随着积极老龄化社会的到来，老年人对老年教育的需求变化，办学宗旨都有新的发展。从单一提高老年人生存能力向提高生存和发展能力演进，从让老年人享受娱乐型教育向养、为、乐诸方面结合型教育演进，老年人的整体素质在提高。

一、开发老年人的潜能，实现老年人的价值

老年教育的使命有许多，让老年人在学习中继续文化传承的过程，远离孤独、寂寞，是一般层次的使命；让老年人在文化创新中发展，发挥老年人的潜能，继续参与社会，实现自我价值，则是较高层次的使命。

（一）以创造新的自我为宗旨。加拿大老年教育中心以推动积极老龄化为办学目的，创办者认为："人到晚年仍然坚持学习就意味着创造，创造新的生活，创造新的自我。"举办老年教育，就是要使老年人通过坚持不懈的学习，扩大知识面，接受新事物，不断完善自己。通过教育，展现老年人丰富的内心世界，创造充满活力的新生活，从而与时代保持一致。

（二）以继续发挥作用为宗旨。芬兰国家社会福利委员会为改善和保障老年人的福利，拟订了各种老年教育项目。1996 年于韦斯屈来市开始为一些中老年失业人员实施一项名为《老年人重返劳动市场》的再就业计划。实施这项计划的目的之一是反对歧视老年人，通过举办各种文化活动，继续发挥老年人的作用。如，开展学术研究，解决实际问题；通过因特网与国外老年团体或个人进行文化交流，建立跨国友谊；组织学员观看各类文艺演出、展览；举办国内外旅游等。

二、实现老年人的自立与互助

"帮助老年人实现自立和互助"是国外许多老年大学的办学宗旨。尽可能让老年人保持长久的生活自理能力，获得自身的发展，是人们的美好愿望，也是老龄社会的期待。

英国第三年龄大学实际是老年人的一种自立与互助组织，是老年人自愿参加的学习团体，其学生主要来自各行各业不同年龄的退休或半退休者。学校以组织国内外旅行的方式，让老年人的自立与互助能力得以锻炼。学校成立管理委员会，每年改选一次。学校没有教者与被教者的明显区分，所有计划的制定和实施都按参加者的意愿而定，让老年人自己管理自己。澳大利亚第三年龄大学的办学宗旨与英国相似，这种实现自立与互助的办学宗旨，被澳大利亚社会学家克利夫·皮克敦教授称为"一种伙伴关系的尝试，其目的是使退休者们在充满友谊的环境中继续学习，分享大家的知识、经验与技能"。澳大利亚的第三年龄大学的教学及组织的各种活动都由学校工作人员与学生共同确定，学生想学什么，想开展什么活动，学校就组织学什么，开展什么活动。澳大利亚第三年龄大学的教学方法以讨论为主，但不排斥邀请专家、教授举办各种讲座。所有成员既是学生，也是教师，凡是有一定知识、经验、技能的老年人在这里都可以充分发挥他们的特长。

三、启迪老年人的智慧，促进代际交流合作

老年教育的办学宗旨还在于启迪老年群体的智慧，让老年人融入社会，消除代沟影响，促进代际和谐。

（一）为培养智慧老人而努力。芬兰的老年教育相当发达，做智慧老人是坚持终身学习的目标。20 世纪 70 年代中期，芬兰赫勃尔停大学根据终身教育的原则，提出了全民教育的概念。它认为，任何人要成为比较全面、具有独立智慧的人，就必须锲而不舍地坚持学习。老年人要融入社会，必须具有适应现代社会的智慧。1997 年赫尔辛基第三年龄大学与联合国教科文组织芬兰委员会共同组织了"老年人即智慧"的专题研讨。尔后，举办一个名为《安乐楼》的因特网杂志，与国外许多第三年龄大学交流。

（二）为实现忘年交而努力。为促进代际交流合作，一些国家以"忘年大学"的形式，为老年人提供与青年人相互交流和优势互补的场所。如美国、英国、德国、荷兰、比利时、西班牙、土耳其、巴西等国的"忘年大学"入学都没有年龄限制，一些退休人员尽管年过花甲仍可以和青年人一起上同一所大学，在同一个教室听课。一些老年教育家便把这类老少同堂的大学称为"忘年大学"。巴西龙尼西诺斯（Unisios）基督教大学是办得比较成功的一所"忘年大学"。这所大学既招收青年人，也招收老年人。它要求师生员工都住在学校里，同室学习，朝夕相处。课程包括巴西联邦共和国历史、外国语、文学、法律、戏剧、音乐、民间舞蹈、基督教义等内容。"忘年大学"中的"忘年交"，使老年人能与青年人经常沟通，交流感情，形成了一种互相关心的仁爱氛围。

资料来源：董之鹰. 老年教育学 [M]. 北京：中国社会出版社，2009：442－447.

第四章 老年教育价值

◆◆◆◆◆ **本章提要** ◆◆◆◆◆◆◆◆◆◆◆◆◆◆◆◆◆

　　本章从哲学意义上价值的内涵出发，首先探讨老年教育价值的概念，理清老年教育目的、老年教育功能与老年教育价值之间的关系，然后分别阐述老年教育的本体价值和社会价值。这些内容有助于老年教育工作者从教育价值的角度理解老年教育与老年受教育者个体发展的关系、老年教育与社会发展的关系这两个基本理论问题。

第一节 老年教育价值的概念

　　老年教育目的与老年教育价值之间存在着必然的内在联系。人们关于老年教育促进老年受教育者继续发展的理想规格的设计，也就是人们对老年教育的价值期待和追求。老年教育目的的达成，在某种意义上说也可以指老年教育价值的实现。因此，老年教育价值的基本理论问题，对于人们正确认识和确立老年教育目的，科学实施老年教育等具有重要的意义，其中首要的问题是阐明老年教育价值的内涵。

一、哲学意义上价值的概念

"价值（value）"一词最初来自梵文的 ver（掩盖、保护）和 wal（掩盖、加固），拉丁文的 vallo（用堤护住、加固）、valeo（成为有力量的、紧固的、健康的）和 valus（堤），取其"对人有掩护、保护、维持作用"的意思，后来演变为"可珍惜、令人重视、可尊重"的意思，与日常口语中的"好"相类似。①

马克思指出："'价值'这个普遍的概念是从人们对待满足他的需要的外界物的关系中产生的"②；价值"是人们所利用的并表现了对人的需要的关系的物的属性"；"表示物的对人有用或使人愉快等等的属性"；"实际上是表示物为人而存在"③。根据马克思的科学论断，我国哲学界给价值下了繁简不一的多种定义，如"'价值'这个概念所肯定的内容是指客体的存在、作用以及它们的变化对于一定主体需要及其发展的某种适合、接近或一致"④。"所谓价值，就是客体对于主体具有积极意义，它能满足人、阶级和社会的某种需要，成为他们的兴趣、意向和目的"⑤。《价值学大词典》将"价值"诠释为"客体的存在、属性及其变化同主体的结构、需要和能力是否相符合、相一致或相接近的性质"⑥。

上述说法虽然不一，但都认为价值反映的是主体与客体之间的一种关系——客体满足主体需要的关系。研究价值问题，无一例外地要讨论主体、客体、主体与客体之间需要与满足需要的关系这三个基本要素。

---

①⑥　李德顺. 价值学大词典［Z］. 北京：中国人民大学出版社，1995：261.

②　中共中央马克思恩格斯列宁斯大林著作编译局. 马克思恩格斯全集：第 19 卷［M］. 北京：人民出版社，1972：406.

③　中共中央马克思恩格斯列宁斯大林著作编译局. 马克思恩格斯全集：第 26 卷［M］. 北京：人民出版社，1972：139，326.

④　李德顺. 价值论［M］. 北京：中国人民大学出版社，1987：13.

⑤　袁贵仁. 价值与认识［J］. 北京师范大学学报（社会科学版），1985（3）：47.

二、老年教育价值的定义

老年教育价值就是指老年教育作为社会系统中的一种客体，对老年个体主体和社会主体的发展需要的一定满足（适合、一致、促进等）。

这一定义的基本内涵是：

（1）老年教育价值的主体有两大类：一类是个体主体，即老年受教育者；一类是社会主体。在具体的实践或研究情境中，社会主体可以分为国家主体和一般社会群体主体等，主要包括社会中的经济、政治、文化、科技、人口等非教育系统。老年教育价值的内涵即老年教育对老年个体主体和社会主体发展需要的一定满足。

（2）老年教育价值的客体指老年教育系统。

（3）在不同的范围内和视角下分析老年教育价值，可以更加清晰地理解老年教育价值的基本内容。

当我们从老年教育系统内部来认识老年教育价值时，可以清晰地理解老年教育的本体（个体、内在）价值。老年教育的基本要素有老年教育者、老年受教育者、老年教育内容、老年教育手段和老年教育环境。后三者对于老年教育者和老年受教育者来说都是作为客体而存在的，而老年教育者和老年受教育者则都具有主体和客体的双重地位，因为他们一方面是客观实在，另一方面又都具有意识和意识支配下的精神活动。他们不但要认识本身以外的客观世界，以及老年教育的内容、手段和环境，还要认识他们自身的物质方面（如机体的形态、结构、特点、功能等）和精神方面（如心理的产生与发展、意识的功能、个性特征等）的各种情况。究竟他们是老年教育价值的主体还是客体，需要依据老年教育活动进行具体分析。

首先，老年教育者为了有效地进行老年教育活动，促进老年受教育者身心的继续发展，必须了解和掌握老年受教育者的思想变化、知识基础、接受能力、兴趣爱好、认知风格等。此时，老年教育者是老年教育活动的主体，老年受教育者是认识和教育的对象，处于客体的地位。

其次，老年教育活动的顺利实施仅仅依靠老年教育者的教是不行的，还必须依靠老年受教育者的学及其与老年教育者的积极配合。老年教育是由老年教育者的教和老年受教育者的学构成的双边活动过程，是一个"教学相长"的过程。为了更加有效地参与老年教育过程，老年受教育者不但要充分发挥自己的主观能动性，而且要较为全面地了解老年教育者的专业素质、教育教学风格、个性品质等。这时，老年教育者便成为老年受教育者的认识对象，即客体；而老年受教育者则成为老年教育活动的主体。

由于老年教育活动中存在着主体和客体，他们之间又必然地发生需要与满足需要的关系，所以老年教育活动中存在价值关系，主要体现为老年教育内容、老年教育手段、老年教育环境对老年教育者的价值；老年教育内容、老年教育手段、老年教育环境对老年受教育者的价值；老年教育者对老年受教育者的价值；老年受教育者对老年教育者的价值。而老年教育质量的优劣主要表现为老年受教育者身心继续发展的水平和状况，因此老年教育的价值主要应以老年受教育者身心继续发展的满足程度来评判。换言之，从老年教育系统内部来看，老年教育的价值主要表现为老年教育对老年受教育者在身心继续发展方面所产生的需要的一定满足。这种价值是老年教育的本体价值，又可称之为老年教育的内在价值或老年教育的个体价值。

当我们从社会系统这一宏观视域来认识老年教育价值时，可以清晰地理解老年教育的社会价值。人类社会是一个庞大的系统，教育与其他非教育系统（如经济、政治、文化、科技等）是这个大系统中的子系统，老年教育是教育子系统的亚子系统。为了维持社会系统及其各个子系统的良好运行，使社会处于协调有序的状态，各个子系统之间必须进行物质、能量、信息等方面的交换，这就使它们之间产生了需要和满足需要的价值关系。研究老年教育价值问题，就是要探究老年教育系统对社会经济、政治、文化、科技等子系统发展需要的满足。这时，老年教育是价值客体，而经济、政治、文化、科技等社会子系统是价值主体，老年教育对这些子系统发展需要的满足是老年教育价值的又一重要体现。相对于老年教育的本体价值来说，老年教育满足社会中经济、政治、文化、科技等系统发展需要的价值，是老年教育的社会价值，又可称之为老年教育的外在价值或老年教育的工具价值。

从发展的角度来看，老年教育价值有现实价值与理想价值之分。马克思主义认为，运动是物质的根本属性。老年教育价值的主体和客体都处在不停的发展变化之中，因而老年教育主体与客体之间的价值关系也是处于发展变化之中的。然而，发展变化总是在一定现实基础上的发展变化，没有现实基础，就没有指向未来的发展变化。因此，老年教育的本体价值和社会价值都可以分为两部分，即老年教育的现实价值和老年教育的理想价值。前者指老年教育在当下特定形势下对老年受教育者身心继续发展的需要，以及对社会经济、政治、文化、科技等子系统发展需要的一定满足；后者指当我们面向未来，用发展的眼光考虑老年人个体发展和社会发展前景时预测到的老年教育对二者需要的一定满足。老年教育的现实价值和理想价值之间存在着内在联系，老年教育的现实价值是预测老年教育理想价值的基础，而老年教育的理想价值是基于老年教育现实价值的新追求，也是老年教育发展的新方向。

三、老年教育价值与老年教育目的、老年教育功能的关系

（一）老年教育价值与老年教育目的的关系

老年教育目的是指通过老年教育要把老年受教育者培养成为什么样的人，是对通过老年教育促进老年受教育者继续发展的质量规格的总要求，是各级各类老年教育机构培养目标的总方向。老年教育价值与老年教育目的之间具有密切的联系。确定什么样的老年教育目的，在很大程度上受制于老年教育目的制定者对老年教育价值的认识和选择。一定的老年教育目的在很大程度上体现了老年教育价值，但它并不一定体现老年教育的全部价值，这取决于所确立的老年教育目的是否科学。科学的老年教育目的是老年教育价值的集中体现，会促进老年教育价值的实现。从根本上说，老年教育目的和老年教育价值的实现是在社会和个体发展基础上的高度统一。

在老年教育原理体系中，老年教育价值居于老年教育本质和老年教育目的之间的中介地位，在老年教育本质转化为老年教育目的和老年教育目的反映老年教育本质的过程中具有媒介作用、枢纽作用和促进作用。

（二）老年教育价值与老年教育功能的关系

"老年教育的功能，指的是老年教育活动和系统对整个社会的发展和个体发展所产生的效能和作用。"[①] 老年教育功能与老年教育价值之间存在着很大的正相关性，特别是从实践的角度来看，两者对社会和个体的作用表现出高度一致。但从严格的理论意义上进行分析时，二者之间又有很大的区别。老年教育功能体现的是老年教育本身所具有的功效或能量，是老年教育

---

① 杨德广. 老年教育学 ［M］. 北京：人民教育出版社，2016：138.

自身的一种属性；研究老年教育功能，侧重于把它作为一种认识、研究的对象而进行事实（或现象）分析。老年教育价值反映的是老年教育与老年受教育者或社会之间的一种价值关系，表现为老年教育对老年受教育者个体或社会发展所具有的积极意义；研究老年教育价值，要把它作为客体同发展主体联系起来进行关系分析，其中分析构成老年教育价值的因素以及诸因素之间的关系是关键。因此，老年教育价值与老年教育功能的内涵和意义是不一样的。

第二节　老年教育的本体价值

老年教育的本体价值，反映的是老年教育满足老年个体发展需要之间的价值关系，体现了老年教育在促进老年受教育者身心继续发展方面的积极意义。阐明这一问题，有助于充分认识老年人继续发展的需求，树立正确的老龄观，提高老年人生活和生命质量。

一、老年教育本体价值的概念

老年教育的本体价值，是指老年教育对老年受教育者在身心继续发展方面所产生的需要的一定满足，其中，"老年教育"和"老年受教育者"都是广义的界定，前者是价值客体，指整个老年教育系统，其中以老年大学（学校）教育为主要客体，但不仅仅指老年大学（学校）教育；后者是价值主体，指在各种老年教育活动中从事学习的老年人，既包括在老年大学（学校）中学习的老年学生，又包括在其他老年教育机构中学习的各种老年学生，还包括通过各种其他形式进行自主学习的老年人，按教育学惯例统称他们为"老年受教育者"。在这些老年受教育者中，以在老年大学（学校）中学习的老年学生为主要的价值主体。

二、关于老年受教育者继续发展的基本认识

（一）继续发展：老年受教育者的市质属性

教育学认为，受教育者（特别是在制度化教育机构中接受教育的学生）具有多种属性，其本质属性在于：受教育者是发展中的人。这一命题有两个基本内涵：第一，无论受教育者处于哪一个年龄阶段，他们的身心素质都处于不断的发展变化之中；第二，受教育者有身心发展（或继续发展）的必要和需要，因此，他们才应该和可能去接受教育（或继续教育），或者进行自主学习。教育的基本价值就是促进受教育者身心素质的发展或继续发展，失去这一基本价值，教育也就失去了存在的必要。对于老年受教育者来说，他们的本质属性就是继续发展的人。

在教育学意义上，人的发展是指"作为整体的个人在从生命的起点状态到生命的终点的全部人生中，在与环境的相互作用中，身心两个方面的整体的积极变化过程"[①]。"学生的发展是指学生在遗传、环境和学校教育以及自我内部矛盾运动的相互作用下，身体和心理两个方面所发生的量、质、结构方面变化的过程与结果"[②]。身体发展是指个体生理构造的完善和身体机能的增强，主要是个体生理层面的发展；心理发展主要是指个体认知、情感、态度、意志、行为等心理品质以及心理机能、心理特征的积极变化。除了身心两个方面的发展之外，人的发展还包括社会性发展，即个体在社会认知、适应、交往、沟通、创造等方面的发展，其实质是不断实现自身的社会

[①]　全国十二所重点师范大学. 教育学基础［M］. 北京：教育科学出版社，2014：146.

[②]　全国十二所重点师范大学. 教育学基础［M］. 北京：教育科学出版社，2014：147.

化和个性化。

老年受教育者的发展必然地包含着上述三个层面的内涵。

（二）老年受教育者继续发展的可能性

毕生发展观为老年受教育者继续发展的可能性提供了理论支撑。

传统的发展观认为，人的发展主要指的是青少年和儿童身心的积极变化。个体到了中年之后就不再发展了，继而进入衰老和死亡阶段。但毕生发展（life-span development）理念的提出改变了人们的这种认识。在毕生发展视域中，人在整个生命历程中都处在不断的发展之中，发展是贯穿于人的生命全过程的一切变化。

知 识 链 接

毕生发展观

毕生发展观的代表人物是美国宾夕法尼亚大学人类发展和心理学教授沃纳·沙伊（K. War-ner Schaie）和德国发展心理学家和老年医学家保罗·巴尔特斯（Paul Baltes）。根据这一理论，人的发展具有以下新的内容：

1. 发展是延续一生的，成年早期并不是发展的终结而且不存在发展的优势阶段。

2. 发展是多维度的，包括生理、认知和社会情感等多个维度。即使在同一维度中，也包括许多成分。这些维度的发展受到生理、心理及社会因素的共同影响，因而个体发展在总体上呈现出不平衡发展的状态。

3. 发展是多方向的。任何一种行为发展都既有生长又有衰退，不是功能增长的单向运动，而是获得与丧失同时进行的动态进程。成长和衰退同是发展的特征。个体在发展时，某些维度或维度中某个成分在成长而其他的维度或成分则可能在衰退。比如，在认知发展中，老年人更明智，他们会根据自己的经验进行决策。然而他们在要求速度的信息加工的任务中则表现较差。

4. 发展是可塑的。所有年龄的人都能发展某些技能以补偿他们正在降低的某种能力。老年人的推理能力经过培训能够得到改善。

5. 发展是情境性的。个体持续作用于情境并根据情境的变化做出反应，这些情境包括个体的生物组成、物理环境和认识过程，也包括历史、社会和文化背景。所谓发展，可以理解为个体与其生活在其中的多种环境因素发生互动，并根据情境的变化做出相应的反应。由于不同个体所处的情境以及所受的影响是不一样的，所以每个人的发展进程也是不一样的，表现为独特性。

6. 发展包括成长、保持和调节，随着个体步入成年和成年后期，处于个体发展中心位置的是保持和调节。对于许多中年和老年人而言，他们的目标并不是寻求智力能力或是生理能力的提高，而是保持这些能力或尽量减缓能力的衰退。

7. 发展的研究是多学科的。毕生发展观要求人们从跨学科的角度研究人的发展，将人类学、生物学、社会学、医学等相关学科结合起来，从而更深刻地去认识的把握人的发展。

资料来源：桑特洛克. 毕生发展［M］. 桑标，等译. 3 版. 上海：上海人民出版社，2009：7-9.

毕生发展观告诉我们，即使到了中老年阶段，人的生理机能仍然是可以增强的，人的心理功能仍然是可以改善的。正如法国生命哲学家亨利·柏格森（Henri Bergson，1859—1941）所言："生命的特性永远处于实现之中，决不会完全实现"，"在生命进化的前方，未来的大门一直敞开着，生命的进化实质上是起始运动永不停息的创造"。①

老年人继续发展的可能性，也可以从现实生活中得到证明。老年人具有的丰富的社会生活经验，奠定了他们继续接受教育的重要基础，这些经验使得他们在学习中更加容易去理解和决策。研究发现，老年人会根据自己的经验进行更加明智的决策。② 此外，老年人可以自由支配的时间长，为他们继续学习提供了最为关键的保证。马克思主义关于人的全面发展学说认为，一个人的全面发展程度与其自由支配的时间成正比。从时间维度上讲，人的全面、自由的发展，不是为了获得剩余劳动而缩短必要劳动时间，而是直接把社会必要劳动时间缩减到最低限度。这样，个人便有了更长的自由支配的时间，从而有可能去从事更多的学习活动，在知识、智力、社会性、个性等方面得到更大程度的发展。老年人已经离开了工作岗位，有更加充分的自由时间，这就使他们参加各种各样的老年学习活动有了最基本的保证。

（三）老年受教育者继续发展的必要性

从老年人自身的情况来看，他们已有素质的不完善与人的全面发展的理想状况之间的差距，要求老年人进一步发展自我。老年人自身素质现状与其追求更高的身心素质之间的差距，就是其继续发展的内驱力。根据马克思主义关于人的全面发展学说，人的全面发展是指人的智力、体力、道德、情感、个性等方面充分的、自由的和统一的发展。受生产力、生产关系、社会分工、教育等多方面的影响，人的全面发展要经历一个漫长的过程，只有到了共产主义社会，人的全面发展才可能真正实现，而在此之前，人的发展都处于片面发展阶段。老年人虽然经历了丰富的社会生活和生产实践，但发展程度不

① 李文阁，王金宝. 生命冲动：重读柏格森［M］. 成都：四川人民出版社，1998：113.

② 桑特洛克. 毕生发展［M］. 桑标，等译. 3版. 上海：上海人民出版社，2009：7.

一定很高，总体上仍然处于片面发展的阶段，其身心素质也不够完善，甚至比同时期年轻人的发展程度还要低。让自己发展得更好，是每个人的美好期望，老年人也是如此，比如每一位老年人都希望自己身体健康、不生病或少生病等。这些美好期望之中包含着让自己身心素质发展程度更高的意蕴，而老年教育的目的之一，就是促进老年人身体素质的进一步提高，或者有效延缓老年人身体的衰老进程，这就凸显了老年人继续接受教育的必要性。

从社会对老年人的要求来讲，老年人继续接受教育、发展自我也是必要的。在撤退理论视域下，包括老年人在内的社会公众都认为老年人离开了工作岗位，就意味着社会不再需要老年人了，大多数老年人也不再主动地关注和积极参与社会发展和社会公共生活，他们的公民权利便日渐弱化。久而久之，就产生了对老年人的社会排斥（social exclusion）现象。实际上，社会的发展要求每一个社会成员都应该对社会有所付出和贡献，为此，社会成员要积极地参与社会公共生活，广泛地共享社会经验，同时享有广泛的生产平等和生活机会。在反社会排斥现象基础上产生的社会融合（social integration）理念，就强调一个社会系统内个体与个体之间的"凝聚"和"聚合"，以及不同系统之间的"结合"和"综合"。在社会学研究中，有人将社会融合的本质理解为"社会群体的凝聚力"。老年人虽然离开了工作岗位，但是他们仍然是社会的一个群体或阶层，应该与儿童、青少年、中年群体进行交往和融合，这样社会才能够产生凝聚力。这就意味着老年群体仍然要以公民的身份参与社会公共生活——既享受公民的权利，同时也履行公民的义务。为此，老年群体必须进一步接受教育，更新思想观念和知识能力，让自己有条件更好地融入不断变化着的现代社会。2015年6月，在西班牙阿里坎特大学召开的国际老年大学协会（AIUTA）第96届理事会议和国际研讨会的主题是"公民，社会凝聚力与老年大学"。这一主题清晰地释放了重视老年公民教育的信号，表达了国际社会通过老年教育进一步提升和完善老年公民素质，帮助老年人更好地融入社会的共识。

（四）老年受教育者继续发展的阶段性

1. 关于个体身心发展阶段性的主要理论

人的身心发展是一个持续不断的过程。在这个发展过程中，当某些发展要素积累的量达到一定程度之后，就会取代原先的发展要素而占据优势地位，使得个体发展表现出阶段性。

我国古代就有对人生的分期论述。《礼记·曲礼篇》中讲道："人生十年曰幼，学。二十曰弱，冠。三十曰壮，有室。四十曰强，而仕。五十曰艾，服官政。六十曰耆，指使。七十曰老，而传。八十九十曰耄，七年曰悼，悼与耄，虽有罪，不加刑焉。百年曰期，颐。"而我国古代以50岁作为老年人的最低界限，50岁年逾半百，是知非之年①、知命之年②、艾服之年③、大衍之年④；60岁称为花甲之年⑤、耳顺之年、杖乡之年⑥、还历之

---

① 源于《淮南子·原道训》："伯玉年五十，而有四十九年非。"说春秋卫国有个人叫伯玉，经常自我反省，到50岁时知道了以前49年中所犯的错误，后因此而用"知非"代称人到50岁。

② 源于《论语·为政》："五十而知天命，六十而耳顺，七十而从心所欲，不逾矩。"多指男子的年龄，意思是说，人到50岁，就是知道自己的命运的年龄；60岁时一听别人言语，便可以分辨真假，判明是非；到了70岁，便随心所欲，任何念头不越出规矩。据此，中国古代将50岁称为知命之年，60岁称为耳顺之年，70岁称为从心之年。

③ 源于《礼记·曲礼》。后称五十而做官从政，预闻邦国之大事为"艾服"。

④ "大衍"一词出自《周易·系辞上传》："大衍之数五十，其用四十有九。"后用该词代称五十。有人认为，大衍所指的是《易传·系辞上传》所说的"易有大极，是生两仪，两仪生四象，四象生八卦"的三段式宇宙衍化过程。

⑤ 中国古代用天干和地支相互配合作为纪年，六十年为一花甲，亦称一个甲子。所以称60岁为花甲之年。到了61岁，正是新一轮纪年重新算起的时候，故称"还历"，因此60岁又称为"还历之年"。

⑥ 源于《礼记·王制》："五十杖于家，六十杖于乡，七十杖于国，八十杖于朝。"大意是说：人年过50岁可以在家拄拐杖，60岁可以在见地方官吏时拄着拐杖，70岁可以在见诸侯国君时拄着拐杖，80岁老人可以在朝见天子时拄着拐杖。表明了周朝的尊老风尚。后来用"杖乡之年""杖国之年""杖朝之年"分别表征老人的60岁、70岁、80岁。

年；70 岁为古稀之年、从心之年、杖国之年、致仕之年、致政之年、悬车之年①；80～90 岁为耄耋之年、杖朝之年；90 岁是鲐背之年②；100 岁及以上的老人又称为"人瑞"，100 岁为期颐之年。

当代英国社会学家皮特·拉斯里特（Peter Laslett）在《新的生命：第三年龄的诞生》一书中将人的一生分为四个年龄阶段。第一年龄（the first age）：自出生至开始工作；第二年龄（the second age）：开始工作、结婚至退休；第三年龄（the third age）：自退休至身心机能开始进入衰退时期；第四年龄（the fourth age）：系指个体身心机能开始迅速衰退至生命期结束为止。③ 就教育需求看，第四年龄的重要性与紧迫性无疑远逊于前三个年龄段，该年龄虽享有终身学习的权利，但毕竟需求不强而非终身教育的主旨人群。与之相比，第一年龄人群处于人生的成长期，教育对其至关重要，但由于正规学校教育资源的充分供给，故该年龄段亦非终身教育的主旨人群。显然，第二和第三年龄人群因教育对其重要且紧迫，故应列为终身教育的主旨人群。④

美国的心理学家罗伯特·哈维格斯特（Robert Havighurst，1900—1991）的综合适应发展理论认为，要在人类社会中顺利生活，个体就必须学会自我学习、摸索。个体是不能以一个固定的速度去完成一个个任务的，而必须使一些学习任务在某个时期内完成，而另一些学习任务又在另一个时期内完

① 源于《礼记·王制》："五十而爵，六十不亲学，七十致政。""致政"和"致仕"是一个意思，即辞官。意思是说人 70 岁了，就应该退下来享受生活，因此，也就不再坐车上朝了，居家生活，官车即废，所以 70 岁，又称为"悬车之年"。

② 源于《诗经·大雅·行苇》："黄考台背，以引以翼。"鲐背，亦作"台背""骀背"，指老年人背部的褶皱如同鲐鱼的斑纹一样，引申为"高寿老人"之意。

③ 林振春，等. 老人教育学［M］. 台中：华格那企业有限公司，2012：1-11.

④ 路宝利，吴遵民. 构建服务全民终身学习的教育体系：路径与机制——基于"后学校化"理念的思考［J］. 开放教育研究，2020（4）：67-76，101.

成。这样，就会产生许多加速学习时期（period of accelerated learning）。而正是这些加速学习时期的存在使得许多个体在发展过程中感到不适应，由此产生各种各样的心理危机和冲突，在这种情况下，哈维格斯特提出了发展任务（developmental task）这个概念。所谓发展任务即一个人在发展的某一阶段必须学习的活动，若此项活动成功完成，不仅可以使他感到快乐，而且还会促使他完成以后的发展任务；若此项活动失败了，不但使他感到沮丧、不安以及容易陷入不被社会承认的危险，还可能阻碍以后发展活动的进行。个体所属的社会团体要求其成员在某一特定的年龄必须完成属于当时的特定发展任务，这一特定的年龄就是所谓的关键期（teachable moment）。他认为，发展任务是个体发展的重要基础，人的发展即完成人生发展任务的过程，同样人的成熟也由一个个发展任务的完成而逐步实现。关于个体在每一发展阶段的主要任务，哈维格斯特做了如下概括。

（1）婴儿期与儿童早期（0～6岁）的发展任务：学习走路；学习食用固体食物；学习说话；学习控制排泄机能；学习认识性别和有关性别的行为和礼节；学习判断是非并发展良知；获得稳定的肌肉运动；形成对社会和身体的简单概念；对父母、兄弟姐妹及他人产生感情联系。

（2）儿童晚期（6～12岁）的发展任务：学习游戏必需的身体技能；学习与同伴和谐相处；学习扮演适合自己性别的角色；形成健全的自我态度；发展读、写、算的基本技能；发展日常生活所必需的各种观念；发展良知、道德观念和价值标准；发展对社会团体和制度的态度。

（3）青少年期（12～21岁）的发展任务：接受个人的体型和性别角色；与年龄相近的异性和同性建立新的关系；情绪上不再依赖父母和其他成人；树立经济上独立的自信态度；选择职业并做好就业准备；发展行使公民权利所需的知识、技能和观念；发展对社会负责的行为；准备适应婚姻和家庭生活；将自我价值建立在科学的基础之上。

（4）成年期（21～40 岁）的发展任务：选择配偶；学习过婚后的配偶生活；开始组建家庭；抚育子女；管理家庭；开始从事一种职业；履行公民责任；参与合乎自己性格和志趣的社团活动。

（5）中年期（40～60 岁）的发展任务：完成成年人的公民和社会职责；建立并维持某种经济水准的生活；帮助青少年子女成长为可靠、幸福的成年人；开展中年期的闲暇活动；与配偶维持密切关系；承受并适应中年期的生理变化；与年迈父母相互适应。

（6）老年期（60 岁至死亡）的发展任务：适应逐渐衰退的体力和健康状况；适应退休和收入的减少；适应配偶的死亡；与其他老年人建立密切联系；履行对社会和公众的义务；建立美满的人生。

人的身心发展的阶段划分及其在不同阶段应完成的任务，为有针对性地开展教育提供了基础和依据。

2. 关于老年人继续发展阶段的划分

今天，各个国家和地区都承认老年人群体具有多层次、多类型的特征，是一个结构复杂的群体，但研究者对老年人层次的划分各不相同。我国的叶忠海教授将老年人分为低龄老年人（60～70 岁）、中龄老年人（70～80 岁）和高龄老年人（80 岁以上）三个阶段。我国台湾地区的黄富顺将老年期分为三个阶段：初老期（65～74 岁）、中老期（75～84 岁）、老老期（85 岁以上）。而日本学者牧野笃将老年期分为老年前期（55～65 岁）、老年中期（65～75 岁）和老年后期（75 岁以后）三个阶段。[1]

世界卫生组织将老年人口群体划分为三个具体的年龄阶段。

① 叶忠海. 老年教育学通论［M］. 上海：同济大学出版社，2014：69.

第一阶段：初老（young-old）期或准老年期（60~74岁）。这一阶段的老年人称为年轻老年人，他们大多在生理上属思维敏捷、腿脚灵便的健康老人。彼得·拉斯里特称这一阶段年龄为人生的顶峰。他说："人在这一年龄阶段，一方面具有丰富的知识和经验，另一方面拥有供自己安排的足够时间，可以按照自己的意愿，发挥自身的潜力，达到自我实现的境界。"这一年龄段是老有所学、老有所教、老有所乐、老有所为的黄金时期，也是信息需求的旺盛时期。

第二阶段：中老（old-old）期（75~89岁）。这一阶段的老年人才称为老年人。这一群体在生理上已明显表现出老年人的衰老迹象，如耳背、眼花、反应迟钝、腿脚不便等，但他们基本上生活还能自理。他们中有许多老革命、老专家学者，人虽老却不知老之已至，每日只知笔耕不辍，奉献不止。但他们在信息需求上需要得到更多的帮助。①

第三阶段：老老（oldest-old）期（90岁及以上）。这一阶段的老年人称为长寿老人。一般来说，这一阶段的老人主要是颐养天年，继续学习已不是最重要的人生内容。

老龄人口群体的细分，有利于有针对性地推进老年教育实践和开展老年教育研究。

（五）老年受教育者继续发展的个别差异性

由于每个老年个体的遗传素质、家庭状况、社会环境、社会经历、工作岗位、教育程度等不同，所以老年群体中个体与个体之间的发展在速度、水平、优势领域等方面也各不相同，表现出个体之间的差异。老年受教育者继续发展的个别差异性，要求老年教育活动做到因材施教。

---

① 前两个阶段关于老年人的论述参见王丽娜. 从城市老年群体构成谈公共信息服务保障［J］. 图书馆界，2009（4）：19–21，39.

三、老年教育本体价值的主要体现

关于老年教育的本体价值，研究者也提出了自己的见解。如杨德广教授主编的《老年教育学》中将老年教育的本体价值概括为三个方面：一是提高老年人的综合素质，主要体现在通过老年教育提高老年人的文化素养、心理素质、身体素质、道德素养、适应与交往能力。二是提升老年人的生活质量，包括生活观念的更新、生活方式的优化、生活习惯的养成。三是彰显老年人的生命价值。通过对老年人进行教育教学，提供"老有所为"的平台，来激发他们对于生活的热爱、对生命的热情，提高生活质量，彰显生命价值，真正成为马克思所说的"自由而全面发展的人"。①

老年教育的本体价值是通过满足或在一定程度上满足老年人个体继续发展的需求而体现出来的。我国将老年人的需求概括为"老有所养、老有所医、老有所教、老有所学、老有所为、老有所乐"。"'老有所养'是满足老年人衣食住行的基本需要，为老年人健康生存提供物质保障，也就是马斯洛的人的需求中最基本的人的生理需要；'老有所医'是实现老年人的医疗保健和健康老龄化需求，使老年人生病能够得到治疗；'老有所为'是老年人在晚年运用自己的知识和经验等优势，量力而行，参加社会发展，造福社会和家庭的一种自我实现式的需要；'老有所学'和'老有所教'是党和政府根据时代的发展，对老年人进行的与时俱进的学习与教育；'老有所乐'是老年人参加适合他们特点和爱好的文体活动，丰富他们的精神文化生活，使老年人能安享晚年，是老年人需要中的高级需要"②。

从"六个老有"的角度来看，老年教育的本体价值表现为通过"老有

---

① 杨德广. 老年教育学［M］. 北京：人民教育出版社，2016：146－150.

② 谢培豪，倪进东. 老年学［M］. 北京：科学出版社，2018：27－28.

所教"和"老有所学",满足老年人"老有所养、老有所医、老有所为、老有所乐"的需求,其中"老有所医"是"老有所养"的重要基础和内容,"老有所养"又是"老有所为"和"老有所乐"的必要前提。"老有所乐"是"老有所为"的目标、"老有所为"过程中愉悦的心理体验,也是"老有所为"应有的积极后果。老年人通过力所能及的服务社会、奉献社会的作为,带来自身更高的幸福感和愉快感。"为"中有"乐",同时"乐"在"为"中,二者既是并列关系,又是递进关系。

基于上述认识,老年教育本体价值可以归纳为三个方面:满足老年人"老有所养"的需要,满足老年人"老有所为"的需要,以及满足老年人"老有所乐"的需要。

(一)满足或在一定程度上满足老年人"老有所养"的需要

老年教育满足或在一定程度上满足老年人"老有所养"的需要,是指通过老年教育,为老年人健康提供科学的理念和知识,奠定他们"老有所为"和"老有所乐"的身心基础。

目前,社会上通用世界卫生组织关于"健康"的界定。1946年6月19日至7月22日,WHO在纽约召开的国际卫生会议上通过的"健康"的内涵是"不仅为疾病或羸弱之消除,而系体格、精神与社会之完全健康状态"[①]。这就是今天人们所熟知的健康三要义:身体健康(physical health)、心理健康(psychological health)、社会适应良好(good social adaptation)。30年后,WHO在国际初级卫生保健大会上发表了《阿拉木图宣言》,不仅重申了健康三要义,而且指出健康是基本人权,达到尽可能的健康水平是世界范围内一项重要的社会性目标。1989年,WHO又优化了健康的内涵,在原来的基础上

---

① WHO. What is the WHO definition of health? [EB/OL]. (2017 - 04 - 17) [2022 - 01 - 02]. http://www.who.int/suggestions/faq/en/index.html.

追加了道德健康（ethical health），既考虑到人的自然属性，又考虑到人的心理、社会和道德属性。①

老年人的健康问题一直为国际社会所关注，专门提出了"健康老龄化"的理念，而且把健康列为积极老龄化的重要内容。我国党和政府也十分重视包括老年人在内的全民健康问题。2016 年 8 月召开的全国卫生与健康大会审议通过了"健康中国 2030"规划纲要，习近平在讲话中提出要把人民健康放在优先发展的国家战略地位，以普及健康生活、优化健康服务、完善健康保障、建设健康环境、发展健康产业为重点，加快推进健康中国建设，努力全方位、全周期保障人民健康。②

知识链接

健康老龄化

"健康老龄化"的概念最早出现于 1987 年 5 月召开的世界卫生大会。这次大会提出，健康有五项标准，即躯体、社会、经济、心理和智力健康。其影响因素包括：人口学、社会经济、生物医学、心理行为、重大生活事件、信念、生活方式、卫生习惯、饮食营养、文化、文娱活动和环境等。

1990 年，世界卫生组织在哥本哈根世界老龄大会上把"健康老龄化"作为应对人口老龄化的一项发展战略提出，并给出健康老龄化的三大指标：为老年人提供良好的社会环境；提供良好的健康和社会服务，使老年人身体、心理机能健康；享有"尊严活"和"尊严死"的权利。

---

① 徐斌. 从 WHO 的健康定义到安康（wellness）运动：健康维度的发展 [J]. 医学与哲学，2001（6）：53 - 55.

② 习近平：把人民健康放在优先发展战略地位 [EB/OL]. (2016 - 08 - 20) [2022 - 01 - 02]. http：//www. xinhuanet. com//politics/2016 - 08/20/c_ 1119425802. htm.

1992 年，联合国第 47 届大会通过了《2001 年全球解决老龄问题的奋斗目标》，强调要开展健康老龄化运动。

2002 年，世界卫生组织给"健康老龄化"的概念增加了"保障"和"参与"两个维度，将其发展为"积极老龄化"政策框架。

2007 年，"健康老龄化"概念得到进一步的发展，认为健康老龄化是老年人在晚年保持躯体、心理和社会功能的健康状态，将疾病和生活不能自理的时间推迟到生命的最后阶段。它强调要把预防保健和治疗康复结合起来，通过增强营养摄入、体育锻炼、心理调适和环境安全等方式来促进健康老龄化的实现。

2015 年，世界卫生组织给"健康老龄化"所做的最新定义又发展为：维护老年健康生活所需的功能发挥过程。功能发挥是指使个体能够按照自身观念和偏好来生活和行动。

促进健康老龄化应积极增强和维护老年人的内在能力，建立促进老年人功能发挥的良好环境，实现个人与环境的和谐契合，达到改善功能发挥的目标，使老年人的生活处于较高的健康水平。现在普遍接受的"健康老龄化"概念即源自于此。

我国人口学家邬沧萍教授等认为健康老龄化的内涵包括：①健康老龄化的目标是提升老龄人群的生命长度和生活质量。②健康老龄化不仅涵盖平均预期寿命，更关注老龄人群的生命质量。③健康老龄化旨在帮助绝大多数老龄人群正常衰老，以实现这些老龄人群在存活期间身体健康，身体功能正常且能自理生活。④健康老龄化是老龄人群基本医疗、疾病预防保健、疾病诊疗康复的有机结合，是卫生保健、公共及老龄人群个人卫生、健康正确行为方式的有机整合。⑤健康老龄化是国家和社会的共同责任。

老年教育满足老年受教育者"老有所养"的需要，主要体现在：

第一，老年大学（学校）等专门的老年教育机构通过课堂教学等多种途径，帮助老年受教育者更新健康观念，丰富健康知识，增强身心素质，养成自主锻炼身心的技能和习惯。目前，我国老年大学（学校）普遍设置了与老年学生健康需要相关的系（科），如体育、艺术、养生、中医等，开设了满足老年学生身心保健需要的课程，如太极（拳、剑、扇）、健身操（舞）、体育舞蹈、各种球类、瑜伽、保健、中医、西医、心理健康教育等。一些老年大学（学校）还与普通高校合作，推动"名家"进学校、进课堂活动，提高学校的教学质量，为老年学生的健康提供科学指导。

知识链接

广东省老干部大学与广州中医药大学合作的中医课程建设

2015年秋季，广东省老干部大学与广州中医药大学开启校际合作，推动"名师进课堂"。自开启校际合作后，广州中医药大学统筹部署，第一、二附属医院的优秀临床医师团队轮流到老干部大学任教并开展现场义诊、互动教学等各项活动，全方位支撑广东省老干部大学中医品牌课程建设，满足老年大学生学习正确健康养生知识和技能的需求。

2018年秋季学期，广州中医药大学教师团队在学校共开设了常见病症中医药防治、中医经络保健、中医养生保健、常用中药识别与应用、《黄帝内经》与养生、老年人家庭护理等多门课程，其中副校长孙晓生，以及温伟强、李万瑶、邝慧玲等教授亲临任教。广州中医药大学教师团队更是以"讲座汇聚"的形式为老年大学生讲授心血管系统、神经系统、内分泌系统、呼吸系统、消化系统、骨科、外科等多学科中老年人常见病、多发病的防治及紧急处理知识、实际展示，并对比讲授常见中药识别应用的体系课程。当前，学校养生系中医课程共提供770个学位，是学校老年大学生选读的热门课程。

资料来源：王卫东. 中国特色老年教育现代化建设：广东省老干部大学的探索 [M]. 北京：北京师范大学出版社，2019：104-106.

第二，老年大学（学校）建立与健康发展相关的老年学生社团，通过老年学生的自主活动，增强体质体能，愉悦身心。在这方面，各级党委组织部门及其下属老干局主管的老干部大学的特色更为鲜明，因为许多老干部大学是在原来老干部活动中心的基础上成立的。这些学校有较多的老年人社团，如各种球类协会、棋类协会、艺术团体等。社团成员利用课余时间开展活动，在活动过程中获得身心发展和社会适应方面的知识和技能。

第三，老年教育系统通过开展老年教育研究，丰富老年教育资源，改进老年教育教学等，满足老年受教育者身心健康发展的需要。例如，老年人"数字鸿沟"和人工智能教育已经成为全社会关注和研究的重要问题。许多老年大学（学校）和其他专门老年教育机构在研究的基础上，开设了智能手机应用、手机软件原理与应用、人工智能基础等课程，在很大程度上满足了老年人适应高科技社会生活的需要，也给他们带来了愉悦的心理体验。

（二）满足或在一定程度上满足老年人"老有所为"的需要

1955年，美国国家健康研究所指出，健康能够为老年人的生产能力提供支持，反过来，生产能力也能够提升健康水平。1982年，美国老年医学专家、国家老龄问题研究所（National Institute on Aging，NIA）第一任主任罗伯特·巴特勒（Robert Butler）首次提出"生产性老龄化"（productive aging）的概念，其目的在于倡导人们改变老年人依赖社会、依赖他人的传统观念，强调老龄化应该是一个从事对他人有贡献和有价值的活动的过程。

2009—2011 年间，美国华盛顿大学社会发展研究中心分别与山东大学、北京大学共同主办了两次以"productive aging"为主题的学术研讨会。通过与会专家们的共同探讨，大部分中国老年学家和华裔老年学家都同意把"productive aging"译作"老有所为"。

知识链接

生产性老龄化

美国老年医学专家、国家老龄问题研究所第一任主任罗伯特在 1982 年首次提出"生产性老龄化"的概念，其目的在于倡导人们改变老年人依赖社会、依赖他人的传统观念。

早期研究者认为，老人所从事的包括能力培养活动（如教育培训）在内的生产物品和服务的活动（不论是否有报酬），都是具有生产力性质的。

后期研究将老龄人的生产活动限定为工作、志愿服务以及照顾和教养孙辈。生产性参与是个人能力和机构能力的共同作用，其正面效应包括缓解人口老龄化的财政压力、造福社会、保持老年人健康等。

生产性老龄化的主要影响因素是：个体（动机、态度、性别等），情境（角色、责任、健康、家庭情况等），环境（经济、文化、年龄组群等），社会政策（就业政策、养老体系、相关项目等）。优化政策法规是实现老年人更多参与生产活动的最好途径。

生产性老龄化理论的根本目的在于希望建构一个充分赋权给老年人并使之发挥自身价值、整个社会在制度机制上有利于老年人参与生产性活动的新型老龄化社会。

从提出"老有所为"概念到今天，其内涵也发生了变化。美国的卡罗（Caro）等人在 20 世纪 90 年代初将"老有所为"界定为老年人从事的包括能力培养活动（如教育培训）在内的生产商品和服务的任何活动（不论是否有报酬），其意义在于强调老年人从事活动的经济价值。今天，老有所为的内涵有了进一步拓展，凡是老年人为他人和社会提供服务、做出贡献的社会活动，都属于老有所为，其具体内容可分为：①从事有报酬或无报酬的工作；②照顾家人、亲友等；③从事各种社会志愿服务；④参与老年教育以提升自己的人力资本和生产力。但是，老有所为的活动不包括老年人从事的那些仅仅以满足自身身心健康、愉悦需要为目的的活动，如健身、文娱活动等。①

老年教育满足老年人"老有所为"的需要，主要体现在：

第一，老年教育本身就是老年人老有所为的必要组成部分；

第二，老年教育通过提高老年人的健康素质，为他们老有所为提供生理、心理、社会和道德前提；

第三，老年教育通过提高老年人的文化基础知识、专业知识和技能、思想道德素质等，为他们更好地服务社会奠定较好的专业素质；

第四，老年大学（学校）和其他专门老年教育机构通过第三课堂，组织老年人参加志愿者等社会活动，为他们老有所为提供直接的条件。

知识链接

广东省老干部大学第三课堂的有益探索

"第三课堂"的概念源于2005年11月29日中国老年大学协会原会长张文范同志在中国老年大学协会第三次会员代表大会上所做的题为《构建和谐社会，积极促进我国老年教育创新发展》的报告。报告中提到："搞活第一课堂（课堂教学、学校教育）；丰富第二课堂（开展社团活动、课外活动）；拓展第三课堂（社区活动、社会公益活动）。

---

① 孙鹃娟，梅陈玉婵，陈华娟. 老年学与老有所为：国际视野 [M]. 北京：中国人民大学出版社，2014：31-32.

老年教育要与时俱进，不断把适合时代需要的，反映时代特征的现代科技和现代文化引进老年教育，这是我们老年教育发展中一个重要的理念创新。"

广东省老干部大学充分发挥第三课堂的独特作用，组织学校老年大学生参加各种社会活动，为他们服务社会、实现价值提供保障。通过建章立制、培训交流等，志愿服务更加科学化、规范化、专业化。学校志愿者服务队总队和 5 支分队共 114 名志愿者，积极开展健康和心理咨询、教学服务、文体活动保障、义修义剪等服务活动，服务对象达 157 000多人次。健康驿站 2018 年 3 月升级改造，每周 5 位老专家志愿者坐诊，预约火爆。每月开展"学雷锋、献爱心——义务维修小家电和义务剪发"活动，风雨无阻地为群众街坊提供维修小家电和义剪服务。在招生报名、各项大型文体活动现场，身穿绿色马甲志愿者们活跃的身影，成为一道靓丽的风景线。志愿者们作为"老年可以有作为、有进步、有快乐"理念的典型范例，2017 年先后受到广东南方卫视及广东《党风》杂志专题采访报道。2018 年 12 月 10 日，学校（中心）参赛作品《新时代老党员正能量服务队》，参加由省直机关工委、省总工会、团省委、省妇联联合主办的广东省直单位第六届工作技能大赛暨市县机关工作技能邀请赛，决赛取得总分第四名、省直单位第一名的优异成绩。

资料来源：王卫东. 中国特色老年教育现代化建设：广东省老干部大学的探索 [M]. 北京：北京师范大学出版社，2019：130，139.

（三）满足或在一定程度上满足老年人"老有所乐"的需要

老有所乐，是指老年人通过参加适宜的文化娱乐、参观、旅游、体育等活动，使身心保持愉悦，幸福地安享晚年。

马克思主义认为，幸福是指主体通过创造性劳动，在物质生活和精神生活中因意识到实现了自己的理想和目标而引起的精神满足。社会主义的教育目的坚持以马克思主义关于人的全面发展学说为理论基础，直接指向人的全面、自由、充分的发展。而人的全面、自由、充分的发展，最终是为了使人幸福。幸福是人的终极追求，增进受教育者的幸福，是教育的终极追求。因此，老年人无论是老有所养，还是老有所为，最终都是为了让自己人生最后阶段的生活幸福。

老年教育满足老年人"老有所乐"的价值，主要体现在：

第一，老年教育本身就是老年人老有所乐的必要内容。幸福包括物质幸福和精神幸福，但更多的是一种精神上的满足状态。追求精神上的幸福，是绝大多数老年人进入老年大学（学校）等老年教育机构学习的最初动机。他们无压力的学习过程，就是幸福地享受生活的表现。在老年大学（学校）或其他专门教育机构中学习的老年学生，还可以通过进入学校或其他老年教育机构，重见老朋友、结识新朋友，新朋老友欢聚在一起、学习在一起，度过晚年美好的时光。

第二，老年教育能够提高老年受教育者获取和创造幸福的能力。人在劳动实践中创造性能力的发挥是获取幸福的源泉和途径。老年教育增进老年受教育者幸福感的核心价值在于能够培养老年受教育者获得和创造幸福的能力，为他们自主、积极地安享晚年提供更多的可能。

第三，老年教育通过满足老年受教育者自尊和尊重的需要，使他们获得更多的幸福感。老年教育的最大特点是对进入该系统的老年受教育者的充分尊重，从而使他们因为被尊重而获得幸福感。老年教育对老年受教育者的尊重主要表现在：①遵循"以人为本"的基本理念，充分尊重老年受教育者的人生经历、经验和社会贡献，事事处处给予老年受教育者细致的照顾和关怀，提供高质量的教育服务。②老年教育系统开设的一些课程是为满足老年受教育者老有所乐而设置的，目的在于让他们在学习之中和学习之后获得更高、更多的幸福感。这些课程包括音乐、舞蹈、声乐、器乐、书法、绘画、摄影、养生、老年形体、烹饪等。③老年教育者在教育教学过程中，尊重老年受教育者的学习需要和基础，注意调动老年受教育者的主动性和积极性，使他们在充分参与教育教学活动的过程中获得满足感和幸福感。④老年教育机构重视机构文化建设，为老年受教育者创设宜人的教育环境。

第四，老年教育通过实现老年受教育者老有所为的价值，使他们在参与社会的过程中获得和创造幸福。老年教育通过提高老年人老有所为的能力，使他们能够有更多的机会融入社会，继续为社会发展做出自己的贡献。这会提升他们的幸福境界——不仅从个人身心愉悦方面获得幸福感，而且从奉献他人和社会的劳动、得到社会的认可和赞誉中获得幸福感。

第三节　老年教育的社会价值

老年教育的社会价值，反映的是老年教育满足社会发展需要的价值关系，体现了老年教育在社会政治、经济、文化等系统发展中的积极意义。科学理解老年教育的社会价值，有助于在人口老龄化新国情下正确认识老年教育的社会地位，合理发挥老年教育的社会作用。

一、老年教育社会价值的概念

老年教育的社会价值，是指老年教育系统对政治、经济、文化等社会子系统发展需要的一定满足。简言之，即指老年教育满足社会发展需要的价值。

社会系统中除了教育子系统外，还存在着非教育子系统，其中主要的有政治系统、经济系统、文化系统、科技系统、人口系统等。它们之间通过物质、能量和信息的交换而达到相互促进并共同推动社会发展。探讨教育的社会价值，主要是分析教育子系统对政治、经济、文化、科技、人口诸子系统发展需要的满足问题，即分析教育的政治价值、经济价值、文化价值、科技价值和人口价值等。在老年教育的诸社会价值中，最为主要的是老年教育的政治价值、经济价值和文化价值。

二、老年教育社会价值的主要内容

（一）老年教育的政治价值

根据马克思主义的观点，政治是人类社会发展到一定历史阶段的产物，它以经济为基础，实质在于建立、巩固、运用、完善专政工具并最终促使它们消亡。从"政治"的整体性出发，马克思认为，现代性政治的特性与本质在于与强制性权力、国家紧密相关（以国家为中心），即现代国家政治。[①] "一般来说，政治的表现形态分为三种：一是政治的管理、机构形态，即国家的政治制度、法律制度和各级政府机构、各个党派等政治管理和机构形态；二是政治的活动形态，即各阶级、各党派所进行的各种活动；三是政治的观念形态，即反映政权、政党、各阶级利益的路线、方针、政策以及与之相关的理论与学说。"[②]

政治对老年教育的制约主要表现在：首先，政治通过调节各种社会关系处理老年教育和社会其他子系统的关系，以法律、政策、政令等形式确立老年教育在社会生产生活中的地位和作用。其次，政治规定老年教育的政治方

---

① 施惠玲. 马克思政治概念的双重维度［J］. 教学与研究，2012（2）：12－18.
② 项贤明. 教育学原理［M］. 北京：高等教育出版社，2019：71.

向，因而制约着老年教育的目的和制度。最后，政治制约老年受教育者的政治方向，进而影响一定的老年教育内容和方式。

老年教育的政治价值，是指老年教育对社会政治系统发展需要的一定满足，主要包括：

1. 促进老年受教育者继续政治社会化

所谓政治社会化，是指人们通过接受一定社会的政治意识形态，逐步形成适应一定社会政治制度的政治立场、政治态度、政治认同、政治生活方式和习惯的过程。任何时代的特定国家和地区中，掌握政权的阶级总会利用自己的统治权力掌控教育，将符合他们利益和需要的政治思想、价值观念等转化为教育内容，然后利用这些内容教育大众，使后者具备统治阶级所需要的政治思想、价值观念和行为方式。老年教育促进老年受教育者继续政治社会化的直接因素就是老年教育内容体系中有一部分内容是一定社会的政治知识，这些知识体现在政治理论教育、社会法制教育、公民教育、思想教育、价值教育等老年教育活动之中，在其他老年教育内容——特别是人文社会科学的内容中也不同程度地包含着一定的政治价值取向。老年教育利用这些教育内容，满足老年受教育者继续政治社会化的需要。

除此之外，老年教育目的、甚至某些老年教育技术手段中同样具有一定的政治意识。老年教育者也是具有特定的政治立场和政治观点的人，他们在教育教学过程中不可避免地会以直接或间接、显性或隐性的方式给予老年受教育者一定的政治影响。凡此种种，都可以促进老年受教育者继续政治社会化。

我国老年教育在促进老年受教育者继续政治社会化方面，有一个颇具中国特色的做法是在老年大学（学校）或其他老年教育机构中加强具有中国共产党党员身份的老年受教育者的党建工作。如广东省老干部大学创建和推行的"非隶属党员多重组织生活"党建工作模式，在加强学校老年大学生党员的政治教育和党员活动等方面产生了良好的效果。

知识链接

广东省老干部大学的"非隶属党员多重组织生活"党建模式

广东省老干部大学党总支根据党的十八大提出的全面提高党的建设科学化水平和十九大提出的新时代党的建设总要求，结合自身工作实际，率先探索创新"非隶属党员多重组织生活"的党建工作模式。

所谓"非隶属党员多重组织生活"党建工作模式是指：对到学校参加学习和活动、但党的组织关系不隶属于学校的共产党员，校党组织将他们纳入工作视野，在有3名以上党员的教学班级和活动团队中组建临时党支部，接受校党组织领导，在参加其关系隶属党支部的组织生活外，可参加本人在校学习、活动的所有班级、团队的临时党支部的组织生活，而不转党组织关系、不交党费、不发展和处理党员的一种新型党建模式。

这种组织生活的主要内容：一是落实《中国共产党章程》所赋予党的基层组织基本任务；二是教育并带领所在支部党员，牢记中国共产党的宗旨，保持和发扬中国共产党的优良传统，政治坚定，思想常新，理想永存，永葆共产党员本色，为构建社会主义物质文明、政治文明、精神文明和建设和谐社会、幸福广东做贡献；三是支持和协助教学班、活动团队组织完成所承担的任务；四是及时掌握党内外人员思想动态，有针对性做好思想政治工作；五是密切联系群众，做好群众工作，了解、听取并如实向学校反映离退休党员和群众的意见、建议和要求，积极维护离退休干部队伍稳定。

多年实践证明，这种模式有效管理了老党员队伍，极大地强化了党性观念；保持弘扬了中国共产党的优良传统，充分发挥了思想政治教育阵地作用；鼓舞教育了在职党员，锻造了真抓实干的教职员工队伍，确保了广大离退休党员思想常新、理想永存，心情舒畅地安享晚年、颐养天年，谱写实现中国梦的老年教育事业新篇章。

资料来源：王卫东. 中国特色老年教育现代化建设：广东省老干部大学的探索［M］. 北京：北京师范大学出版社，2019：46－53.

2. 促进政治民主化

民主是现代政治的核心与实质，也是人类文明进步程度的关键性指标。一个国家政治民主的程度直接决定于国家的政体，但也与一个国家人民的受教育程度密切相关。因此，民主问题是现代教育与现代政治关系的核心。

老年教育政治价值的一个重要方面就是能够满足国家政治民主化的需要，主要表现在：第一，老年教育通过传播科学真理，启迪老年受教育者和老年教育工作者的思想意识，深化他们的民主观念。第二，老年教育民主化是现代社会政治民主化的重要组织部分，因而老年教育通过实现自身的民主化来体现现代社会的政治民主化。第三，老年教育可以增强老年教育系统中人们的政治参与意识和能力，为他们积极参与政治生活提供平台。"老年人政治参与，是指老年人依法参与人大代表选举、参与城乡居民自治组织选举、向各级政府和社区提出意见和建议等参政议政活动。"[1] 离开了工作岗位以后的老年人，政治参与的主要平台是老年教育系统和日常生活所在的社区。老年教育系统不仅是老年人继续学习和发展的重要场所，也是他们积极参与政治活动的重要平台。第四，老年受教育者政治参与意识和能力的提

---

[1]　刁海峰. 树立和培育积极老龄观［M］. 成都：四川教育出版社，2020：168.

高，会影响到社会年轻一代，使民主政治的观念和意识在社会新生代中得以普及和发展。

3. 通过制造社会舆论（或社会风尚）或直接参与政治活动，体现其政治价值

老年教育系统是知识群体相对集中的领域，这些知识群体包括老年教育系统中的管理者和工作人员、老年教育工作者，也包括部分老年受教育者。他们思维敏锐，洞察力强，见解深邃，敢于直抒己见，通过自己的言论在一定程度上影响国家法律法规的制定、宣传和落实，老年教育系统中一些原来在领导管理岗位上的老年人，会通过一定的渠道为国家政治改革和治理发挥自己的积极作用，这些都是老年教育政治价值的体现。

（二）老年教育的经济价值

"经济"一词内涵广泛，在这里是指一个国家国民经济的总称。经济发展水平在总体上制约着教育事业发展的水平、速度和规模，具体表现在影响人才培养规格的制定、教育内容的选择和学科知识体系的设置、教育结构的建立和改进、教育手段和教育组织形式的确立和改革等方面。

老年教育的经济价值，是指老年教育对社会经济系统发展需要的一定满足，它主要体现在：

1. 开发老年人力资源，保障老年人能够积极参与社会经济生活

生产性老龄化理念的初衷就在于向社会公众表明老年人能够参与社会经济生活或与生产力相关的活动。美国华盛顿大学教授谢若登（Michael Sherraden）等人列举出老年人参与的六类具有生产力的活动，分别是：①以市场为基础的经济活动；②在市场之外但具有经济价值的活动；③正式的社会责任/公民义务；④非正式的社会援助；⑤维持社会关系的社会活动；⑥自我完善的社会活动，如学习、自我实现、自我教化。[①] 在人口老龄化大趋势

---

① 孙鹃娟，梅陈玉婵，陈华娟. 老年学与老有所为：国际视野［M］. 北京：中国人民大学出版社，2014：32.

下，许多国家和地区都十分重视老年人口，特别是低龄老年人口的人力资源开发问题，并且以立法的形式保障老年人再就业。日本政府在20世纪70年代就开始关注老年人力资源开发，并随着时间的推进不断丰富和调整，致力于从基本养老福利、就业权利、能力开发三方面全方位促进老年人力资源开发，帮助越来越多老年人积极参与和融入社会。2014年6月，日本修订2013年公布的《日本再兴战略》，再次强调要积极应对老龄化问题，鼓励老年人积极参与经济社会活动。战略中提出了促进老年人就业的目标：到2020年，60~64岁老年人的就业率达到65%（2013年为59%）。战略中还提出，政府将努力增加可以让65岁以上老年人继续工作的企业，并积极创造老年人参加社会活动的有利环境，让老年人继续就业或参加各种有意义的志愿者活动。[1]

与国外相比，我国在老年人力资源开发方面起步比较晚。人们日益认识到：老年人是一个国家不可或缺的特殊的人力资源。他们拥有的丰富的人生经历和社会生产生活经验，是无形的社会财富。近年来，随着出生于20世纪六七十年代的人离开或即将离开工作岗位，他们含有的社会财富量更大，因为这批低龄老年人大多具有较高的文化知识素质，拥有较强的专业技术技能，或具有一定的组织管理能力和经验，他们的再就业给国家经济等方面的发展增添了新的力量。国家也十分重视老年人力资源开发问题。国务院印发的《"十四五"国家老龄事业发展和养老服务体系规划》第二十一条"鼓励老年人继续发挥作用"中提出，要"加强老年人就业服务。鼓励各地建立老年人才信息库，为有劳动意愿的老年人提供职业介绍、职业技能培训和创新创业指导服务。健全相关法律法规和政策，保障老年人劳动就业权益和创

① 熊缨，车思涵，杨一帆.日本老年人力资源开发法规政策及启示［J］.中国人事科学，2019（9）：63-74.

业权益。支持老年人依法依规从事经营和生产活动，兴办社会公益事业。按照单位按需聘请、个人自愿劳动原则，鼓励专业技术人才合理延长工作年限"①。

然而，不可否认的是，在今天这样一个知识更新速度非常快的时代，要发挥老年人在经济建设中应有的作用，就必须通过老年教育帮助他们更新知识和技能，使他们从一般的老年劳动者转变为专门的老年劳动者，从低素质的老年劳动者提升为高素质的老年劳动者，从只能在某一个经济领域内工作的老年劳动者转变为能够在多个经济领域内工作的劳动者。

2. 为某些专业的老年人搭建参与经济建设的平台

老年教育系统是一个高学历、高技能的专业人才的集散地。目前，不少老年大学（学校）或其他老年教育机构中的师生都是社会生产和生活领域的专家。他们虽然因为自然年龄离开了原来的工作岗位，但是这并不等于说他们没有主观意愿或能力继续从事基础科学研究、技术发明和应用开发等工作。老年教育系统就是他们继续利用自己的知识和智慧，探索新理论、开发新科技的新平台，这一平台为他们继续参与国家经济建设创造了"新天地"。此外，老年教育还可以利用课堂教学，向老年受教育者传播新的科学技术知识，为他们利用科技参与经济活动奠定必要的基础。

3. 老年权益等方面的法律教育，可以为老年受教育者在经济参与过程中维护正当权益和履行义务"保驾护航"

具有经济价值的生产经营活动或科技发明活动等都要依法进行，必须在法律、法规和政策允许的范围内合法开展。国务院印发的《"十三五"国家老龄事业发展和养老体系建设规划》中明确规定："推动用人单位与受聘老

---

① 国务院. "十四五"国家老龄事业发展和养老服务体系规划［EB/OL］.（2022 - 02 - 21）［2022 - 02 - 21］. http://www.gov.cn/zhengce/content/2022 - 02/21/content_ 5674844.htm.

年人依法签订书面协议。依法保障老年人在生产劳动过程中的合法收入、安全和健康权益。"① 老年人参与社会经济活动，或者从事具有经济价值的社会活动，就要了解自己的权益和义务。老年教育可以通过老年权益、经济法律等方面的教育，帮助老年受教育者丰富相关法律知识，提高老年人参与经济活动的法律意识。

（三）老年教育的文化价值

老年教育的文化价值，是指老年教育对社会文化系统发展需要的一定满足。

在我国，文化"广义指人类在社会实践过程中所获得的物质、精神的生产能力和创造的物质、精神财富的总和。狭义指精神生产能力和精神产品，包括一切社会意识形式：自然科学、技术科学、社会意识形态。有时专指教育、科学、文学、艺术、卫生、体育等方面的知识与设施"②。教育界普遍从狭义的角度来界定文化的范畴。老年教育的文化价值中所说的"文化"，也是狭义的文化，重点包括社会伦理道德、思想规范、民族精神、社会心理、风俗习惯、传统风尚、文学、艺术、语言、哲学、宗教等及其有关制度所构成的有机系统，不包括政治、经济、科学技术等范畴中的文化。

多数教育学教材或论著在谈到教育的文化价值时，都会从文化传递、文化传播、文化选择和文化创新四个方面加以阐述。为了更好地结合我国老年教育的实际情况讨论这一问题，我们从文化学的"涵化"（acculturation）和"濡化"（enculturation）的角度来加以分析。

---

① 国务院. "十三五"国家老龄事业发展和养老体系建设规划 ［EB/OL］. （2017 - 03 - 06）［2022 - 01 - 02］. http：//www. gov. cn/zhengce/content/2017 - 03/06/content_ 5173930. htm.

② 辞海：（缩印本）［Z］. 上海：上海辞书出版社，2000：1858.

1. 涵化和濡化

（1）涵化的内涵。

人们对文化涵化的内涵有不同的认识，但一般都认为它是一种文化在与不同文化的接触中发生变化的过程。1954 年，美国的人类学家以社会科学研究委员会（The U. S. Social Science Research Council）的名义将"涵化"定义为"两个或多个独立的文化体系相接触所产生的文化变迁。这种文化变迁可以是直接的文化传播的结果，也可以由非文化因素所引起，如由文化接触而产生的生态或人口方面的变化；它可以是随着对外部特征和模式的接受而出现的内部调适，也可以是对传统生活方式的反适应"①。我国台湾地区的学者认为，"涵化可界说为文化变迁的过程。在此过程中有两种或两种以上的文化，或多或少地相互接触，因而导致一种文化接受其他文化的元素。此一名词亦可用以指文化变迁过程的结果"②。我国大陆有研究者认为，"文化涵化是指两种或两种以上的不同文化在接触过程中，相互采借、接受对方文化特质，从而使文化相似性不断增加的过程与结果"③。文化通过如下几种方式达成涵化的目的：一是增添——外来文化特质依附于本土文化，构成本土文化的一部分，但不引起本土文化的任何改变。二是代换——已存的本土文化特质由传入的文化特质取代。三是混合——本土文化把传播来的文化成分混杂协调起来，构成一种新旧文化特质并存的文化体系。四是创新——为了适应新的文化系统，本土文化在原有文化的基础上创造新的文化特质。五是抗拒——由于文化涵化过程太快，本土文化无法适应这种急剧的变迁过

---

① The Social Science Research Council. Acculturation：An Exploratory Formulation ［J］. American Anthropologist，1954，56（6）：973 – 1 000.

② 芮逸夫. 云五社会科学大辞典·人类学 ［Z］. 台北：台湾商务印书馆，1971：214.

③ 李安民. 关于文化涵化的若干问题 ［J］. 中山大学学报（哲学社会科学版），1988（4）：45 – 52.

程，因而往往会强调固有的生活方式，并在行为上企图恢复或保持此种生活方式，排斥或抵抗文化涵化的现象。[①] 也有研究者站在本土文化的角度来认识文化涵化，认为"Acculturation 所指的是以文化接触为诱因的文化变迁，Acculturation 的着重点既不是外来文化的移入，也不是本土文化对外来文化的态度，而是本土文化发生的变化"[②]。这种由于同外来文化接触而出现的文化变迁可能在一定条件下、一定范围内和一定程度上呈现本土文化与外来文化的融合，其结果可能包括替换、增加、综摄和抗拒。[③] 文化涵化的基本内涵可以概括为三个方面：一是两种或两种以上独立的文化体系的相互接触与互动；二是相互接触的各种文化因相互影响、相互渗透而发生变化；三是相互接触的各种文化之间的共同性日益增加，差异性逐渐缩小。[④]

（2）濡化的内涵。

"濡化"一词由美国人类学家赫斯科维茨（M. J. Herskovits，1895—1963）在 1948 年出版的《人及其工作》一书中首先使用，后来为人类学家、社会学家和跨文化研究学者广泛接受。它在英语中所表达的是"在文化中"或者"进入文化"的意思，其原意是指年长一代向年轻一代传递文化的过程，即年长一代通过指示、引导，强迫年轻一代接受其传统的核心价值观、宗教信仰、思想观念、行为方式。濡化在本质上是一种文化获得和传承机制，是研究文化的纵向代际传递和流动的一个关键概念，是"人及人的文化习得和传承机制。……文化的习得与传承，也就是文化濡化，其本质

---

① 李安民. 关于文化涵化的若干问题［J］. 中山大学学报（哲学社会科学版），1988（4）：45 - 52.

② 李彬. 谈 acculturation 和 enculturation 的汉语译名［J］. 民族译丛，1988（1）：81，50，60.

③ 周大鸣. 文化人类学概论［M］. 广州：中山大学出版社，2009：421.

④ 杜娟. 从文化涵化视角看我国各民族交往交流交融［J］. 中南民族大学学报（人文社会科学版），2017（6）：51 - 56.

意义仍是人的学习与教育"①。"文化濡化是一个终身过程，最重要的濡化是在家庭、学校及社会中进行的"②。濡化是在联合和抽象这两个不可或缺的维度上进行的。在环境中自发地获取知识，属于联合，这种知识与个体的思想感情和先入为主的成见联系在一起。对事物的认识转化为精确的含义并且完美地组织起来，是由抽象来进行的，其结果是获得知识表述系统。在濡化过程中，语言和经验相互作用，它们通过人的心理结构与基本的信仰和价值联系在一起，而基本的信仰和价值是濡化的核心。③

（3）涵化与濡化的不同。

涵化与濡化的根本不同在于：涵化是从横向维度上考察文化变迁，是不同特质的文化在同一时间条件下的接受、交汇和碰撞，旨在说明更新性的"变异"。濡化是从纵向维度上研究文化变迁，是同一文化传统在代际间的传递和延续，意在解释继承性的"遗传"，其作用表现为时间上的连续性，使得某一文化群体的核心价值观、宗教信仰、思想意识、行为方式能够绵延不断地传给下一代，推进传统文化的薪火相传，最终实现文明的世代延续。"涵化"的论域是文化间，不同文化的输入与交汇通过"涵化"来实现；"濡化"的论域是文化内，代际文化的传递和延续，通过"濡化"来实现。涵化是跨文化适应，而濡化是文化适应。

濡化与教育也有所不同。从形式上来说，濡化包括无意识的影响和有意识的影响两方面；而教育特指有目的、有意识地对受教育者施加影响，濡化的形式比教育宽泛。从内容上来看，濡化侧重于传递文化传统，而教育的内容远远多于文化传统，濡化的内容比教育窄小。从它们的功能上说，教育可

---

① 滕星. 民族教育概念新析［J］. 民族研究，1998（2）：23－30.
② 钟年. 文化濡化及代沟［J］. 社会学研究，1993（1）：78－83.
③ 何爱霞. 濡化、涵化与成人教育论析［J］. 继续教育研究，2006（6）：47－19.

视为一种高级形式的濡化，教育传承文化传统离不开濡化的配合。

2. 老年教育文化价值主要体现

（1）培养和储备老年文化人才，为国家文化建设提供老年文化人力资源。

教育的本质在于培养人，因而老年教育的文化价值首先就体现在满足老年人的继续学习的需要，促进老年受教育者身心的继续发展。在建设具有中国特色社会主义现代化强国的今天，我国老年教育根本性的文化价值在于提高老年受教育者文化素质，培养现代老年文化人才。

老年群体中不仅蕴含着巨大的经济人力资源，而且凝聚着丰富的文化因子和文化人才。从某种意义上说，老年群体本身就是历史文化，他们在文化的传承、传播、理解、创新等方面更具优势。通过老年教育，可以挖掘出老年群体中潜在的文化因子，强化老年群体中外显的文化内容，开发老年群体中优越的文化涵化和濡化力量。这是老年教育在当下新的文化变迁中优越于其他老龄事业的价值表现。

通过老年教育培养优秀的老年文化人才，具有很大的可行性。老年教育系统不仅传播文化，而且还保存、创新文化。中国老年大学创设之初，就注重从中国优秀传统文化中选取适合老年大学生的部分作为课程内容，如太极、中医养生、中国传统烹调、中国古诗词欣赏与写作、古代文学与历史、中国书法、中国绘画的画法与欣赏等。随着老年大学课程体系的不断完善，越来越多的老年大学课程体系中增设了以非物质文化遗产为主要内容的中华优秀传统文化课程。这些课程的实施将中华优秀传统文化引入老年教育系统，不仅使中华优秀传统文化得到了传承和发扬光大，而且也使不同类型的中华优秀传统文化在老年教育系统中得到了聚集和传播，使各个老年教育机构于无形间成为中华优秀传统文化的"集散地"。在课程实施过程中，老年受教育者还会通过自己的智慧，对学到的文化内容结合自己的知识基础、文化追求和个性特征在认知、理解的基础上进行再加工，创造出新的文化作品。而老年教育工作者——特别是各个专业领域的教师——也会在教育教学过程中创作出新的文化产品，体现出老年教育的文化创新价值。

（2）老年教育的文化涵化价值。

老年教育的文化涵化价值，首先表现在通过老年教育向国际社会传播中华优秀文化，帮助国外老年人理解和接受中国文化。

文化传播是各个国家和民族之间优秀文化的交流和碰撞过程。今天，我国根据建构人类命运共同体的伟大构想，通过"一带一路"实验，探索用中国智慧应对全球化过程中人类遇到的问题和挑战，其中涉及其他国家和地区对中国优秀文化——特别是中华优秀传统文化——的学习、认识、理解和接纳。这就要求我们不断加大对外宣传中国优秀传统文化的力度，加深其他国家和地区的人民对中国文化体系的理解、尊重和认同。老年教育系统在这方面具有不可替代的作用。近年来，中国老年大学系统通过参加国际老年大学协会的理论研讨、邀请国际老年大学协会的领导和相关专业人士前来中国参观指导、举办中国老年大学教育教学优秀成果展示等方式，用自己特有的途径宣传中国优秀传统文化的内容、诠释中国优秀传统文化的内涵、展示中国优秀传统文化的魅力。2018年，我国提出老年教育中国模式并得到国际老年教育界的广泛认可，为中国老年教育通过自己的方式向外传播中华优秀文化提供了更加优越的条件。

老年教育的文化涵化价值，还表现在通过老年教育帮助我国的老年受教育者学习、理解和接受国外优秀文化。

文化涵化的结果之一是将本土文化之外的文化元素放在本土文化中进行磨合和改革，使之与本土文化协调、整合，融为一体。新时代中国特色社会主义现代化建设离不开深化改革和开放。习近平总书记多次提出，新时代我们要坚持改革开放不动摇，而且要进一步改革开放。开放，意味着对异质文化的认知、理解和尊重，更意味着对优秀异质文化经过中国化改造后被容纳。构建人类命运共同体和建设"一带一路"，也需要中国人民更多地了解、学习和理解世界其他国家和地区——特别是"一带一路"沿线国家和民族——的优秀文化，以便更好地将多种异质文化融合到构建人类命运共同体和建设"一带一路"的基本理念和原则之中。

老年教育在这方面也具有重要的价值，主要体现在：通过课堂教学，引介和分析国外特质各不相同的多种文化，提高老年受教育者的文化认识和文化判断能力；通过组织老年受教育者参加老年文化教育活动，让老年受教育者感悟和体验多样化的民族文化在各自国家和地区发展中所发挥的作用。同时，我国的老年教育系统还通过选择适合中国老年群体和老年教育的外来文化，使之融入中国老年教育的文化建设之中，成为中国积极应对老龄化新国情的重要文化力量。

（3）老年教育的文化濡化价值。

老年教育在文化濡化过程中的重要价值，主要表现为通过老年教育提高我国老年受教育者的综合文化素质，并利用他们的文化资源，对下一代进行道德、生活、知识、能力等方面的濡化和教育。

中国文化语境中，"濡化"的本意是"滋润化育"。社会新生代从老一代那里学得社会生产和生活的知识技能、为人处世的行为规范等，就是被老一代濡化的过程。从这个意义上说，"濡化可界说为在学习过程中所发生的有意识的或无意识的制约作用，经由此种过程，人就能获得在其文化中的适应能力"①。在某种程度上说，文化濡化是文化涵化的基础。中国人首先学习和传承好中华优秀传统文化，才能够通过自己的文化修养和见解在其他国家和地区传播中华优秀文化，让中华优秀文化走向世界。

根据教育部颁布的《完善中华优秀传统文化教育指导纲要》，中华优秀传统文化教育的主要内容包括三个方面：一是以天下兴亡、匹夫有责为重点的家国情怀教育；二是以仁爱共济、立己达人为重点的社会关爱教育；三是以正心笃志、崇德弘毅为重点的人格修养教育。从文化濡化的角度来说，这些内容都属于人类的基本信仰和价值观，因而是文化濡化的核心内容。根据中国传统文化中"教，上所施下所效也"的特点，上述三个方面的教育都应该充分发挥老年人文化积累厚、社会阅历深的优势，视老年人为中华优秀传统文化教育的重要主体。简而言之，文化濡化是中华优秀传统文化教育的重要途径。老年教育在这方面的重要价值主要表现在两个方面：第一，通过课堂教学、社团活动、社会实践和校园文化熏陶，对老年受教育者进行濡化，提升和拓展他们的综合文化素质；第二，通过培植老年受教育者的文化濡化意识和自觉性，训练他们的教育教学能力、文化沟通能力、语言表达能力等，为他们濡化社会新生代提供智力和技术支持。

除了政治价值、经济价值和文化价值之外，老年教育在社会生态文明建设、科学技术创新等方面也具有重要的价值，这些价值都有待我们去深入挖掘和实现。

---

① 芮逸夫. 云五社会科学大辞典·人类学 ［Z］. 台北：台湾商务印书馆，1971：297.

第五章　老年教育内容

本章提要

　　本章首先阐释老年教育内容的概念和意义，然后介绍关于老年教育内容的主要学术观点，最后从全面发展教育的角度阐述我国老年教育的主要内容。

第一节　老年教育内容概述

　　老年教育目的只有落实到老年教育内容之中才能得以实现。正确理解老年教育内容的概念和特点，是科学设置老年教育内容体系、编制老年教育内容、实施标准和教科书的前提。

一、老年教育内容的概念

（一）老年教育内容的定义

教育内容是指"经选择而纳入教育活动过程的知识、技能、行为规范、价值观念、世界观等的文化总体"①。"选择"二字区分了一般文化知识与教育内容的不同：教育内容属于文化，但不是所有的文化知识都适合作教育内容，只有那些根据社会、个体发展需要和文化自身状况进行选择后符合教育目的的文化知识，才能够作为教育内容在教育活动中进行授受。

老年教育内容是为了实现老年教育目的所选择的、在老年教育活动过程中适合老年受教育者学习和掌握的知识、技能、情感、态度、行为规范、价值观念等的文化总和。

老年教育内容有广义和狭义之分。广义的老年教育内容包括在老年学校教育、老年家庭教育和老年社会（社区）教育等老年教育活动中适合老年学生和其他类型的老年受教育者学习和掌握的文化内容，包括正规的老年教育内容和非正规的老年教育内容，也包括非正式的老年教育内容。根据它们对老年受教育者影响性质的不同，这些内容可分为老年德育、老年智育、老年体育、老年美育、老年劳动教育等。狭义的老年教育内容特指老年学校教育过程中老年学生学习和掌握的内容。根据老年学校教育活动途径的不同，可分为老年课堂教学内容（即我国老年学校中"第一课堂"的教育内容）、老年课外活动内容（即我国老年学校中"第二课堂"的教育内容）和校外活动内容（即我国老年学校中"第三课堂"的教育内容）。

（二）老年教育内容的基本特征

1. 目的性

老年教育内容受老年教育目的的制约，是根据老年教育目的而制定的，因此它服务于老年教育目的，具有明确的目的性。不同层级和类别的老年教育具有不同的培养目标，但是它们最终都指向老年教育的根本目的。老年教

---

① 顾明远. 教育大辞典：增订合编本 ［Z］. 上海：上海教育出版社，1998：765.

育的根本目的，决定了老年教育内容的共同性。而各级各类老年教育培养目标的差异性，使得老年教育内容呈现出丰富性和独特性。然而，无论是老年教育的根本目的，某一级、某一类老年教育的培养目标，或者某一所老年大学（学校）或其他教育机构具体的育人目标，都必须直接体现在老年教育内容之中，否则这些目的或目标就不能实现。所以，不能离开老年教育目的选择和设定老年教育内容，也不能不依据老年教育内容确立老年教育目的。

2．科学性

教育内容是人类文化知识的积淀和浓缩。人类进化、发展至今所创造和积累的文化知识浩如烟海。受社会发展需要、老年受教育者个体发展需要、老年受教育者学习时间的有限性等诸多条件的制约，我们只能从中筛选出科学的、有限的、具有典型意义的文化知识组成老年教育内容。为此，确定老年教育内容时，要经过专业人士反复的论证、筛选和编排，确保各门学科知识中既包括科学的概念、原理、规则、公理等基本理论知识，为老年受教育者提供了解和掌握该学科知识的基础性理论知识，又包括典型的案例、经验、新动态等信息，为老年受教育者拓宽学科视野，进行思考和批判提供丰富的素材。同时，这些内容包含的信息量既要丰富，又要使老年受教育者能够在有限的时间内掌握。

3．适切性

普通学校的教育内容具有明显的预定性，主要表现为教师在教育活动开展之前就进行了充分的准备，然后在教育过程中根据事先的设计，按次序、有步骤地呈现教育内容。一般情况下，不允许出现临时"拍脑袋"决定的教育内容。

老年教育内容有自己的独特性。老年教育特别强调为老年受教育者服务，其教育内容不仅在选择方面要重视贴近老年受教育者，在编排上要注意符合老年受教育者的身心特点，而且更加要求教育者在教育过程中时刻关注老年受教育者的接受和主动学习情况。如果发现事先准备的教育内容不能为大多数老年受教育者所理解和接受，就要及时地予以调整，使教育内容时刻都能够在很大程度上适合老年受教育者。在老年教育教学过程中，也不严格强调学期进度和每节课讲授内容的完成，一切都围绕老年受教育者学习、理解和掌握的情况灵活把握。

4．共享性

尽管老年教育内容具有贴近老年受教育者的特点，但它在本质上是教材而不是"学材"。在老年教育诸要素中，具有主体性要素的包括老年教育者和老年受教育者。老年教育内容是老年教育者教的对象，也是老年受教育者学的对象，是两类主体共同享用的客体。老年教育者不仅要选择教育内容，还要从教和学两个角度对教育内容进行设计、组织、呈现，并参照教育内容评价教育教学效果。老年受教育者无论是预习、上课还是复习，都要以具体的教育内容为对象。在教育教学过程中，老年教育者和老年受教育者更要以教育内容为中介进行对话，实现教学相长。

5．连续性

老年教育并不像普通学校教育那样有严格的学制，但老年受教育者选择了学习某些内容之后，也需要由易到难、由简到繁、由浅入深地进行循序渐进的学习。这就要求老年大学（学校）或相关老年教育机构的专业人员或老年教育者根据老年受教育者的基础、身心发展规律和学科学习进程，以及学科知识构成的逻辑顺序，对老年教育内容进行合理编排，形成前后连贯、不同的相关知识之间紧密衔接的教育内容系统，使老年教育内容呈现出连续不断地螺旋递进的特征。

6．多样性

老年教育目的对老年受教育者提出的身心继续全面发展的要求，决定了教育内容的丰富性。这里的"多样性"，主要是针对老年教育内容载体而言的。老年教育内容的主要载体是教材，但是教材不是老年教育内容的唯一载体。在今天这个多媒体时代，老年教育内容可以呈现在多种载体上，各种报纸杂志、声像资料、激光视盘、网络、云盘等均可以作为老年教育内容的载体。老年教育者本身也是一种重要的载体。教师的言谈举止、仪态仪表、人格魅力等，都可以成为老年受教育者学习的内容。

二、老年教育内容的价值

（一）老年教育内容体现和助推实现老年教育目的

老年教育目的与老年教育内容关系密切。老年教育目的制约着老年教育内容，是选择老年教育内容的重要依据之一。老年教育内容在一定程度上体现老年教育目的的标准和要求，是完成老年教育任务、实现老年教育目的的必要媒介。老年教育目的中提出的老年受教育者继续发展的理想状态和规格，都要通过老年教育内容的实施得以落实。老年教育内容是否合理，在很大程度上制约着老年教育目的能否实现。老年教育内容的合理性程度，也制约着老年教育目的的实现程度。

（二）老年教育内容影响老年教育行动策略

所谓老年教育行动策略，主要包括老年教育活动采用的途径、方法、组织形式、辅助手段等。任何时代、任何国家的教育教学活动中，都不存在绝对意义上的最佳方法、最佳形式和最佳手段，只是具有较为恰当的方法、方式和手段。所谓"恰当"，是指老年教育者所采用的具体方法、组织形式和辅助手段，与其讲授的教育内容和预期达到的老年教育目标之间是匹配的；

所谓"较为恰当"，是说老年教育者要通过老年教育内容的讲授达到其预期的老年教育目标方面可选择的方法、方式和手段是多种多样的，但其中某些方法、方式和手段与其他方法、方式和手段比较起来，与教育目标和教育内容的匹配程度更高。那些在更大程度上保证老年教育内容通过老年教育者的教，能够使老年受教育者理解和掌握、学有所得的行动策略，才是比较意义上的最佳的行动策略。这就是教育学中"教学有法，但无定法，贵在得法"的共识。从这个意义上看，老年教育目的（目标）、老年教育内容和老年教育行动策略之间存在着密切的联系，老年教育内容是影响老年教育者选择恰当的老年教育行动策略的重要因素之一。

（三）老年教育内容制约老年受教育者身心继续发展

老年受教育者在接受教育过程中思想观念的更新、知识结构的优化、实践能力的完善等，在很大程度上受到教育内容的影响。他们的身心素质能否得到进一步的发展，或者进一步发展的程度如何，在很大程度上受制于老年教育内容的丰富性、科学性等。老年受教育者在教育者的直接影响下，通过对科学、丰富的老年教育内容的学习、理解和掌握，促使自己在思想道德、文化知识、实践能力、审美情趣等方面得到进一步发展，然后将获得的新素质运用到社会生产和社会生活之中，既可以使自己安享晚年，提高生活幸福感，又可以为社会做出新的贡献，提升自己的社会价值。

三、老年教育内容的制约因素

（一）生产力和科学技术的发展

生产力和科学技术的发展是制约老年教育内容的根本因素。生产力和科学技术的发展水平，直接影响着老年教育内容的丰富性。进入现代社会以来，生产力和科学技术发展水平迅速提高。特别是科学技术的发展不仅推动了生产力的进步，而且也为选择老年教育内容提供了更为丰富的资源，反映政治、经济、科技、文化、法律、艺术、文学、美学、医学、体育等方面进步的文化知识都可以成为老年教育的新内容。生产力和科学技术的迅猛发展，还带动了老年教育内容的"新陈代谢"。今天，人类正在跨入人工智能时代，信息技术、数字技术和人工智能之类的内容正在成为国内外老年教育内容的"新宠"。

知识链接

我国"十四五"期间的智慧助老行动

2021年12月30日，国务院印发《"十四五"国家老龄事业发展和养老服务体系规划》，提出"十四五"期间建设兼顾老年人需求的智慧社会的举措，要求在完善传统服务保障措施的基础上，推进智能化服务，适应老年人需求，长效解决"数字鸿沟"难题。为此，该文件列专栏提出"智慧助老行动"，其中提到在全国城乡社区普遍开展老年人运用智能技术教育培训。研究编制一批老年人运用智能技术教育培训教材，鼓励老年人家庭成员、相关社会组织加强对老年人的培训。遴选培育一批智慧助老志愿服务团队，为老年人运用智能技术提供志愿培训和服务。加强智慧助老公益宣传，营造帮助老年人解决运用智能技术困难的良好氛围。

资料来源：国务院."十四五"国家老龄事业发展和养老服务体系规划［EB/OL］.（2022－02－21）［2022－02－21］. http://www.gov.cn/xinwen/2022－02/21/content_ 5674877.htm.

（二）社会政治经济制度的制约

生产力和科学技术为老年教育内容的丰富和更新提供资源，但这些资源只是可能意义上的老年教育内容。它们能否成为现实的老年教育内容，则取决于社会的政治经济制度。只有那些适合特定的政治经济制度的文化知识，才能够成为现实的老年教育内容。老年教育虽然产生于现代社会，但由于各国的政治经济制度不同，所以老年教育在办学模式、教育内容、组织方式等方面存在着较大的差异。今天，在国际老年教育组织（如国际老年大学协会）以及各个国家和地区老年教育工作者的努力之下，国际老年教育在内容方面有了很多共同之处，但是涉及国家政治经济制度方面的内容，仍然有很大的甚至根本的不同。

（三）文化传统的影响

不同国家和地区文化传统的差异，也是确立老年教育内容的重要影响因素。即使生产力、科学技术发展水平、政治经济制度相近的国家和地区，由于文化传统不同，选择的老年教育内容也有很大的差异，体现出各自的特色。这是因为老年教育内容属于观念形态的文化，任何国家和社会的文化都是民族文化，所有的民族文化都是在特定的时空条件和文化心理环境下产生和积淀的，而各个国家和地区老年教育内容在本质上都是本民族的历史传统和特色文化。不受任何文化传统影响的抽象的老年教育内容是不存在的。

（四）老年受教育者身心继续发展的水平和需求

老年教育直接为老年人的继续发展服务，老年人身心继续发展的水平和需求也是制约老年教育内容的重要因素。老年教育内容的深度、广度、编排方式等，既要符合老年受教育者身心发展的基础，又要促使他们的身心素质继续向更高的水平发展，让他们在晚年最大限度地接受人类文明，并能够运用到继续服务社会的实践之中。从根本上讲，老年教育内容的存在价值是让老年受教育者掌握并为老年受教育者的继续发展服务，这也是判断老年教育内容的选择是否科学、合理的一个重要的标准。

第二节 我国老年教育内容的构成

我国根据马克思主义关于人的全面发展学说确立教育目的，实现我国的教育目的，需要全面发展教育内容，包括德育、智育、体育、美育和劳动教育。这一全面发展的教育内容，在 2018 年召开的全国教育工作大会上习近平总书记做的重要讲话中再次得到强调。老年教育是我国终身教育体系的重要组成部分，因此老年教育的内容也应该包括德育、智育、体育、美育和劳动教育。

一、老年德育

（一）老年德育的定义

老年德育是老年教育者按照一定社会或阶级的要求，在特定的老年教育环境中对老年受教育者施加思想、政治、道德、心理调适等方面的影响，并通过老年受教育者的自主学习、自我修养和自觉践行，最终使老年受教育者的思想政治、道德素质和心理健康水平获得提高的社会活动。

这一定义包含如下几个要点。

第一，老年德育的目标、任务和内容等等是根据一定社会或阶级的要求确立的，现代社会中特定国家对教育的要求是老年德育的重要依据。任何一个社会成员——无论其年龄大小——都是特定国家的公民，他们要符合国家公民素质的标准，就需要社会化（主要针对青少年、儿童而言）或继续社会化（主要针对成年人而言）。老年人虽然离开了职业（或专业）岗位，但是他们仍然是国家的公民，国家依然会根据本国的特色和发展的需要向他们提出进一步提高或更新思想政治和道德素质的要求。这些要求是确立老年德育目标、任务和内容的根本依据。

第二，老年德育是任何形态的老年教育都必须具备的内容，而不仅仅是老年学校的教育内容。目前大多论著或教材在讨论老年德育问题时，多将讨论限定在老年学校教育的范围之内，在界定"老年德育"时特别强调"有目的、有计划、有组织"。这种观点是有失偏颇的。老年教育有多种形态，基本的形态包括老年学校教育、老年家庭教育和老年社会教育。而老年德育是任何形态的老年教育都必须承担的任务。"有目的"是所有形态老年德育都必须具备的，但"有组织"和"有计划"则不一定。如老年家庭德育就不能过分强调其组织性和计划性。强调老年德育的"有目的、有组织、有计划"，会将老年德育载体窄化为某一个或某些个老年教育机构，并由此导致老年德育实效性低的问题。

第三，老年德育的具体内涵主要包括政治教育、思想教育、道德品质教育三大类。老年政治教育是对老年受教育者实施的关于民族、阶级、政党、国家、政权、社会制度和国际关系等方面的立场、情感、态度和价值观的教育，目的在于引导老年受教育者形成正确的政治立场、政治态度和政治觉悟立场。我国老年德育中的四项基本原则教育、社会主义制度教育，党的基本路线和方针政策教育、党史教育、马克思主义政治理论的教育和"四个自信"的教育等，都属于政治教育的范畴。

老年思想教育是对老年受教育者实施的世界观、人生观、价值观和正确的方法论的教育，具体包括两个方面：一是帮助老年受教育者巩固已经形成的正确的世界观、人生观、价值观和方法论。二是在上述任务基础上，帮助老年受教育者更新世界观、人生观、价值观和方法论。它们的最终目标在于使老年受教育者形成并不断发展科学的世界观、人生观、价值观和方法论。

我国目前的思想教育主要在于帮助老年人进一步掌握马克思主义的唯物辩证法和历史唯物主义的基本观点，树立社会主义核心价值观，进一步培养他们的爱国主义精神和符合中国文化价值体系的家国情怀。

老年道德品质教育是对老年受教育者实施的关于个体与个体，个体与群体、社会，个体与自然的关系的认知、情感和行为习惯的教育，主要在于帮助老年人巩固自己优良的道德品质和行为习惯，去除不良的行为习惯，强化他们的社会主义公民道德。这是老年德育的基础内涵。

老年德育的上述三方面内涵相互联系，相辅相成。在实践过程中应该综合实施三种教育，使它们形成合力，发挥整体功能，进一步形成、巩固和发展老年受教育者良好的思想道德素质。

第四，老年受教育者是老年德育的主体。如果说中小学德育主要依靠教师的引领和指导的话，老年德育则一定要强调发挥老年受教育者的主体作用。因为老年人经历了几十年的社会生产实践和社会生活，已经形成相对稳定的思想道德素质。他们对社会的发展变化有较强的判断力，在继续发展和优化自己的思想道德素质方面具有独特的思维优势、经验优势和智力优势。因此，老年德育的重点不在于教育他们，更不能机械灌输，而是需要老年教育者通过素材提供、活动组织与参与等服务和合作活动，让老年受教育者自己改变自己。尽管这并不意味着降低教育者在老年德育过程中的引领和指导作用，但是老年教育者不能强迫老年受教育者接受自己的观点和见解，而应该尊重他们的选择权，以自愿接受为准则。

（二）老年德育的意义

1. 老年德育在我国落实教育立德树人的根本任务方面具有重要价值

党的十八大提出把立德树人作为教育的根本任务，这不仅仅是普通中小学和普通高等学校教育的根本任务，而是我国整个教育系统的根本任务，老年教育必然地负有立德树人的时代使命。立德，就是坚持德育为先，通过正面教育来引导人、感化人、激励人；树人，就是坚持以人为本，通过合适的教育来塑造人、改变人、发展人。教育培养社会主义事业的建设者和接班人，立德是基础，是前提。我国老年教育要培养有作为、有进步、有快乐的现代化老年人，首先要进一步提高老年受教育者的思想道德素质。老年德育以帮助老年人立德为核心目标，在提高老年受教育者思想道德素质方面具有独特的重要价值。它可以促使老年受教育者坚持正确的理想信念和政治立场，提高老年受教育者的思想政治理论水平、思想觉悟、道德水准和文明素养，为确立反映全国各族人民共同认同的价值观"最大公约数"发挥独特的作用。

2. 老年德育在推进全民素质教育方面具有积极作用

1997 年，原国家教育委员会下发了《关于当前积极推进中小学实施素质教育的若干意见》，提出了向素质教育转变的目标、思路、任务和措施，素质教育作为政府行为全面启动。1999 年，国家发布《中共中央国务院关于深化教育改革，全面推进素质教育的决定》，旨在全面推进素质教育。该文件指出，素质教育要提高国民素质，实施素质教育应当贯穿于幼儿教育、中小学教育、职业教育、成人教育、高等教育等各级各类教育，应当贯穿于学校教育、家庭教育和社会教育等各个方面。[①] 从此，素质教育从以中小学生为对象扩展到以全民为对象。2010 年颁布的《国家中长期教育改革和发展规划纲要（2010—2020 年)》中再次强调："坚持以人为本、全面实施素

---

① 中共中央国务院关于深化教育改革，全面推进素质教育的决定 ［EB/OL］. （1999 – 06 – 13）［2022 – 01 – 02］. http://www.moe.gov.cn/jyb_ sjzl/moe_ 177/tnull_ 2478.html.

质教育是教育改革发展的战略主题"①。老年教育作为国家终身教育体系的组成部分，也必须实施素质教育。

在一定意义上说，老年教育本质就是素质教育，主要体现在：第一，老年教育已经摆脱了受教育者升学、就业等功利性目标，其促进老年受教育者身心素质的继续全面发展的价值追求更能体现素质教育的精神实质。第二，老年教育内容体系中有一部分内容主要是为了满足老年人弥补自身素质不足的需要而设置的，还有一部分内容是为了进一步促进老年受教育者在体育卫生、身心保健、艺术修养、审美情趣等方面的发展。这些教育内容，在落实素质教育目标方面具有重要作用。第三，老年人虽然离开了工作岗位，但是他们身心素质的发展并没有停止。在老年期，"至少有三个方面对老年人的素质提出要求，一是适应新角色方面，比如退休适应、隔代教育、代际沟通等都是老年人适应新角色方面的素质要求；二是提升生活品质方面，比如闲暇生活、家庭理财、法律法规等素质要求；三是提升生命质量方面，比如思想道德、科学文化、养生保健、心理健康、生命尊严、志愿服务等素质要求"②。通过这些要求可以看出，老年素质教育中包含着老年德育的任务和内容。老年德育可以进一步培养、巩固和发展老年受教育者的思想道德、生命尊严、心理健康等素质。没有老年德育，老年教育就难以充分发挥其在推进素质教育方面的作用。

3. 老年德育是建设新时代中国特色社会主义现代化强国的必然要求

在中国共产党的十九大报告中，习近平总书记提出要"开启全面建设

---

① 国家中长期教育改革和发展规划纲要（2010—2020 年）［EB/OL］. (2010 - 07 - 29). http://www. moe. gov. cn/srcsite/A01/s7048/201007/t20100729_ 171904. html.

② 陆剑杰. 老年教育学：中国老年教育 34 年实践经验的学术研究升华［M］. 南京：河海大学出版社，2018：116.

社会主义现代化国家新征程",其中一个重要的内容是加强思想道德建设,要"开展理想信念教育,深化中国特色社会主义和中国梦宣传教育,弘扬民族精神和时代精神,加强爱国主义、集体主义、社会主义教育,引导人们树立正确的历史观、民族观、国家观、文化观。深入实施公民道德建设工程,推进社会公德、职业道德、家庭美德、个人品德建设,激励人们向上向善、孝老爱亲,忠于祖国、忠于人民。加强和改进思想政治工作,深化群众性精神文明创建活动。弘扬科学精神,普及科学知识,开展移风易俗、弘扬时代新风行动,抵制腐朽落后文化侵蚀。推进诚信建设和志愿服务制度化,强化社会责任意识、规则意识、奉献意识"①。上述教育任务的落实和实现,虽然德育、智育、体育、美育和劳动教育均应该有所承担,但是德育是最主要的。老年德育的重要价值,就是在老年受教育者群体中贯彻和推进新时代思想道德建设,进一步提高老年受教育者的思想觉悟、道德水准和文明素养。

(三)老年德育的任务和内容

1. 老年德育的任务

根据老年德育的概念,我国老年德育的任务可以分为两个大的方面:

从老年受教育者的角度来看,老年德育要帮助老年受教育者进一步强化其优良的道德品质,去除其不良道德品质,同时通过加强老年受教育者的心理健康教育,使他们成为有文明教养、心理健康和社会适应良好的现代老年人。

从社会发展的角度来说,老年德育要促使老年受教育者进一步养成和强化公民道德和社会主义核心价值观,进一步坚定正确的政治立场,提高他们

---

① 习近平. 决胜全面建成小康社会,夺取新时代中国特色社会主义伟大胜利:在中国共产党第十九次全国代表大会上的报告 [EB/OL]. (2017 – 10 – 27) [2022 – 01 – 02]. http://www.china.com.cn/19da/2017 – 10/27/content_ 41805113.htm.

的政治觉悟和马克思主义政治理论水平，使他们具有坚定的政治立场、较高的政治觉悟、正确的思想观点和科学的价值观念。

2. 我国新时代老年德育的内容

德育内容是一个动态体系，会随着社会发展的不同要求而有所变化。根据老年德育的内涵以及我国新时代社会主义现代化建设的总要求，新时代中国老年德育内容可以概括为以下几个方面。

（1）理想信念教育。

立德树人，理想信念是灵魂、关键。没有理想信念，就会导致人精神上"缺钙"。尽管老年人已形成相对稳定的理想信念，但是在今天这个价值观念良莠并存的多元价值社会，一些不科学、不正确的思想观点仍然会影响老年人的理想信念，现实生活的不少案例，都说明加强当代老年人的理想信念教育是十分必要的。同时，新的社会历史形势也要求我国人民不断更新理想信念，树立与新时代中国特色社会主义现代化建设相适应的理想信念。老年人虽然已经离开了工作岗位，但新时代社会主义现代化强国的建设仍然需要他们具备与之相适应的理想信念，如中华民族伟大复兴的中国梦、民族精神和时代精神等。

（2）爱国主义教育。

爱国主义是中华民族的民族心、民族魂，是中华民族最重要的精神财富，是中国人民和中华民族维护民族独立和民族尊严的强大精神动力。新时代加强爱国主义教育，对于振奋民族精神、凝聚全民族力量，决胜全面建成小康社会，夺取新时代中国特色社会主义伟大胜利，实现中华民族伟大复兴的中国梦，具有重大而深远的意义。根据中共中央、国务院于 2019 年 11 月印发实施的《新时代爱国主义教育实施纲要》，新时代爱国主义教育要面向全体人民，其中当然包括老年群体。新时代爱国主义教育主要内容包括：习近平新时代中国特色社会主义思想教育；中国特色社会主义和中国梦教育；国情教育和形势政策教育；民族精神和时代精神教育；党史、国史、改革开放史教育；中华优秀传统文化教育；祖国统一和民族团结进步教育；国家安全教育和国防教育。[①]

（3）社会主义核心价值观教育[②]。

中国共产党的十八大提出，积极培育和践行社会主义核心价值观——富强、民主、文明、和谐、自由、平等、公正、法治、爱国、敬业、诚信、友善。其中，富强、民主、文明、和谐是国家层面的价值目标，自由、平等、公正、法治是社会层面的价值取向，爱国、敬业、诚信、友善是公民个人层面的价值准则。社会主义核心价值观，体现了社会主义核心价值体系的根本性质和基本特征，反映了社会主义核心价值体系的丰富内涵和实践要求，是社会主义核心价值体系的高度凝练和集中表达。中央要求把培育和践行社会主义核心价值观融入国民教育全过程，所以，我国新时代老年德育内容必然地包含着社会主义核心价值观教育。

（4）新时代公民道德教育。

我国党和政府历来重视公民道德建设和教育。2001 年中共中央印发了《公民道德建设实施纲要》，2019 年，中共中央、国务院又印发《新时代公民道德建设实施纲要》，提出把社会公德、职业道德、家庭美德、个人品德建设作为新时代公民道德建设的着力点，推动践行以文明礼貌、助人为乐、爱护公物、保护环境、遵纪守法为主要内容的社会公德，鼓励人们在社会上

---

① 中共中央，国务院. 新时代爱国主义教育实施纲要［EB/OL］.（2019 – 11 – 12）［2022 – 01 – 02］. http：//www. gov. cn/zhengce/2019 – 11/12/content_ 5451352. htm.

② 中共中央办公厅. 关于培育和践行社会主义核心价值观的意见［EB/OL］.（2013 – 12 – 23）［2022 – 01 – 02］. http：//www. gov. cn/jrzg/2013 – 12/23/content_ 2553019. htm.

做一个好公民；推动践行以爱岗敬业、诚实守信、办事公道、热情服务、奉献社会为主要内容的职业道德，鼓励人们在工作中做一个好建设者；推动践行以尊老爱幼、男女平等、夫妻和睦、勤俭持家、邻里互助为主要内容的家庭美德，鼓励人们在家庭里做一个好成员；推动践行以爱国奉献、明礼遵规、勤劳善良、宽厚正直、自强自律为主要内容的个人品德，鼓励人们在日常生活中养成好品行。① 这也是新时代老年德育内容的必要组成部分。

（5）心理健康（保健）教育。

随着年龄的增长，老年人的心理承受能力会有不同程度的下降。特别是当遇到挫折和困难时，他们会产生较为严重的挫败感和比较激烈的情绪反应，从而在一定程度上影响他们的心理健康。因此，心理健康教育成为老年德育内涵必有之义。在今天这样一个社会家庭结构、社会生活状态等急剧变化的时代，老年德育一定要做好老年受教育者的心理健康教育。

知 识 链 接

广东省老年大学协会和广东省老干部大学的心理健康教育

在老年大学开展和推广心理健康教育与服务，是改善老年个体心理健康水平、提升幸福感、促进人际和谐和社会稳定的关键举措。广州大学心理系课题组紧跟政策要求，联合广东省老年大学协会和广东省老干部大学，自 2013 年以来积极探索老年心理健康教育与服务的需求，创新老年大学心理健康教育教学方法，开展心理健康服务，在实践中培育形成了"科研—教学—服务"的综合性老年心理健康教育与服务工作机制，建设具有广东省特色的老年心理健康教育与服务体系。

---

① 中共中央，国务院. 新时代公民道德建设实施纲要［EB/OL］.（2019－10－27）［2022－01－02］. http://www.xinhuanet.com/politics/2019－10/27/c_ 1125158665.htm.

在科研方面，他们以广东省哲学社会规划课题、教育部全国教育规划重点课题为核心，开展老年积极心理、幸福心理学的研究，根据社会实践需求先后编写出版了《老年教育心理学》《老年积极心理健康手册》等老年心理教育教材。

在教学方面，他们依托广东省老干部大学开设了"老年积极心理健康""老年心理保健"课程，为老年大学生提供专业的心理健康教育，并定期为广东省老干部大学各分校和全省老年大学开展心理课程方面的师资培训；在 2020 年新冠疫情期间还参加了全国老年大学抗疫服务网络直播授课。

其实践服务体系从老年人心理健康的现实问题入手，开设"老年开心聊天室"，并依托广东省老年大学协会，开展"老年心理健康教有与服务体系建设"的课题研究，经验模式推广至广东省其他老年大学。

资料来源：https://www.gdlgdx.org.cn/list224/index_ 224.aspx? lcid=117.

二、老年智育

（一）老年智育的定义

老年智育是老年教育者根据一定社会发展的需要、老年受教育者的文化基础和知识需求，以科学的文化知识、技能技巧等直接影响老年受教育者，促进他们在知识、智力和技能技巧方面继续发展的教育活动。

人类的教育起源于知识的产生，因此智育是人类教育的必要组成部分。进入现代社会之后，科学技术在社会生产实践和社会生活中占据了日益重要的地位，智育在整个教育活动的位置也随之越来越显现出其重要性。老年教育内容中，智育也占据了十分重要的地位，几乎所有的老年教育课程都与智育有关。

（二）老年智育的意义

1. 老年智育可以促进老年受教育者综合素质的进一步发展

智育在某种意义上说是一种文化科学知识和人类智力、能力的再生产的过程，它把人类千百年积累下来的文化知识内化为个体的知识、智力、能力等基本素质。老年智育可以促使老年受教育者知识结构的完善和优化，进一步提高他们的智慧水平，让他们巩固、提高和扩充社会生产和社会生活能力。此外，老年受教育者世界观、人生观、价值观、健康观、生活观等的进一步养成，体质体能、审美能力、审美情趣、劳动精神、劳动能力等的进一步发展，都需要以相应的文化知识和实践能力为基础，而老年受教育者这些文化知识和实践能力的获得，都有赖于老年智育。

2. 老年智育在培养老年人才方面具有积极的作用

智育是开发人的智力，培养社会发展所需要的各级各类人才的重要手段。在积极老龄化理念观照下，老年人虽然离开了工作岗位，但是他们仍然可以为社会经济、文化、政治、生态文明建设贡献自己的力量，所以，老年人力资源开发是老年教育的重要任务，其中老年智育在帮助老年受教育者获得继续奉献社会所需要的专业知识、专门技能等方面具有独特的价值。

3. 老年智育有助于优秀文化的传承和创新

老年教育既要以教育人，也要以文化人。随着我国老年大学（学校）和其他老年教育机构课程体系的不断完善，越来越多以非物质文化遗产为主要内容的优秀文化课程正在进入老年教育内容体系。许多老年大学（学校）和其他老年教育机构聘请了非物质文化遗产传承人、文化领域的专业人士作为专业的老年教育者，将与中外优秀文化相关的知识、技能技巧等传授给老年受教育者，使优秀文化得到发扬光大。这样，老年大学（学校）和其他老年教育机构也成为中外优秀文化的"保管所"和"集散地"。在接受相关知识和技能教育的过程中，老年受教育者还可以结合自己的知识基础、文化追求和个性特征，发挥自己的聪明才智，对学到的优秀文化内容进行再加工，创造出更多新的文化作品。这些都是老年智育传承和创新优秀文化的突出表现。

（三）老年智育的主要任务和内容

1. 老年智育的主要任务

（1）促进老年受教育者知识的更新和优化。

虽然与其他年龄阶段的人相比，老年人总体上在知识数量和知识结构方面占有一定的优势，然而，他们的知识缺陷也是明显的，主要表现在部分老年人的基本文化知识不足或结构失衡，特别是缺乏当今信息文明时代的社会成员应该具备的生产知识和社会生活知识、新的人文社会科学知识和科技知识等。对于那些已经具有某一领域专业知识的老年人来说，也面临新的专业知识的更新和知识结构的优化问题。无论是弥补所缺乏的文化知识，还是更新已有的知识结构，主要都是通过老年智育来完成的。

（2）继续发展老年人的一般智力。

传统的观点认为，人的一般智力到了一定的年龄阶段就不再发展了。而从毕生发展观的角度来看，这种观点是不正确的。心理学研究者将人的智力做了更加详细的分类，并且发现老年人的智力仍然在继续发展。国外研究者认为，老年人的液体智力虽然不再继续发展，但是他们的晶体智力则在持续学习、创新经历和经验后，仍然会不断提升。我国虽然有研究者对此观点提出质疑，但是也肯定知识、教育、社会阅历等的积累会使人的智力以越来越综合的整体方式对现实变化做出反应，学习的机会和成就的动机都能使老年人的智力有所提高。① 这些研究和学术观点为老年智育进一步促进老年人智力发展提供了依据。

知识链接

老年智育的理论基础——液体智力和晶体智力

以往在老化研究中，显示心智能力的衰退与年龄增长有关。Cattell（1963）和 Horn（1982）在液体智力（fluid intelligence，台湾地区称之为"流质智力"，这里统一改用我国大陆通用的称谓"液体智力"）及晶体智力（crystallized intelligence，台湾地区称之为"晶质智力"，这里统一改用我国大陆通用的称谓"晶体智力"）间做出区别。前者包含了生物学决定的技巧，与学习或经验无关，与天生的智力相似；后者是指从教育及一生经验中得来的知识、能力。研究发现，液体智力成长到青年期的高峰后，逐渐趋于下降，而晶体智力则在持续接受教育、创新等经验后，反而不断提升、增长。巴尔特斯和史密斯（Baltes & Smith，1990）在此基础上发展出智力双重过程论，将人类心智能力区分为基本机制与实用机制，前者是相当于计算机硬件部分，在生命发展中会有流失的现象，而后者为具变动性的软件部分，与生活经验有关的实用层面，却会伴随逐渐增长的年龄、实际生活经验、持续的学习而增加。此外，巴尔特斯强调，高龄者若能将其累积的经验作为修正知识的基础，将能不断提升其智慧，进而发挥其智慧结晶。换言之，第三年龄期的成人是有经验的学习者，具有丰富的晶质智力与组织能力，学习者可在个人有兴趣的领域持续发展个人的智

---

① 马娟. 现代老年人智力的衰退与发展：关于卡特尔晶体智力—液体智力理论的质疑［J］. 心理学探新，2004（1）：54-58.

力。以上相关研究，皆显示年龄的增长，更多的经验、学习对智慧是重要的。高龄教育即在协助高龄者持恒的学习、受教育，统整其生活经验，并形成一套个人的隐性知识系统，使其拥有高龄智慧。

资料来源：朱芬郁. 高龄教育：概念、方案与趋势 [M]. 台北：五南图书出版股份有限公司，2011：8－9.

（3）促进老年受教育者技能技巧的进一步发展。

人的技能是运用知识和经验顺利完成某种任务的活动方式。心理学将人的技能做了不同的类型划分，在人的头脑中借助内部言语反映事物映象，以极简约的形式进行智力活动的方式称为智力技能，如默读、构思、心算等；由一系列外部动作构成，通过外部机体运动完成的合乎法则要求的随意活动方式称为操作技能，如唱歌、跳舞等。技能通过进一步的练习达到自动化、定型化，便成为技巧。人的生产和生活都离不开技能技巧。老年人通过老年智育，一方面可以巩固已经形成的技能技巧，另一方面可以发展新的技能技巧（如使用智能手机、电脑的技能，摄影、绘画、书法、唱歌、舞蹈、养生的技能等）。低龄老年人还可以借此进一步发展自己的某些专业的技能技巧并服务于社会。

2. 老年智育的主要内容

根据老年智育的任务，老年智育内容一般分为知识教育、智力培养和技能训练三大类。知识教育又可分为一般知识（基础性人文知识和科技知识）教育和专业知识（某一专门领域内的专业知识）教育，后者是开发老年（主要是低龄老年人）人力资源所不可或缺的。智力培养主要是促进老年人一般的注意力、记忆力、观察力、思维力和想象力等的继续发展。技能训练也分为一般的社会生活技能技巧训练和专门的生产实践技能技巧训练。

老年智育的内容主要是以老年课程的形式显现出来，老年学生社团活动、老年社会实践活动等也包含老年智育的成分。

三、老年体育

（一）老年体育的定义

老年体育是老年教育者依据老年受教育者体力、体质和体能基础，向他们传授关于身体锻炼、卫生保健等方面的知识和技能，帮助他们增强体质，发展体力体能，养成良好的卫生、保健习惯，延缓衰老，防治老年性疾病，丰富晚年生活的教育活动。

体育的一般目的在于增强人们的体质、体力和体能，而老年体育在这个基础上更加强调健康教育，旨在使老年人延缓衰老，提高生命质量。

（二）老年体育的意义

1. 调节老年受教育者身体状况，帮助他们延缓衰老、延长寿命

根据毕生发展观理念，虽然老年人的身体不再像青少年那样继续生长发育，但是他们的身体机能仍在发生着积极的变化。老年体育可以增强老年受教育者身体器官的功能，有效延缓他们身体器官的衰老速度，同时还可以丰富老年受教育者卫生、保健方面的知识，养成和巩固他们良好的行为习惯，并通过调节老年受教育者的身体机能，增加老年人的寿命，为他们营谋高质量的晚年生活奠定生理基础。

2. 在老年受教育者具备良好的精神状态方面发挥重要作用

身体是人类发展的物质前提，是人的精神生活的基础。在各种老年教育活动中，体育类活动是其他精神类、知识类、技能类教育教学活动得以顺利完成的物质保证。身体健康、精力充沛，才能为学习科学文化知识、掌握社会生活或生产技能技巧提供生理可能。老年受教育者参加适当的体育活动，还可以消除大脑疲劳，缓解紧张状态，起到保健身心的作用。

老年体育可以进一步养成老年受教育者意志坚定、团结合作等优秀道德品质，增加他们的情感体验，这对于老年人继续发展思想道德素质和非智力因素大有益处。有韵律感的老年体育（如身体形象训练、太极、舞蹈等）不仅可以促进老年受教育者身体健康，还可以充分展现他们优美的形体和动作，培养老年受教育者的审美素质。

（三）老年体育的主要任务和内容

1. 老年体育的基本任务

（1）进一步增强老年受教育者的身体素质，促进他们的身体健康，延缓身体衰老，为他们安享晚年奠定生理基础。

（2）帮助老年人掌握一定的体育、卫生、保健等基本知识和能力，使老年受教育者能够科学地进行身体锻炼、自我保健、预防伤病，养成良好的卫生习惯。

（3）促进老年受教育者在思想道德、审美素质、心理健康、非智力因素等方面的继续发展。

2. 老年体育的基本内容

（1）体育理论，以及身心保健、卫生等方面的基本知识。

（2）适合老年人学习的体育技能技巧，主要包括适度的田径运动、老年体操、游泳、球类运动、棋类活动、老年瑜伽、老年武术（主要是太极拳、太极剑、太极扇）等。

（3）身体保健的技能技巧，主要包括推拿、按摩等。

四、老年美育

（一）老年美育的定义

老年美育，又称老年审美教育，是老年教育者通过创设特定的情境，采用恰当的方法手段，对老年受教育者实施的强化和更新他们正确的审美观念，培养他们感受美、鉴赏美、创造美的能力的教育活动。

（二）老年美育的意义

1. 有助于老年受教育者进一步丰富关于美和审美的知识，促使他们审美意识的转化

人们对美和审美的认识是不断深化的。尽管一部分老年人在进入老年教育系统继续接受教育之前已经具备一定的关于美和审美的知识，而且审美意识在其几十年的社会生产实践和生活过程中经历了多次的转化，但是仍然需要通过专门的老年美育进一步丰富。在此基础上，老年美育还可以帮助老年受教育者与时俱进，形成新的审美观念和审美意识。

2. 有助于老年受教育者提高认识美、鉴赏美、创造美的能力

离开了工作岗位之后，老年人有更多的时间从事关于美的认识、欣赏与创造活动，如旅游、听音乐会、观看艺术表演、参观艺术展览、参与艺术活动等。这些活动需要一定的审美观念、审美知识和审美能力。老年美育可以为老年受教育者提供这些方面的教育，帮助他们在丰富审美知识的基础上，将审美观念、审美知识和审美能力协同起来，提高自己认识美、欣赏美和创造美的能力，在更高的审美意境中愉悦身心，快乐生活。

3. 有助于老年受教育者发展其他方面的素质，促进他们全面发展

美有多种表现形式，其中艺术是一种重要的形式。它通过艺术形象再现社会生产和生活的情景，帮助老年人获得多方面的感性认识。在审美过程中，老年人对美的感知会带动自己的心理体验，有助于他们观察力、注意力、想象力、思维力、创造力的发展。老年美育通过多种美的途径，使老年受教育者和审美对象产生共鸣，这有助于提高他们的道德品质和思想情操，以及分辨是非、美丑、善恶的能力。老年大学（学校）和其他老年教育机构专门组织的、以老年受教育者为主体的艺术会演、老年游学、摄影采风等活动，在一定程度上有助于老年受教育者增强身体素质，得到美的陶冶。

（三）老年美育的任务和内容

1. 老年美育的任务

（1）更新和优化老年受教育者的审美观。

审美观是人们在审美活动中所持的态度和观点。由于人们的社会经济地位、生活经历、文化背景、知识素养不同，他们的审美观也不相同，即使对同一个审美对象也会产生不同的审美判断和审美评价。审美观在老年人审美活动中具有定向和规范的作用。缺乏正确审美观的审美活动，会导致不良的生活追求和生活方式。在今天的这个多元价值社会中，更新和优化审美观，更是每位老年人都必需的。老年美育的首要任务就在于此。老年教育者要向老年受教育者传授科学的美学和审美哲学等方面的理论知识，引导老年受教育者在各种课程学习、社团活动和社会服务等活动中广泛地接触自然美、社会美和艺术美，通过学习、体验和实践实现审美观的"新陈代谢"。

（2）促进老年受教育者进一步提高鉴赏美、表现美和创造美的能力。

因为时间自由的缘故，老年人接触自然美、社会美和艺术美的机会大大增加，为老年人提高鉴赏美、表现美和创造美的能力提供了便利条件，但这并不是必然的。老年人鉴赏美、表现美和创造美的能力的提高，需要一定的外在影响进行"催化催增"，而老年美育就是其中一种重要的"增长剂"：老年美育通过向老年受教育者传授一定的关于美的理论知识，为他们提高鉴赏美、表现美和创造美的能力奠定知识基础；通过课堂教学等途径，帮助老年受教育者掌握鉴赏美、表现美、创造美的基本方法和技能技巧，直接对他们进行专门的能力培训；通过组织老年受教育者参加多种美的欣赏和创造活动，使老年受教育者在直接环境和亲身实践中培养鉴赏美、表现美和创造美的能力。

（3）提高老年受教育者健康的审美情趣，进一步激发他们对美的热爱和追求。

人们在鉴赏美、表现美和创造美的活动会产生伴随性情感体验，由此获得一定的审美情趣。它是人们根据自己的审美观，在对自然美、社会美和艺术美做出直接评价后产生的审美态度和价值取向。评价可能是肯定的、积极的，也可能是否定的、消极的，没有高下优劣之分。老年美育通过引领和指导老年受教育者对美进行鉴赏、表现、创造、评价、交流等活动，丰富他们对美的愉悦、积极的情感体验，对丑的否定、消极的情感体验，在专门组织的审美经历中帮助老年受教育者强化鉴赏美、表现美和创造美的兴趣和意识，形成正确的审美价值取向和高尚的审美情操。

2. 老年美育的内容

根据分类标准的不同，老年美育的内容可以有多种表达。

按美的基本类型来划分，老年美育可以分为自然美的教育、社会美的教育和艺术美的教育。自然美是人们在对大自然进行审美的过程中所产生的美的感受和体验。老年美育可以通过课程教学，以及组织旅游、写生、摄影、采风等活动，对老年受教育者进行自然美的教育。社会美是人们在生产实践和社会生活中创造出来的美，是人的本质力量的感性显现。老年人在创造社会美的过程中做出了重要的贡献，因此老年大学（学校）或其他老年教育机构可组织老年受教育者回忆、分享自己的社会生产实践和社会生活经历，使他们在这一过程中深度体会社会美，强化正确的审美情趣；同时也可以组织老年受教育者参加一定的社会活动，让他们力所能及地继续创造社会美的活动。艺术美是让人们通过艺术作品感受和体验到的美。老年教育的音乐、美术、文学、舞蹈、书法、绘画等教育内容中都包含着丰富的艺术美的教育因素。老年受教育者在这些课程的学习过程中不仅进行着审美、表现美的活动，而且也创造着美。

按老年美育任务的不同，老年教育内容可以分为关于美的知识教育、能力培养，以及情感、态度、价值观教育。

知识链接

我国老年美育内容的特质

（一）在美育中引导老年人欣赏自己向往的美

老年人度过了有意义的岁月，现在又进入了新时期。他们的命运与国家的命运紧密相连。这就要在老年美育过程中引导他们提高欣赏美的能力。其中特别需要重视以下几种美：其一，崇高美。当代中国老年人的崇高感，来自中国人民以艰难的奋斗而战胜特别强大的敌人的业绩。老年教育的美育要引导老年人保持并发扬这种对崇高美的神圣感。其二，婉约美。人的大感情，对民族、国家、人民的感情常是豪放的，但人的小感情（亲情、爱情）则多是婉约的。老年之情，在大的方面应当追求崇高美，在小的方面则应追求那种细腻的、无微不至的婉约美。脱离工作岗位的老年人应当重视婉约美的创造。其三，人格美。如果说"崇高美"和"婉约美"是对美的境界的向往，那么"人格美"则是自我的塑造。这种"人格美"有真、善、美的三个维度，即真与善化为美。真的人格，就要探求真理、坚持真理和发展真理，吾爱吾师，吾更爱真理；善的人格，就是建立和完善做人的基本道德，在此基础上，建立社会主义道德和共产主义道德；美的人格，就是追求完美，而远离丑恶。

（二）在审美实践中帮助老年人展现美

老年美育中最有意义的就是引导老年学生掌握和展现自己的美，归纳起来主要有：质朴美——老年学生为人朴实、生活俭朴的美，谦恭美——老年学生在他人面前表现出来的谦逊、恭敬的美，慈祥美——老年学生从友爱、善良的心地出发表现出来的亲切、祥和的气质，风度美——老年学生身上展现的自然属性和社会属性通过内在底蕴和外在风范感觉于他人的总体印象，体魄美——身心健康的老年学生表现出来的强健充沛的体能和胆识，境界美——老年学生在晚年人生阶段表现出来的思想境界和人格魅力。

（三）在科学和艺术的教学、社团活动中创造美

创造性是科学和艺术的共同特点。老年教育中既有科学的教育，又有艺术的教育。在这两种教育中，老年人既能通过对世界、对社会、对人性的真实反映来创造科学之美，又能通过对世界、对社会、对人性的形象树立来创造艺术之美。想象力是艺术的各个门类的创作源泉。老年教育的主要部分是各门艺术的教育。艺术的表演是自由的舒展，艺术的创作是自由的挥洒，想象力陶冶着老年人的心灵，助推着老年人的艺术创造。

资料来源：陆剑杰. 老年教育学：中国老年教育34年实践经验的学术研究升华 [M]. 南京：河海大学出版社，2018：289－291.

五、老年劳动教育

（一）老年劳动教育的定义

老年劳动教育是老年教育者帮助老年受教育者掌握劳动知识，巩固和强化劳动观点、劳动态度、劳动技能和习惯，进一步养成劳动精神的教育活动。

（二）老年劳动教育的意义

1. 老年劳动教育是我国社会主义教育特色的重要体现

马克思主义认为"劳动创造了人本身"。没有劳动，就没有人类的进化和进步。劳动是人类幸福之源，人类通过劳动创造了物质文明与精神文明，促进了社会的发展，也使自己不断获得更大的福祉。马克思主义十分重视劳动，马克思在考察了资本主义工厂制度之后，提出了"教育与生产劳动相结合是人的全面发展的唯一途径"的论断，劳动教育也成为社会主义教育的必要组成部分。2020 年 3 月我国颁布的《中共中央 国务院关于全面加强新时代大中小学劳动教育的意见》中指出：劳动教育是中国特色社会主义教育制度的重要内容，直接决定社会主义建设者和接班人的劳动精神面貌、劳动价值取向和劳动技能水平。要把劳动教育纳入人才培养全过程，贯通大中小学各学段，贯穿家庭、学校、社会各方面，与德育、智育、体育、美育相融合，紧密结合经济社会发展变化和学生生活实际，积极探索具有中国特色的劳动教育模式。① 其中虽然没有明确提出老年劳动教育的要求，但是，作为中国特色社会主义终身教育制度的重要组成部分，重视并做好劳动教育是我国老年教育工作应有之义。

2. 老年劳动教育是促进老年受教育者身心全面、健康发展的重要环节

老年教育是我国老年人全面发展教育内容的基本构成之一。它与老年德育、老年智育、老年体育、老年美育有机地融合在一起，在老年受教育者身心素质的全面发展方面发挥合力作用。通过老年劳动教育，可以使老年人知

---

① 中共中央 国务院关于全面加强新时代大中小学劳动教育的意见［EB/OL］.（2020 - 03 - 26）［2022 - 01 - 02］. http://www.gov.cn/zhengce/2020 - 03/26/content_ 5495977. htm.

识的获得和智力能力的发展更加全面，思想观念和道德品质进一步提升，还可以使老年人在劳动实践中获得更多美的感受和体验，提高他们的审美情趣，发展他们鉴赏美和创造美的能力。通过劳动教育获得的劳动技能技巧，也可以使老年人在劳动和生活过程中更好地展现自身美，也有助于他们锻炼身心、享受生活。

3. 老年劳动教育是帮助老年受教育者继续实现社会价值和人生价值的重要手段

强调劳动和劳动教育的目的之一，在于调动社会公众的劳动热情，提高他们的劳动能力，让他们通过劳动建设美好社会和生活，实现个体社会价值的最大化。在奉献社会的过程中，个体通过发展才智、施展抱负、达成自我实现，实现个体人生价值的最大化。在以前的消极老龄化理念作用下，一般社会公众认为老年人的实际状况（如生理年龄偏大、身心机能变弱、已经离开了工作岗位等），决定了他们已经不能继续为社会经济发展贡献力量。因此，他们应该离开社会生活舞台，至少要把社会生活舞台的中心让给年轻人，自觉处于社会生产和生活的边缘。但是，今天国际社会遵行的积极老龄化理念则强调发挥老年人体力、精神等方面的潜能，在保证健康和参与的基础上，让所有人在老化过程中充分享有自己的权利，积极、持续地参与社会的经济、文化、公民等领域的事务，既为社会做出贡献，也提高自己的生活质量。老年劳动教育的重要价值之一，就是通过在劳动知识、技能、态度、精神和良好劳动生活习惯等方面为老年受教育者提供指导和帮助，在全社会实现积极老龄化方面发挥应有的作用。

（三）老年劳动教育的任务和内容

根据我国党和政府关于劳动教育的指示精神，老年劳动教育的总任务是提高老年受教育者的劳动素养，具体任务可以概括为以下几个方面。

第一，增进老年受教育者关于劳动的知识和技能。

第二，强化老年受教育者的劳动价值观、劳动态度（如辛勤劳动、诚实劳动、创造性劳动）和劳动情感（包括对劳动者、劳动本身和劳动结果等的情感反应）。

第三，培养新时代的劳动精神（如党和政府提倡的劳模精神、工匠精神等）。

第四，促使老年受教育者巩固良好的劳动、生活习惯，革除不良的劳动、生活习惯。

上述任务落实在老年教育内容之中。教育部于 2020 年 7 月印发的《大中小学劳动教育指导纲要（试行）》中将劳动教育的内容分为日常生活劳动、生产劳动和服务性劳动三大类。"日常生活劳动教育立足个人生活事务处理，结合开展新时代校园爱国卫生运动，注重生活能力和良好卫生习惯培养，树立自立自强意识。生产劳动教育要让学生在工农业生产过程中直接经历物质财富的创造过程，体验从简单劳动、原始劳动向复杂劳动、创造性劳动的发展过程，学会使用工具，掌握相关技术，感受劳动创造价值，增强产品质量意识，体会平凡劳动中的伟大。服务性劳动教育让学生利用知识、技能等为他人和社会提供服务，在服务性岗位上见习实习，树立服务意识，实践服务技能；在公益劳动、志愿服务中强化社会责任感。"[①]

这些内容也可以在老年劳动教育中加以贯彻落实，但是，老年劳动教育在实施这些内容时，一定要遵循因人而宜、因地而宜、量力而行的原则，不能机械照搬普通大中小学劳动教育的要求和措施。针对低龄老年受教育者的劳动教育，可将重点放在生产劳动的知识和技能方面，通过让他们获得新的

---

① 教育部. 大中小学劳动教育指导纲要：试行［EB/OL］.（2020 – 07 – 09）［2022 – 01 – 02］. http://www. moe. gov. cn/srcsite/A26/jcj_ kcjcgh/202007/t20200715_ 472808. html.

社会职业劳动知识和能力，为他们继续服务社会生产实践提供智力支撑；对于中龄老年受教育者的劳动教育，应该侧重于社会服务性方面，使他们力所能及地为社会提供公益劳动和志愿服务等；对于高龄老年受教育者而言，劳动教育主要是发展他们新的自我服务性技能，使他们能够处理好个人生活事务，尽可能地做好生活自理。

老年劳动教育还应该考虑到当代劳动教育的显著特征：脑力劳动比重增大，服务性、消费性的劳动比重增大，复合性劳动、创造性的劳动比重增大等。今天的老年劳动教育要思考如何更多地渗透智能性、知识性劳动因素，使之更加符合社会特征和发展趋势，具有鲜明的时代特色。

第六章 老年教育途径

本 章 提 要

　　本章在简要阐述老年教育途径的定义和意义之后，重点结合我国老年教育的实际情况，分析老年教育的基本途径——老年教学，以及团队活动、社会实践、自主学习、学校文化建设和老年游学等其他主要途径。

第一节 老年教育途径的概念和意义

　　老年教育目的、内容和途径之间存在着内在的关联。老年教育目的的达成和老年教育内容的落实，都要依赖恰当的老年教育途径。没有老年教育途径，老年教育内容就会成为"无渠之水"，老年教育目的便也成为"无水之源"。当然，也不存在绝对意义上的最佳老年教育途径，只有与老年教育目的和内容匹配妥帖的途径。阐述老年教育原理，就一定得讲老年教育途径，其中首要的内容是分析老年教育途径的定义和意义。

一、老年教育途径的概念

老年教育途径是老年教育者对老年受教育者身心的继续发展施加直接影响的渠道的总称。

老年教育途径是老年教育目的得以实现、老年教育内容得以授受的基本保证。从根本上说，老年教育途径是老年教育者为了达成老年教育目的、传授老年教育内容而设计、组织和实施的老年教育教学活动。这些教育教学活动，有些以老年教育者为主体，有些则以老年受教育者为主体。从前者的角度来看，老年教育途径是老年教育者施加教育影响于老年受教育者的渠道；从后者的角度而言，老年教育途径是老年受教育者借此获得身心继续发展的渠道。

老年教育途径与老年教育方法不同。前者是实施老年教育的渠道或路径，较为宏观和抽象；后者是老年教育过程中采用的操作办法，相对微观和具体。通过一种老年教育途径完成老年教育任务时，可以选择多种具体的方法。例如，老年教育最重要的途径是课堂教学，而课堂教学的具体方法包括讲授法、讨论法、问答法、指导法、实验法、练习法等。

老年教育途径与老年教育手段也不同。前者在本质上是一种教育活动或行为，后者是老年教育得以顺利完成的媒介，它不仅仅包括老年教育方法和组织形式等各种"软件"，还包括老年教育过程使用的各种设备设施等"硬件"。

二、老年教育途径的意义

教育途径在老年教育活动中具有要素的性质，有的教育学研究者曾提出教育的"六要素说"，即认为教育活动是由如下六个要素构成的：教育者、受教育者、教育内容、教育途径、教育手段及教育环境。从这一观点可以证明老年教育途径在老年教育活动中的重要性。如果没有老年教育途径这条"道路"，老年教育这辆"车"将难以正常"行驶"，也不能顺利地到达"终点"。

老年教育途径不仅是构成老年教育活动不可缺少的因素，而且在很大程度上制约着老年教育的效率和质量。高质量和高效率的老年教育，一定是老年教育目的、内容和途径之间匹配程度很高的活动。仅仅有合理的老年教育目的、科学的老年教育内容而缺乏与之匹配的老年教育途径，老年教育不可能有高的质量和效率。不同的老年教育者在利用同样的老年教育内容开展教育教学活动时，如果采用的老年教育途径不一样，他们的教育教学效果也必定会存在差异。根据老年教育目的和内容选择恰当的教育途径是老年教育者的重要工作，也反映着他们的教育实践智慧水平。此外，多种老年教育途径之间的协同配合程度，也影响着老年教育质量和效率。老年教育者在设计老年教育活动时，既要做好老年教育目的、内容和途径之间的优化组合，又要考虑多种途径的相互配合使用，发挥各种途径的整体协同效应，以最大程度地实现老年教育目的。

第二节　我国老年教育的基本途径——老年教学

我国老年教育的基本途径是老年教学活动，它是老年教育的中心工作，对老年学生的影响最全面、最深刻、最系统，有课堂教学、个别教学、小班教学、分层教学、现场教学和网络教学等多种具体形式。

一、老年教学概述

（一）老年教学的定义

老年教学是老年大学（学校）的学生在教师有目的、有计划的组织指导下，利用特定的老年教育内容，积极主动地参与各项学习活动而获得身心继续发展的过程。我国老年教育界创造性地将老年大学（学校）进行常规教学的教室称为"第一课堂"。老年教学即"第一课堂教学"。

这一定义包含如下要点：

第一，当我们用"教学"一词来指称这一老年教育活动时，其活动场所一般特指老年大学或老年学校，"老年教学"是"老年大学（或学校）教学"的简称。在老年大学（学校）中，老年教育者改用"老年大学（学校）教师"这一称谓，老年受教育者则称为"老年大学（学校）学生"或"老年学生"，而"特定的老年教育内容"则主要指老年大学（学校）的课程。老年大学（学校）的教师、老年学生与课程，是构成老年教学的三个最基本的要素，其中课程是教师与学生发生相互作用的中介。

第二，根据现代教学论的基本理念，老年教学是教师和老年学生两类主体之间的互动过程。教与学是主体和活动性质不一样、但最终的目的却统一的两类活动。教的主体是老年大学（学校）中的教师，其活动性质是利用课程对老年学生施加影响的一种外化与转化活动，其目的是通过完成教的任务，促进老年学生身心的继续发展。学的主体是老年大学（学校）中的学生，其活动性质是利用课程接受教师的影响的一种内化与固化活动，其目的是通过完成学习任务，让自身获得进一步的发展。教学的根本内涵在于这两种有本质区别的主体活动必须共存于同一个教学过程之中，它们相互依存、相互影响、相互促进。从严格的"教学"意义上说，教离不开学，因为如果没有学，教师的教便失去存在的必要，教是服务于学的；学也离不开教，一旦学离开了教，就不能称为教学，而变成学生的自主学习。理想的老年教学是教师教与学生学的有机统一。

第三，老年教学更加强调老年学生的主体地位和作用。从实践角度来说，强调老年学生是教学的主体，是因为老年大学（学校）就是为老年学生创办的，老年人继续学习文化知识技能，充实晚年生活的需要是创办老年大学（学校）的原初动力。老年学生都是社会中的长者，他们离退休之前，有的是政府部门的高级领导或基层管理干部，有的是社会生产和生活各行业的骨干或群众。他们有丰富的社会阅历和生产生活经验，在长期的社会生活中形成了自己认识事物、现象和过程立场，具有自己独到的观察力、分析力和判断力。这些素养使得他们可以在学习中自主地判断是非，而不会简单地听从教师的讲授和引导。老年教学一定要充分认识到老年学生的这些基本特点，牢固地树立以老年学生为主体的教学理念。

第四，老年教学的目的是进一步促进老年学生身心的全面发展。老年教学不仅能够帮助老年学生知识的数量增长和结构优化，它更是老年大学（学校）按照老年教育目的的要求，有计划、有步骤地把德育、智育、体育、美育、劳动教育等的基本知识运用适当的教学手段和方法传授给学生，把人类文化转化为老年学生个人的精神财富，促进老年学生身心得到综合发展的过程。因此，不能把老年教学的目标仅仅定位在知识的传授和接受方面。

（二）老年教学的地位和作用

老年教学是最基本的老年教育途径，老年学生身心的进一步发展主要是通过教学这一途径进行的，它对老年学生的影响最全面、最深刻、最系统。老年大学（学校）的教学占用了师生最多的时间、花费了最多的精力，其重要性决定了它是老年大学（学校）的中心工作，其他工作都是围绕老年教学展开的。

老年教学还是优秀文化传承和创新的重要手段。老年大学（学校）的很多课程中都包含着丰富的中外优秀文化。在老年大学（学校）师生的共同努力之下，这些优秀文化得以保存、授受，并通过老年学生对社会年轻一代的教育，将它们传递给社会新生代，使人类优秀文化得以发扬光大。同时，老年教学过程中，师生还会基于优秀文化生产新的优秀文化，实现文化的创新和发展。

二、老年教学的主要形式

（一）课堂教学

课堂教学又称为班级授课，是老年教学的基本组织形式。它是指把一定数量的学生按年龄与能力程度编成相对固定的班级，根据课程计划和作息时间表，安排教师有计划地向全班学生集体上课的教学组织形式。1632 年，捷克教育家夸美纽斯（Johann Amos Comenius，1592—1670）在其名著《大教学论》中首次对课堂教学进行理论上的阐述与论证，后经改进和完善，成为今天世界上最为经典的教学形式。这种形式也是我国老年大学（学校）和其他专门老年教育机构最主要的教学形式。

与个别教学相比，课堂教学具有学生固定、教师固定、内容固定、时间固定、教室固定等特点，其具体策略包括讲授、对话、指导等。

课堂教学的主要优点在于：扩大了教学规模，能使学生获得系统的知识并能较为全面地完成教学任务，可以充分利用集体的教育作用。其主要不足在于：学生的主体地位和作用受到限制，教师难以照顾学生的个别差异，教学的灵活性、实践性差，固定的教学内容割裂了知识的整体性。

（二）个别教学

个别教学是教师在课堂教学之外，对个别学生进行教学的一种组织形式。这是历史上最早的教学组织形式，我国的孔子和古希腊的亚里士多德的教学都是采用个别教学。

课堂教学在内容、进度、要求等方面过于统一，教学进度和效果主要指向大多数中间程度的学生，难以很好地适应全班学生的学习基础、认知方式、个性特点、学习成绩和智力水平等的不同而带来的个别差异。而教育教学要在促进所有学生全面发展的基础上，充分照顾到学生之间的个体差异和不同学生的发展特长，这就需要教师针对学生的具体情况进行个别教学。老年教学更要充分地尊重每一位老年学生的学习基础、认知特征和学习需求，因此，老年教学在实施课堂教学的同时，也要重视个别教学。

个别教学很好地贯彻了因材施教的教学原则，具有目的明确、对象确定、形式灵活等优点。但是，它不能大规模地传递知识，在组织和实施上给教师带来了一定的难度，也难以发挥集体教育和合作学习的作用。

（三）小班教学

小班教学即小规模的班级授课。它是为了解决传统的班级授课因规模过大而影响教学质量，而个别教学又不能大面积传播知识的问题而出现的教学组织形式。现在小班教学在发达国家基础教育各阶段已经普遍实行，许多国家在教育法中规定班级学生人数通常在 15 ～ 25 人之间。

小班教学在老年教学中也是被普遍采用的组织形式。这样做可以充分照顾老年学生的学习基础和身心特点，体现老年教学对老年人的尊重，为他们充分地进行知识和情感沟通，形成良好的学习氛围创造条件。一些需要老年学生在课堂上亲自动手操作、进行小组合作学习，或展现习作并获得教师指导的课程（如书法、形体、摄影、舞蹈等），客观上也需要采用小班教学。

这是立足于学生发展和课堂教学质量的提高所做的选择。

小班教学主要的优点是：师生之间信息互动频率高，每个老年学生都可以获得锻炼的机会，既照顾到了知识传播的规模，又能够提高教学质量。它的主要不足是：班级规模小，不经济，在一定程度上导致教育资源的浪费，这就会导致教育经费的提高、师资需求量的增加等。

（四）分层教学

分层教学源于19世纪末20世纪初西方的分组教学，是为了弥补班级授课制不易做到因材施教的缺陷而进行的教学改革。

老年教学中的分层教学，是根据老年学生的学习基础、发展需求和可能的发展水平，将原来学习同一课程的学生再重新分为若干层次（一般为三层，即通常老年教育工作者所说的基础班、提高班、研修班），然后根据分层情况制定相应的教学目标，进行有区别的教学。

分层教学的主要优点在于能够有效地因材施教，使所有老年学生都能发挥其潜能，使不同层次的老年学生在原有基础上得到最佳发展。但它对教师教的素质和学生（特别是提高班和研修班的老年学生）的学习和研究能力有较高的要求。

知识链接

广东省老干部大学的研修班

广东省老干部大学的研修班是为了满足老年大学生在普通理论学习和一般性专业学习结束后继续深造而设置的高级学习班。

研修班是广东省老干部大学着力打造的一张名片，也是学校教学特色的重要体现之一。学校期望一部分老年学生通过研修班的学习，能够自主创造（研发）代表学校高质量办学水平的新成果和新作品，成为老年社区教育的骨干力量，老年群众性活动的组织者、策划者和指导者，甚至成为广东省老干部大学及其他老年学校的师资或助理师资，为推动广东省老年教育事业发展、提高老年教育质量做出贡献。

研修班招收的学生是已经完成了某一专业基础班和高级班的学习，经专业考核和选拔考试的合格者。他们对专业理论学习有浓厚的兴趣，愿意提高自身的文化修养和专业理论水平；有自主学习的意识、能力和探索、研究的愿望；愿意与老师和同学合作、沟通，有高度的责任感、使命感和荣誉感；也有较高的表达能力和组织能力。

研修班的教师是某一专业领域学问高深（理论水平高）、技能高强（有专业表演或操作的娴熟技巧）、懂得教育教学原理，具有一定的指导能力、教学能力、组织能力、合作能力、沟通能力和创新能力的专业人士。

研修班的课程突出体现两个特点：一是加大理论学习的力度，以期提高研修班学生的专业理论水平。二是打造高质量专业产品，以此推进学校向"高、精、尖"的路向发展，发挥学校在省内老年大学系统中的引领、示范和辐射作用。

研修班的专业教学计划和教材由任课教师自编，教师在每学期开学前要写出较为详尽的教学大纲。有两个及以上教学班的教师要进行合作研究，提出教学目标一致、教学内容大致相同、但又不乏教学个性的教学大纲。

研修班教学的总体要求是：第一，突破教师讲、学生听的传统教学方式，进一步突出老年大学生的学习主体地位，强调学生积极主动的自主研习和合作研习。教师是组织者、指导者和合作者。第二，推行 PBL（problem-based learning）教学方式，即以项目或任务为驱动，为老年大学生自主学习提供目标和资源保障，重视老年大学生自主学习意识和能力、研究能力的培养。第三，研修班的特点在于"研"——对未知内容的探究。这就要求研修班的教学特别重视老年大学生理论水平的提高，将教学从技能训练层面提升到"能讲会说"的层面，即能够讲清楚某一专业技能及其训练背后包含着的原理和法则。还要加大一般文化知识的学习，提高研修班学生的文化修养和审美情趣。第四，研修班的师生要加强课余时间的思考、讨论和探究，把研习由教室上延伸到日常生活之中，善于从生活中寻找灵感和创新点。

研修班教学效果的评价主要包括三个方面：一是"产品"质量评价，其具体指标包括能否成为广东省老干部大学的亮点，代表学校对外展示和交流；能否为一般的专业教学树立榜样和典范。二是学生质量评价，具体指标包括理论水平是否提高；研修过程中主体地位能否彰显；专业技能技巧是否有明显提升；人际关系和谐度是否提高；是否养成了教学、示范、组织、指导和研究能力。三是教师质量评价，具体指标包括课程设计和教学创新能力是否提高；能否组织老年大学生进行有效学习；自身的专业理论水平、教学能力和专业技能是否有较大程度的提高；对学生和学校的责任心是否提升等。

（五）现场教学

现场教学是根据一定的老年教学的目的和任务，组织老年学生到相关的生产单位和社会生活情境中，通过听取讲解、观察、调查或实际操作等进行学习的教学组织形式。它是课堂教学的一种变式，目的在于加强理论与实践的联系，让老年学生在真实的情境中获得新认知和新发展。

现场教学突破了课堂教学的固定性，现学现练，学以致用，可以激发老年学生的学习兴趣与好奇心，增加他们学习的主动性与自觉性，并在教学过程中丰富他们的体验和经验。但是，这种教学形式的组织实施过程比较耗费时间和精力，教学成本比较高，增加了老年大学（学校）组织的大量难度。

（六）网络教学

网络教学又叫线上教学，是以因特网为教学信息交流的主要媒介，运用现代教育技术手段和网络资源开展的老年教学活动。它的出现是对传统课堂教学的变革，正在成为与课堂教学同等地位的教学形式。

网络教学不等同于多媒体教学。多媒体教学是根据教学目标的要求，通过多媒体传递教学内容的教学形式。它主要是在课堂内运用多媒体同时传递多种格式的教学信息（音频、视频、图片、文字等），可以利用网络，也可以不利用网络。而网络教学突破了教学的时空限制，为时时处处可学提供了便利，它在实施过程中一般都会用到多媒体。

网络教学在很大程度上突破了传统课堂教学的"五固定"特点，凸显了老年学生学习的主体性，拓展了教学的时间和空间，增加了教学影响的丰富性，实现了教学过程的开放性，所以在提高教学效率和质量方面有着独特的价值。但是它也存在一定的局限，比如老年学生的学习过程难以控制；老年学生之间面对面的沟通大大减少，不利于他们通过参加学习达成情感交流的目标；老年人运用现代信息技术方面存在的困难，可能导致他们对学习失去信心和兴趣，产生挫败感；也不利于发展老年学生的实践操作能力等。

第三节　我国老年教育的其他主要途径

除了老年教学之外，老年教育还有其他途径，主要包括老年学生的社团活动和社会实践、自主学习、学校文化建设、老年游学等。这些途径体现着老年教育工作者的教育智慧。

一、老年学生社团活动和社会实践

老年学生社团活动和社会实践是老年课堂教学之外的两种主要教学途径，我国老年教育界将它们称为"第二课堂"教学和"第三课堂"教学。

（一）老年学生社团活动

老年学生社团活动包括老年大学（学校）中的学生社团活动与课外活动，是围绕课堂教学内容开展的校内活动。它是老年课堂教学的补充、延续和提升。

老年大学（学校）中的学生社团，是老年学生自愿参加、自主管理、具有某种专业倾向性的群众性团体。老年学生社团在我国老年大学（学校）中普遍存在，每所老年大学（学校）都有十几个甚至几十个学生社团组织，如棋类协会、球类协会、诗词协会、书画协会、艺术团、研究会、戏剧社等，总体上可分为研究社团、艺术社团和体育社团三大类。社团活动有些是学校组织的，有些是社团成员自主组织的，内容丰富多彩。

课外活动主要由老年大学（学校）、老年学生班集体或老年学生自主组织。这类活动在老年大学（学校）内开展，具体形式包括各类讲座、小组学习、展览展示、文体比赛等。

老年学生社团活动的特点主要是"内容上的丰富性、时空上的自由性、参与主体上的主动性、目标效果上的全面性和实现方式上的多样性,能者为师、互帮互学、自娱自乐"①。老年学生社团活动不但可以辅助老年学生巩固课堂教学中学到的知识和技能,而且有助于他们陶冶思想情操,丰富晚年生活,增添生活乐趣,增强体质体能,培育道德品质,提升审美情趣。

(二)老年社会实践活动

老年社会实践活动是指遵循老年教育宗旨,由老年大学(学校)或老年学生自己发起,以学以致用、融入社区、服务社会为目的,以社区教育的志愿者活动为主要形式开展的社会教育和社会公益活动等。它是老年学生将课堂教学和社团活动中所学到的知识、技能和才华在社会和社区中进行施展的重要途径,不但能充分地体现老年人的生命价值和社会价值,而且能够宣传老年教育重要的社会地位和作用,提高老年教育的社会声誉。

老年社会实践活动的具体形式主要有:第一,主动服务。老年学校有目的、有计划地组织学生走向社会、服务社会。第二,受邀参与。老年学生团体或个体接受有关部门的邀请,参加这些部门组织的社会实践活动。第三,融入社区。老年学生应用学到的知识和技能,发挥自己的聪明才智和组织能力,主动积极地推动社区精神文明建设,带动社区更多老年人群体参与学习活动,共同享受学习的乐趣。此外,有条件的老年大学(学校)为了更好地发挥辐射、引领和指导作用,通过老年学生专门为社区培训教学师资和学习骨干等。

---

① 叶瑞祥,陈先哲. 老年教育辞典[Z]. 广州:广东人民出版社,2020:294.

知识链接

"三个课堂"的实施要求

一、搞活第一课堂。就是要使课堂成为老年人释放生命能量的空间，使课堂洋溢旺盛的生命活力："教师启动—师生互动—学生自动"的"三动"教学方法和教学模式使教学既有教师的启迪、引导，也有师生之间知识、情感和心灵的互动，还有学生之间的互助、合作和交往，充分调动了学生的主动性、能动性和积极性，将传统的"授受"教学转变为"引导—发现"的教学，让老年学习者"乐起来""动起来""练起来"。

二、丰富第二课堂。就是通过讲座、参观、考察、展览、展示、小组学习等丰富多彩的课外活动，让每个参与其中的老年学生体验到学习的乐趣，体验到遨游、探索、创新与科学艺术海洋的乐趣，激发其对自然、对生活、对生命的热爱。

三、拓展第三课堂。就是老年学习者将第一、第二课堂的学习的"输入"转化为"输出"，将"吸纳"转化为"付出"，在社区活动和社会活动中施展才华，学以致用，这种"付出"的过程，也是"做中学"的过程。

"三个课堂"的创新教学组织形式，将教室课堂、课外及社团活动课堂和社区、社会课堂有机融合，突破了传统教育教学组织形式的狭隘，扩展了现代教育教学组织形式的内涵，开拓了符合新时代新教育理念宗旨要求的更为广阔教学空间，让老年学习者真正享受到"老有所学，学有所乐"。

资料来源：陆剑杰. 老年教育学：中国老年教育34年实践经验的学术研究升华［M］. 南京：河海大学出版社，2018：261.

二、老年自主学习

（一）老年自主学习的内涵

老年自主学习，是指老年学生在接受其他老年教育的同时自己主动地进行学习。

自主学习是老年教育的主要途径之一。老年教育强调以老年学生为中心的理念，其中一个重要的方面就在于老年教育过程中要充分调动老年学生学习的主动性和创造性，在对他们进行讲解的同时，给他们留下充裕的机会进行自主学习、主动发展。老年人在原有文化程度、学习兴趣、学习习惯等方面存在较大的差异，满足他们不同的学习需求的最直接有效的途径就是自主学习。

我国老年教育界十分重视老年学生的自主学习，认为老年教学经过教师启动、师生互动环节之后，最终要达到学生自动——让老年学生自主、能动、创造性地学习。自主地学习，即学习者确立学习主体意识、提高自主学习能力、自主参与教学并具备一定的批判精神。这需要老年学生具备持之以恒的毅力，也需要他们能够将教师的外部引导力转化为内部动力。能动地学习，即老年学生在教师的指导、引导、启发下能够更自觉、更主动、更独立地进行学习；在教学中能够不断挖掘潜力，主动追求进步，不断完善自我。创造地学习，要求老年学生首先具有坚实的学习基础，然后追求学习的进一步升华，融入自己的个性和思想，"变学为思""变学为悟""变学为造"。①

（二）老年自主学习的主要类型

根据不同的分类标准，老年自主学习可分为不同的类型。

根据学习主体的不同，老年自主学习可以分为老年个体的自主学习和老

① 中国老年大学协会课题组. 中国老年教育学若干问题研究 [M]. 银川：阳光出版社，2012：179.

年团体的自主学习。前者是指老年人一个人进行的自主学习，后者是指老年群体一起开展的自主学习。老年群体一起开展自主学习的形式在英国、美国、瑞典、日本等国普及较广，其中以英国的第三年龄大学为典型代表。

知识链接

英国第三年龄大学中的老年自主学习

与法国第三年龄大学不同，英国的第三年龄大学是老年人自己所发起的一项自助运动。其课程以小组团队方式实施，内容相当多元。只要有人教、有人学，新课程就开设。课程涉及范围极广，从语言、文学、照相到数学均有。上课地点通常在交通方便的会员家中，人数在10人以下，或向当地学校、教会、民间组织租借地点，大多在白天上课。经费自给自足，不依赖政府。会员每年交少许费用，自2英镑到20英镑不等。教师由当地退休的人士担任，学习者以退休人员为主，不限年龄、性别、教育程度，没有成就评量和任何资格或文凭的取得。大多数的老年教育方案均系采取由老年人自己设计、筹划及负责为原则，老年教育的重点多半侧重于相关信息的提供。这些信息除了知性方面的知识传递外，还包括有老人自办活动方案时所需了解的事物或者程序、可用的资源、注意事项等。老年教育的重点包括老年人本身经验的交流或者传递，而不是像正式学校中师生之间施与受的关系。身为学生也可能透过经验的传递扮演教导者的角色，这个教育过程可称为"老年人技巧的释出"（Releasing Older People's Skills）。由于多数为老年人提供的教育课程都是出自高龄者本身的设计，因此这些教育活动方案通常较能了解高龄者的需要，并满足其特殊需求。老年人对这些课程的参与程度也随之提高，更透过各个老年人彼此生活经验的交换，以及人际间的互动，使课程不仅专注于知识的汲取，还包括老年人共商筹划课程时的创意。这种老年人自己主动规划的学习活动，必然大大提高他们的参与意愿和兴趣，并且尊重学习者主体生命的智能，可以说达到了教育的极佳理想境界。

资料来源：周德荣. 老年教育的理论与实践：以台湾为例［M］. 台北：师大书苑有限公司，2010：69－70.

根据学习技术手段的不同，老年自主学习可分为老年线下自主学习和老年线上自主学习。前者是指老年人在真实的环境下进行的自主学习；后者是指老年人利用网络技术，在虚拟学习情境下进行的自主学习。随着人工智能、大数据等新型互联网技术的发展，这种老年自主学习方式正在成为老年教育途径的新时尚。

以老年自主学习者年龄划界为标准，老年自主学习可分为同年龄段老年人的自主学习和多年龄段老年人的自主学习。前者的主体多在同一个年龄阶段，他们具有相同或相似的社会经历，对社会生活的认识有较多的共同之处，为他们进行人际沟通、经验共享和学习上的相互帮助提供了便利。后者又称为"混龄化的老年自主学习"，其主体没有明确的年龄限制，不同年龄阶段的老年人（甚至青年或中年人）都可以参加到自主学习的团体中来。这种方式目前也正在成为国际上流行的终身学习趋势。如澳大利亚在老人照护中心推广混龄照护，让不同年龄的人一起学习。法国将第三年龄大学更名为混龄大学，并取消了所有的入学条件限制，开设世代融合课程与学习活动。瑞典读书会将参加活动年龄下调到 13 岁，鼓励祖孙世代共组，相互交流学习、互补不足，让长者智慧及经验得以传承，并让年轻世代从小即接触亲老教育，养成敬老态度及习惯。[①]

---

① 虞红，许广敏. 老年教育的形态变革与创新路径研究：基于自主学习团体的审视［J］. 职教论坛，2021（5）：124－129.

三、老年学校文化建设

（一）老年学校文化的内涵

老年学校文化，是以老年大学（学校）校园为地理环境圈，以社会文化为背景，通过老年学校管理者和全体师生员工长期的实践所积淀和创造出来并为大多数成员所认同和遵循的具有自己特色的价值观念体系、规章制度系统、物化环境风貌和行为方式模式的结晶。

老年学校文化是一所老年大学（学校）的精神和灵魂，是学校办学理念、办学目标、学校精神、制度规范和行为方式的综合体现。它既是浸润人心的氛围，也是约定俗成的规则，以潜移默化的力量熏陶、教育和规范着学校所有人的思想意识和外在行为，发挥着以文化人的作用。

老年学校文化根据不同的角度来考察，可以有不同的类型。从形态的角度来划分，老年学校文化可以分为精神文化（理念文化）、制度文化、行为文化、形象文化、景物文化（物质文化）。从载体的角度来划分，老年学校文化又可以分为学生文化（含班级文化和社团文化）、教师文化、管理者文化、环境文化等。根据学校管理学的一般理论，大多数研究者将学校文化分为学校的物质文化、制度文化、精神文化和行为文化。

（二）老年学校文化建设的主要内容

1. 老年学校的物质文化建设

学校物质文化在有形的方面表现为学校的景物文化，主要包括校园景观和室内布置两个方面；在无形的方面是蕴含在校园景观和室内布置中的价值观念和制度。从课程论的角度来看，老年大学（学校）的物质文化也是一种隐性课程。因此，老年学校的物质文化必须上升到价值观念和教育理念的高度来认识，而老年学校物质文化建设也必须与其精神文化保持一致，充分关注物质文化的教育功能。

老年学校的物质文化建设，首先要建设足够面积的建筑物，包括齐全的教室、办公室、活动室、图书资料室、室外运动和教学场地、多功能礼堂、教学成果展示厅、社团活动场所、卫生保健室等教学、管理、服务所需要的用房和空间等。其次要为各教室、办公室、场馆配备必需的设备设施，如信息化的教学辅助系统、自动化的学校管理系统、智能化的安全保卫系统、绿色节能的水电系统等。在这方面，最为重要的是装备好教室里的现代化教育技术设备，以保证老年教学的现代化、信息化和智能化。最后还要做好与学校建筑匹配的校园硬化、绿化、美化工程，使校园环境达到清洁、整齐、优美的效果。

2. 老年学校制度文化建设

老年学校制度文化是蕴含在老年大学（学校）各级各类组织机构及其规章制度中的价值观念和行为规范，体现着社会对老年大学（学校）的基本要求。它以理念文化为基础，引导和规范着老年学生、教师和管理者的行为方式和形象风采。

老年学校制度文化建设，首先在于建立老年大学（学校）的各种规章制度，如学校党组织建设方面的规章制度、学校教学管理方面的规章制度、学校行政管理方面的规章制度、学校后勤管理方面的规章制度等。建立老年大学（学校）规章制度时，要遵循以老年学生为本的原则，充分体现老年教育的重要特点——尊重老人、服务老人、教育老人；还要遵循系统化和规范化的原则，制定的规章制度要全面，能够作用于学校各个机构个人；建立规章制度时要以党和国家的教育法律法规和方针政策为指导，保障老年大学（学校）正确的发展方向；规章制度内容的表述要符合相关要求，条目清晰，表述明确，易于理解和执行。其次，规章制度建立之后，要组织全校师生员工进行学习和理解，使每一个人都明白自己根据制度的要求做什么是尽职尽责、怎么做才是按质按量，知晓违反学校规章制度将会受到怎样的处罚。这是老年大学（学校）发挥规章制度规范、引领、教育作用的核心环节。再次，在日常工作中，上自领导下至员工，都要按照学校规章制度的要求做事，形成"照章办事"的良好风气。最后，建设老年大学（学校）的规章制度还要做到与时俱进，即要根据社会或学校发展的新趋势、新要求，及时地对规章制度进行修改和完善，规章制度不能滞后于学校的发展。

建设老年学校制度文化，关键在于学校制度中要充分遵循学校的价值观念、思维方式和工作追求，使得学校制度成为落实学校理念文化的坚实基础。

3. 老年学校精神文化建设

老年学校精神文化是老年大学（学校）全体师生员工共同认可并一致遵从的价值观念和行为规范，主要表现为校训、办学理念、发展目标等。这些内容反映出的学校精神不但是对传统文化的继承和发展，而且也是时代精神的集中体现。学校精神文化是学校的灵魂，是学校发展的动力之源。

老年学校精神文化建设具体包括：首先，凝练办学理念。老年大学（学校）的办学理念指的是一所学校以校长为核心的学校成员形成的关于"办怎样的老年大学"和"如何办好老年大学"的理性认识。它是老年大学（学校）办学和师生员工工作的"灵魂"和"航标"。其次，制定学校发展目标。学校发展目标包括学校教育目标和管理目标两大类，它是办学理念的具体化，为学校工作指明方向，一般体现在学校发展规划和工作计划中。在确立学校发展目标时，要做到宏观、中观和微观三个层次相结合，先制订出学校长远（如3～5年）发展规划，再根据长远规划制订每一学年和每一学期的工作计划。通过计划将学校发展目标不断地进行分解和落实，逐步使学校发展到理想的规格和水平。再次，确定校训、校风。它们是老年大学（学校）精神文化的必要组成部分，是老年大学（学校）办学理念最简练的体现，也是学校在长期的办学实践中形成的特色的集中反映。校训、校风不能由学校管理者主观地随意制定，而要经过广泛的民主讨论、得到绝大多数师生员工的认可之后才可以确立，因为它们表现的是学校绝大多数人共同的价值追求和行为风格。最后，建设老年学校精神文化的外显系统——可视化形象文化。学校的精神文化大多是隐性的，有特色的老年大学（学校）文化，使人进入学校后就能够感受到其与众不同的教育氛围，虽可察其意却难观其形。为了提高学校精神文化所反映的学校特色和价值，老年大学（学校）还应该重视学校可视化形象文化建设，如精心设计学校的大门景观、校名、校徽、校旗、校歌，专门制作学校的宣传视频、出版学校的校报、校刊、制作学校的网站等。有条件的学校还会通过有特色的校服来树立师生员工的形象，通过校园的布局和绿化美化渗透本校的精神文化。

4. 老年学校行为文化建设

老年大学（学校）行为文化是蕴含在老年大学（学校）教职员工和学生共同遵守的各种行为模式中的价值观念和行为规范。它是老年大学（学校）教职员工和老年学生外在的行为风格，用外显的方式体现着学校的办学特色。精神文化是老年大学（学校）行为文化的精神内核，制度文化是老年大学（学校）行为文化的制度保障。

老年大学（学校）行为文化一般包括学校领导管理者的行为文化、学校教职工的行为文化和老年学生的行为文化。建设老年大学（学校）行为文化时，要根据学校的办学理念、规章制度规范不同群体的日常行为方式，学校领导管理人员的行为文化建设在其中发挥着关键的导向、示范作用。除了日常行为的规范和监督之外，学校领导管理者还要结合本校的发展愿景，创新学校行为文化建设的举措，引导师生员工对自己的行为文化进行反思，形成自觉改善行为文化的良好风气。

四、老年游学

（一）老年游学的概念

老年游学是以老年大学（学校）或其他专门的老年教育机构组织开展的以教育旅游为主要方式，寓教于游、学游结合，最终达成老年受教育者学习知识、扩展文化、学以致用的老年教育目的学习、参观、交流、展示等系列活动。

这一概念包括如下要点。

第一，老年游学是一种多元主体组织的社会活动。老年游学的主体包括老年大学（学校），其他专门老年教育机构、文化、旅游、社会养老等相关部门，他们共同设计和组织老年游学活动。老年大学（学校）不是老年游学的唯一主体，但在诸多主体中发挥主导作用。"老年大学一方面需要系统性开发介绍当地历史和特色文化的课程、组织当地'非遗'文化产物观览等艺术体验、在游学的角度下组织特色文化景点的参观、组织当地与游学老年学生之间的文化展示交流等活动，另一方面也要将老年游学作为老年教育的一种创新模式，积极开发游学课程，组织本学校学生开展游学活动，提高教学水平。"[1]

第二，老年游学是一种以教育为根本属性的社会活动。老年游学与老年旅游不能等同起来，后者是老年人的一项休闲活动，而前者是老年受教育者的一项学习活动。老年游学虽然要求学游结合，但是学和游在老年游学中的

---

[1]　孟凡军. 关于老年游学的几点思考［J］. 老年教育（老年大学），2018（10）：30－33.

地位和作用不一样。游是手段和途径，而学才是目的。老年游学要寓学于游，而不能在学中游。开展老年游学，是期望通过这种方式拓宽老年教育的途径，用更丰富的形式促使老年受教育者学习世界优秀文化、陶冶思想情操和审美情趣，并在游学过程中加强文化交流活动，实现老年教育的文化传播价值。它不是纯粹的享受型养老，而是可以提供一种感受、一种全新的人生体验的教学方式。国内游学可以饱览祖国大美河山，感受各地风土人情；国外游学更能学习体验各式文化，拥抱国际化的大潮。[①]

第三，老年游学的对象不是一般的老年人，而是在老年大学（学校）或其他专门的老年教育机构中的老年受教育者。一般老年人由于没有学习的任务，所以他们在国内外进行的参观、远足等活动，多属于旅游的范畴；而老年受教育者在旅游过程中的参观、交流等活动，则属于游学的内容。所以，老年游学要落实老年教育以老年受教育者为本的基本理念，所组织的游学活动既要符合老年受教育者的身心基础，又要满足老年受教育者继续发展的要求。

（二）老年游学的兴起和实践探索

游学是我国古老的教育途径之一。世界上最早的专门论述教育问题的著作《学记》中就有"君子之于学也，藏焉，修焉，息焉，游焉"的观点，指出有学识的人在学习过程中，要善于深居求学，要潜心钻研学问，要注重课外学习来滋养学问，更要在游历中丰富自己的学问。现代意义上的游学（study tour，又可称为"学习旅游"），是一种国际性跨文化体验式教育。它将游览和学习结合在一起，使参与者不仅感受到了自然风光之美，而且领会到自然美背后的历史文化，在游中学、在游中思、在游中悟。

---

① 林元和. "一带一路"与老年教育研究［M］. 北京：北京师范大学出版社，2020：162 - 163.

中国的老年教育研究者认为，老年人的学习旅行活动最早出现在美国。1975 年，社会活动家、教育家马蒂·诺尔顿（Marty Knowlton）和时任新罕布什尔大学宿物总监的大卫·皮安柯（David Bianco）借鉴青年旅社的模式，创办的非营利性组织——老年游学营（Elderhostel，后更名为 Road Scholar），是全世界最早的老年游学机构，也是目前美国规模最大、最负盛名的老年教育机构。这个机构迄今已在 90 个国家开设了 1 万多个活动点，每年有 20 万人参加活动。老年游学营面向年满 55 岁的老人，15 ~ 40 人一组，参加为期 1 ~ 3 周的课程，以人文学科学习为主，组织实地考察和课外活动、社会交流，开设国际性课程，让学生出国考察不同的文化、民情和历史。老年游学营的口号是："世界是我们的课堂。"①

2013 年 7 月，在广州召开的国际老年大学协会（AIUTA）第 92 届理事会上，协会主席、法国的弗朗索瓦·维拉斯教授首先提出"老年游学"的倡议。"旅游 + 养老"突破了传统的养老方式，而老年游学更是将这种新型养老模式优化为"旅游 + 养老 + 学习"。2018 年，他在首届世界老年旅游大会上又指出："老年游学是老年教育的一种新模式，是学生学习知识、实践知识的途径。老年游学是老年教育的创新方式，老年学生可以参加老年大学的课程并感受游学目的地的文化和自然景观。"②

老年游学的具体形式从游学的具体内容来看，包括语言学习的游学、自然景观的游学、人文博物的游学、历史古迹的游学等；从游学的具体场所来看，包括国内游学和国外游学。它的具体实施方法，还有待于在实践探索中进一步开发，研究者提出的主要措施包括开发课程资源、培养专业师资、建

---

① 杨德广. 美国老年教育的发展及启示 [J]. 世界教育信息，2017（4）：34 - 38.
② 孟凡军. 关于老年游学的几点思考 [J]. 老年教育（老年大学），2018（10）：30 - 33.

设游学基地、打造特色品牌、加强督导评价、制定政策法规等。而广大老年教育工作者也在积极探索具有中国特色的老年游学模式，其中山东老年大学在这方面提供了积极的借鉴。

知 识 链 接

山东老年大学的游学

山东老年大学把老年游学作为学校"第四课堂"，采取教学游、展演游、境外文化交流游等形式，以学校组织与学生自发组织相结合，组织多批游学活动，深得学生喜爱。

山东老年大学创新提出"8s"老年游学工作理念，即在组织老年游学活动时，要突出学校（school）、学习（study）、放慢（slowing down）、服务（service）、安全（safety）、规范（standard）、满意（satisfaction）、体系（system）八个方面。

学校，即建立学校主导、全程参与机制。学校积极发挥优势，创新提出"4321"的内容安排，即参观游览景点占40%，文化交流体验占30%，住宿美食体验占20%，购物等其他内容占10%。同时，学校全程参与游学活动，监督、保障服务质量。

学习，即游学结合、学以致用。老年游学既不能"游而不学"，也不能"只学不游"，更不能"游而无获"。老年大学采取"理论＋实践"的组织形式，出发前组织理论讲座，加强游学地历史、文化、社会以及语言、风俗等方面的培训，同时明确目标任务，让学生带着任务游学，比如排练文化交流节目、记录游学感想等。游学中的动手实践课程，让学生学到真本领，增强游学成就感。

放慢，即放慢节奏、深入体会。游学要针对老年人身心特点，既不能急急忙忙、走马观花，也不能长途跋涉、过于劳累，在行程设计上必须把节奏放慢，让学生慢下来、深进去。

服务，即热情服务、周到细致。在游学组织过程中，要时时处处为学生着想，解学生所忧，耐心细致地做好每一项工作，让老年人少操心、家人少担心。

规范，即严格管理、形成规范。老年游学不仅要强调服务，还要严格管理、规范操作。学校将老年游学纳入教学计划，明确标准、任务，认真组织实施。研究制定"六严守六严禁"游学纪律，加强对学生纪律约束；成立临时班委，强化学生自我管理；倡导文明行为，树立学校良好形象；游学结束发放证书，肯定学生表现，增加学生荣誉感，激发学生参与热情。

满意，即学有所成、学生满意。在内容安排上，选择学生喜欢的项目，让学生深度参与体验。在游学过程中注意听取了解学生意见建议，及时协调整改。游学结束后，开展游学满意度问卷调查，不断改进提升游学质量。

体系，即完善机制，建立体系。老年大学组织学生游学涉及教学安排、方案设计、活动组织、安全保障等方方面面，需要建立一套完整的制度体系。学校在总结经验的基础上，研究制定老年大学学生游学办法。同时，老年游学事业发展需要多方协作，需要完善的政策支撑和协调机制，共同推动老年游学正常化、规范化、制度化。

他们在实践的基础上，提出了老年游学的积极建议：老年大学与旅游单位共同合作、联合开发，是解决老年游学产品供给不足矛盾的有效途径；采取有效措施妥善解决好老年安全保障问题是推动老年游学长远发展的关键所在；完善政策、建立体系是政府部门、老年大学以及旅游单位推动老年游学发展的工作重点。

资料来源：山东老年大学. 老年游学的实践与探索 [J]. 中国社会工作，2019（8）：38 - 39.

第七章 中国老年教育现代化建设

本章提要

　　本章首先阐明一个基本学术观点——现代化建设是新时代中国老年教育改革和发展的根本路向，之后分析老年教育现代化的概念、内容、评价体系等基本理论，最后阐述新时代中国老年教育现代化建设的重点：制度化、智能化和国际化。

第一节 老年教育现代化建设概述

　　现代化是新时代中国老年教育改革和发展的根本目标和方向。老年教育现代化建设要根据整个社会现代化和教育现代化的引领和要求，结合中国老年教育的实际情况而实施。为此，需要首先阐明老年教育现代化的内涵、中国老年教育40年的实践过程中积淀的主要特征、中国老年教育现代化建设的重点内容以及评价体系等基本理论。

一、现代化：新时代中国老年教育改革发展的根本路向

现代化是一个国家或地区在生产力推动下从传统社会向现代社会转变的过程，在这一过程中，其社会要发生全面而深刻的变革和发展。从根本上说，它是社会在生产力、科学技术和教育等因素的综合作用下，以人的现代化为核心所进行的连续不断的自我更新过程。我国研究者将从农业社会向工业社会的转移过程称为"第一次现代化"，从工业社会向知识社会的转移过程称为"第二次现代化"。第一次现代化的重要特征是工业化、城市化和民主化，主要是对大自然的征服。第二次现代化的重要特征是知识化、网络化和国际化，是对大自然的回归。

现代化是中国共产党和中国政府的目标和追求。[①] 1964 年 12 月 21 日，周恩来总理在全国第三届人大一次会议上提出要把我国建设成为一个具有现代农业、现代工业、现代国防和现代科学技术的社会主义强国，在中华人民共和国历史上第一次完整地提出"四个现代化"。20 世纪 70 年代末，根据邓小平同志的意见正式提出了"中国式的现代化"的概念。2013 年 11 月，中国共产党的十八届三中全会将"完善和发展中国特色社会主义制度，推进国家治理体系和治理能力现代化"作为全面深化改革的总目标。2014 年新春伊始，习近平总书记指出，推进国家治理体系和治理能力现代化，是实现社会主义现代化的应有之义。中国特色国家治理体系和治理能力现代化，被国内外专家认为是中国的"第五个现代化"。在中国共产党的十九大报告中，习近平总书记指出：中国特色社会

主义进入了决胜全面建成小康社会、进而全面建设社会主义现代化强国的时代。新时代的总任务是实现社会主义现代化和中华民族伟大复兴，在全面建成小康社会的基础上，到新中国成立一百年时，基本实现现代化，把我国建成社会主义现代化国家。他围绕"建设什么样的社会主义现代化国家、怎样建设这样的现代化国家"，提出了一系列新概念、新论断，极大地丰富和发展了中国共产党的社会主义现代化理论，开创了我国社会主义现代化建设的新时代。习近平新时代中国特色社会主义思想清楚地表明：现代化仍然是新时代中国建设和发展的价值追求。

教育现代化是我国现代化建设的必有之义。1978 年，《人民教育》第十一期发表题为《加快教育现代化的步伐》的短评，其中提出："四个现代化关键是科学技术现代化，而科学技术现代化的基础又在教育。要实现四个现代化，必须大大加快教育现代化步伐。"1983 年，邓小平同志提出著名的"三个面向"——教育要面向现代化、面向世界、面向未来。党的十七大以来，党和政府把教育现代化的地位提到了更高的位置。党的十七大报告第一次明确提出"提高教育现代化水平"的要求，十八大报告进一步提出"教育是民族振兴和社会进步的基石"。2017 年 3 月，李克强总理在政府工作报告中专门讲到要以教育现代化支撑国家现代化。同年 10 月，习近平总书记在党的十九大报告中提出，必须把教育事业放在优先位置，深化教育改革，加快教育现代化，办好人民满意的教育。这表明，作为中华民族伟大复兴的基础工程，教育现代化是新时代中国特色社会主义强国建设的必然内容。2019 年 2 月，中共中央、国务院印发了《中国教育现代化 2035》，中共中央办公厅、国务院办公厅同时印发了《加快推进教育现代化实施方案（2018—2022 年）》，这标志着我们开启了新时代中国特色社会主义教育现代化建设的新征程。

知识链接

中国教育现代化2035

《中国教育现代化2035》是我国第一个以教育现代化为主题的中长期战略规划，是新时代推进教育现代化、建设教育强国的纲领性文件。

《中国教育现代化2035》提出推进教育现代化的指导思想是：以习近平新时代中国特色社会主义思想为指导，全面贯彻党的十九大和十九届二中、三中全会精神，坚定实施科教兴国战略、人才强国战略，紧紧围绕统筹推进"五位一体"总体布局和协调推进"四个全面"战略布局，坚定"四个自信"，在中国共产党的坚强领导下，全面贯彻党的教育方针，坚持马克思主义指导地位，坚持中国特色社会主义教育发展道路，坚持社会主义办学方向，立足基本国情，遵循教育规律，坚持改革创新，以凝聚人心、完善人格、开发人力、培育人才、造福人民为工作目标，培养德、智、体、美、劳全面发展的社会主义建设者和接班人，加快推进教育现代化、建设教育强国、办好人民满意的教育。将服务中华民族伟大复兴作为教育的重要使命，坚持教育为人民服务、为中国共产党治国理政服务、为巩固和发展中国特色社会主义制度服务、为改革开放和社会主义现代化建设服务，优先发展教育，大力推进教育理念、体系、制度、内容、方法、治理现代化，着力提高教育质量，促进教育公平，优化教育结构，为决胜全面建成小康社会、实现新时代中国特色社会主义发展的奋斗目标提供有力支撑。

《中国教育现代化2035》提出，推进教育现代化的总体目标是：到2020年，全面实现"十三五"发展目标，教育总体实力和国际影响力显著增强，劳动年龄人口平均受教育年限明显增加，教育现代化取得重要进展，为全面建成小康社会作出重要贡献。在此基础上，再经过 15 年努力，到 2035 年，总体实现教育现代化，迈入教育强国行列，推动我国成为学习大国、人力资源强国和人才强国，为到 21 世纪中叶建成富强民主文明和谐美丽的社会主义现代化强国奠定坚实基础。2035 年主要发展目标是：建成服务全民终身学习的现代教育体系、普及有质量的学前教育、实现优质均衡的义务教育、全面普及高中阶段教育、职业教育服务能力显著提升、高等教育竞争力明显提升、残疾儿童少年享有适合的教育、形成全社会共同参与的教育治理新格局。

为了有效推进新时代中国教育现代化建设，《中国教育现代化 2035》提出了八大基本理念、七个基本原则、十大战略任务和三个方面的保障措施。八大基本理念是：更加注重以德为先，更加注重全面发展，更加注重面向人人，更加注重终身学习，更加注重因材施教，更加注重知行合一，更加注重融合发展，更加注重共建共享。七个基本原则是：坚持党的领导、坚持中国特色、坚持优先发展、坚持服务人民、坚持改革创新、坚持依法治教、坚持统筹推进。十大战略任务是：学习习近平新时代中国特色社会主义思想、发展中国特色世界先进水平的优质教育、推动各级教育高水平高质量普及、实现基本公共教育服务均等化、构建服务全民的终身学习体系、提升一流人才培养与创新能力、建设高素质专业化创新型教师队伍、加快信息化时代教育变革、开创教育对外开放新格局、推进教育治理体系和治理能力现代化。三个方面的保障措施是：加强党对教育工作的全面领导、完善教育现代化投入支撑体制、完善落实机制。

资料来源：中共中央、国务院印发《中国教育现代化 2035》[EB/OL]. (2019 - 02 - 23)[2022 - 01 - 02]. http://www.moe.gov.cn/jyb_xwfb/s6052/moe_838/201902/t20190223_370857.html.

党和政府提出的新时代中国特色社会主义现代化强国建设的根本目标和加快推进教育现代化的要求，决定了现代化建设是新时代中国老年教育改革和发展的根本路向和内容。在40年的发展过程中，中国老年教育界提出了规范化建设、制度化建设、信息化建设、国际化建设等诸多改革和发展的内容，这些内容必须置于老年教育现代化建设这一宏大的时代课题之中。

二、老年教育现代化的概念、特征、内容和评价体系

（一）老年教育现代化的概念

1. 老年教育现代化的定义

老年教育现代化，是指一个国家的老年教育系统在社会现代化目标引领下，以整个社会现代化的客观需要为动力，以社会文化的全部最新成就武装老年教育，使其自身具备适应和促进整个社会现代化的能动力量并最终形成现代老年教育形态的过程。

这一定义包含以下基本要义。

第一，老年教育现代化是教育现代化的必要组成部分，其发展水平要受社会现代化目标的制约。老年教育是一个国家和地区教育体系的必要组成部分，将老年教育现代化纳入教育现代化体系是一个必然的举措。2010年，我国颁布的《国家中长期教育改革和发展规划纲要（2010—2020年）》中第一次把老年教育列入国家教育总的战略格局和发展规划之中。该文件提出，到2020年要基本实现中国教育现代化，其中必然地包含着老年教育现代化。

既然老年教育现代化是教育现代化的必要组成部分，教育现代化的客观规律也就适用于老年教育。教育现代化的进程，受社会整体发展水平的制约，老年教育现代化同样要受社会整体发展水平的制约，因此要将推进老年教育现代化统一到社会现代化建设的整体战略之中。建设中国特色社会主义

老年教育现代化，要以满足社会发展和老年人身心继续发展为基本动力，以大力发展社会生产力和科学技术为基本条件，促进老年教育现代化和教育现代化、社会现代化协调发展。

第二，老年教育现代化建设离不开最新文化的影响和作用。现代化是一个全面的社会转变过程，这一变化过程既受社会经济发展水平的制约，又受思想观念、科学技术、文化形态等的影响。作为现代化进程中的后发外生型国家，中国的教育现代化应该是"浓缩型"的教育现代化。它要求我们在教育现代化的过程中既要重视物质层面的教育现代化，也要重视制度层面和观念层面的教育现代化。因此，要重视用先进的文化影响和推进老年教育现代化进程。目前，中国正处于从第一次现代化向第二次现代化的转变之际。处于这样一个变革之中的老年教育现代化，要认清自己的主要任务，主动迎接知识社会、信息文明和建构人类命运共同体等方面的新挑战。

老年教育现代化的各种文化影响因素中，老年教育观至关重要。观念现代化是老年教育现代化的必要内容，老年教育观念的革新，在老年教育现代化进程中具有重要的先导和促进作用。人的思想观念的变化往往会迸发出巨大的力量，促使人们自觉地改造自我和客观世界。马克思在谈到精神对当时德国人民的作用时，就充分地肯定了这一点。他说："思想的闪电一旦真正射入这块没有触动过的人民园地，德国人就会解放成为人。"[①] 老年教育现代化建设一定要高度重视老年教育观念的改变和更新，在推进物质层面和制度层面现代化的同时，认真研究老年教育观念的更新问题。

第三，老年教育现代化的核心是培养现代化的老年人。现代化是一个国家和民族所进行的全面而深刻的社会变革，其中必然包含人的现代化。按照

---

① 马克思，恩格斯. 马克思恩格斯选集. 第 1 卷 ［M］. 北京：人民出版社，1995：15－16.

美国学者英克尔斯的观点，人的现代化也就是人们在精神上形成现代的态度、价值观、思想和行为方式，并把这些熔铸在他们的基本人格之中，是"人们从具有传统的人格转变成具有现代人格的过程"①。人是现代化的主体，人创造着现代化的社会。人又是社会塑造的客体，人的现代化有赖于社会现代化。社会创造现代化的人是通过人创造现代化的社会而实现的。人塑造着现代化的社会，也塑造着现代化的自我。人的主动、积极、创造性的活动，是实现社会现代化与人自身现代化的根本动力、核心内容和最终目的。同样，老年教育现代化的核心是培养现代化老年人，塑造老年人的现代素质。"通过教育，首先让老年人具备基本的民主参与意识和参与能力，具备高度的法治精神，开放的头脑，合作的观念和竞争的精神，具有积极融入现实生活的能力和强烈意愿，而不是老年人主观地把自己从'人'这一群体划出去，成为一个独立的'老年人'圈子，完全无奈、被动地度过余生。"②

第四，老年教育现代化的主体是老年大学教育现代化。中国老年教育的主要载体是老年大学，所以在日常生活中，人们常常把"老年教育"和"老年大学教育"作为同义语。然而，这两个概念在严格的学术意义上并不是一回事。老年教育现代化，是指老年教育这一社会活动的现代化建设过程，老年大学教育现代化是指老年教育的重要形态之一——老年学校教育中的老年大学教育的现代化建设。由于老年教育还包括老年家庭教育、老年社会教育等形态，所以，老年教育现代化是老年学校教育现代化的上位概念，二者是包含与被包含的关系，而不是等同关系。老年教育现代化必然地

---

① 英克尔斯，史密斯. 从传统人到现代人：六个发展中国家中的个人变化［M］. 顾昕，译. 北京：中国人民大学出版社，1992：5.

② 中国老年大学协会课题组. 中国特色老年大学教育现代化研究［M］. 广州：广东教育出版社，2011：25.

包含着老年大学教育现代化之义，但是其内涵要比老年大学教育现代化宽泛得多。

在现代社会最普遍的三种教育形态（家庭教育、学校教育、社会教育）中，学校教育占据了主导地位。在中国老年教育系统中，老年学校教育也是占据着主导地位的，而且老年学校教育中又以老年大学教育为主。因此，从这个意义上说，"'老年大学教育现代化'则是'老年教育现代化'的先行部分和核心部分。20 世纪 90 年代后期，世界教育现代化重心下移趋势使学校教育现代化主题日益凸显。'以学校为基础的教育发展'成为教育现代化的重要体现方式。中国老年教育的现代化也要凸显老年大学的教育现代化，使之成为整个老年教育现代化的主旋律"①。

（二）中国老年教育现代化的基本特征

讨论老年教育现代化的特征问题，必须首先明确两个前提条件：第一，老年教育现代化建设是一个不断变化的过程，不存在终极意义上的老年教育现代化特征。第二，对老年教育现代化特征的概括，离不开老年教育产生和发展的特定时空条件。换言之，任何老年教育现代化的特征，都是老年教育在某一国家和地区的某一特定的历史发展阶段的共性的总结，不存在脱离特定时空条件的抽象意义上的老年教育现代化特征。

中国老年教育的产生几乎同步于改革开放后中国特色社会主义现代化建设，中国老年教育的发展历程，也就是中国老年教育工作者和社会各界致力于老年教育现代化的奋斗过程。在现代化探索过程中，中国老年教育呈现出来的显著特征主要有以下几种。

---

① 中国老年大学协会课题组. 中国老年大学教育现代化指标体系设计［M］. 广州：广东教育出版社，2014：1.

1．坚持中国共产党的领导，重视党和政府主导办学

与法国依托普通高等学校举办老年教育和英国"自助式"老年教育办学模式不同，中国在40年的老年教育探索过程中，形成了"党政主导、政府职能部门直接办学"为主要特色的老年教育中国模式。虽然中国老年教育的举办主体是多元的，但党政职能部门占据绝对的主导地位。

党和国家非常重视和支持我国老年教育的发展，以法律、政策等形式为老年教育的实施提供了有力的支撑与保障。1996年颁布的《中华人民共和国老年人权益保障法》中明确指出，国家要大力发展老年大学教育事业，并鼓励社会支持和创办老年学校。中国共产党在多次全国代表大会报告中提及构建包括老年教育在内的终身教育体系，将发展老年教育列入国家发展战略之中。

中国老年教育现代化建设过程中形成的这一特征，要求老年教育必须加强中国共产党的领导。一切老年教育活动都必须坚持党性原则，严守中国共产党的政治纪律和政治规矩，确保老年教育坚定正确的政治方向。老年教育活动中要突出思想政治的引领作用，坚持不懈地传播马克思主义理论，将培育和践行社会主义核心价值观作为老年教育的重要内容，融入老年人的日常学习活动中。要坚持以党建为统领，加强离退休干部党组织建设，发挥老年临时党支部和老党员、特别是离退休干部党员在老年教育活动中的模范带头作用。

2．坚持以人为本，形成了中国老年教育的理念体系

"以人为本"的内涵主要有二：一是指人在发展中具有根本性的地位和作用，二是指人既是发展的主体，也是发展成果的享有者。

我国老年教育是伴随离退休干部制度而产生、发展起来的。早期的老年教育以老干部大学为主要载体，以离退休老干部为主要教育对象。1988年

成立了中国老年大学协会以后，各级老年教育机构以老年大学（学校）为主体，初步形成了老年教育体系，老年大学（学校）逐渐对社会老年人开放，教育对象从离退休老干部拓展到离退休教师、工人、农民等群体。在老年教育的转型发展过程中，老年教育工作者以科学发展观、可持续发展理念和新时代中国特色社会主义思想等中国化马克思主义理论为指导，形成了"以人为本"的理念。无论是1996年颁布的《中华人民共和国老年人权益保障法》中提出的"老有所养、老有所医、老有所为、老有所学、老有所乐"的老龄事业目标，2016年国务院办公厅印发的《老年教育发展规划（2016—2020年）》中提出老年教育要"提高老年人的生命和生活质量"，"使老年人获得更多的幸福感"，还是近两年来中共中央、国务院发布的关于我国老龄事业的政策文本中强调的要使老龄人享受改革开放的红利，通过种种途径使老年人安享晚年，无不体现着"以人为本"的基本特征。

我国各级老年大学（学校）和其他老年教育机构始终坚持这一理念，不断推进老年教育现代化发展，强调通过老年教育培养现代化的老年人，既满足老年人自身发展的需求，又依靠老年人自身的力量发展老年教育。随着中国特色社会主义进入新时代，我国经济、社会、文化、教育等发展迅速，老年人在精神文化方面有了更高、更多的需要，他们希望通过继续接受教育提升自我、融入现代社会。在这种新形势下，我国的老年教育更加努力地践行"一切为了老年人，为了老年人的一切"的老年教育观，关注老年人的发展愿望与多层次需求，尊重老年人在老年教育中的主体地位，根据老年人的身心发展特点开展教育，遵循老年教育"以人为本"的基本原则，这也是今后我国老年教育现代化应该继续遵循的基本要求。

此外，随着国际教育的改革与发展，广泛传播的国际教育理念也影响着我国老年教育的现代化建设，形成了终身教育理念、素质教育理念、健康快乐理念、积极老年教育观等老年教育的核心理念，并围绕这些核心理念逐步构建起我国老年教育的理念体系，主要包括：由公平教育理念、全纳老年教育理念、开门办学理念、规范办学理念等构成的办学理念；由以教学为中心理念、创新教育理念、无压力教学理念、自主教育理念、个性化理念等构成的教学理念；由服务理念、人性化理念、质量管理理念、效益理念等构成的管理理念。① 这些理念在推动我国老年教育现代化发展方面发挥了重要的作用。

3. 坚持传递、传播中外优秀文化，形成了具有中国文化特色的老年教育课程体系

中国的老年教育与文化之间存在着天然的联系。尊老、养老的文化传统是中国老年教育发展的外部动力，奠定了当代中国老年教育的文化底蕴；养生文化是中国老年教育持续发展的内部动力和课程建设的重要依据。中国老年教育创办之初，就注意从中华优秀传统文化中选择养生、书法、古诗词、绘画、体育、舞蹈、烹饪等方面的知识和技能，设置具有中国特色的老年教育课程体系。随着我们党和政府越来越重视中华优秀传统文化的传承和教育工作，老年教育系统以老年大学（学校）为主体、以传承和传授中华优秀传统文化为旨趣、以我国的非物质文化遗产为主要内容，积极进行课程体系改革，在老年教育（课程）体系中广设体现中华优秀文化的内容，并通过不断挖掘民间优秀传统文化精品，开发学校新课程，同时聘请以非物质文化遗产传承人为主体的优秀专业人才作为老年大学（学校）的教师，向老年学生进行相关知识和技能的传授，又通过老年大学（学校）的教学成果汇报展示、老年学校学生社团活动、老年学生的社会志愿者活动等途径，在国内外传播中华优秀传统文化。此外，在老年教育管理者的组织下，老年教育

---

① 中国老年大学协会课题组. 中国特色老年大学教育现代化研究［M］. 广州：广东教育出版社，2011：106.

者和老年受教育者还不断地创造着新的中华优秀文化。这些做法既是老年教育内容现代化的积极行动，也促进了中华优秀传统文化在老年教育领域的保存、传承、传播和再创造。这说明，中国的老年教育是坚定和增强文化自信的重要阵地，也要求在新时代老年教育现代化建设过程中，进一步做好中外优秀文化的收集、整理、研究、创新工作，在老年教育价值、课程体系、教育途径、文化建设等方面深化改革和发展。

此外，我国老年教育在教育方式、教育手段、文化建设等方面进行了创造性的探索，在现代化建设上已经走出了具有中国特色的道路。

（三）我国老年教育现代化的内容和评价体系

1. 我国老年教育现代化的主要内容

目前，我国关于老年教育现代化内容和指标体系的研究还比较薄弱，相关研究主要是借鉴教育现代化的研究成果。

关于教育现代化的内容，有人提出"三层次说"，认为教育现代化包括物质层面的教育现代化、制度层面的教育现代化和观念层面的教育现代化。[①] 也有人认为，教育现代化的基本内容包括教育观念的现代化、教育目标的现代化、教育体制的现代化、教育内容的现代化、教学手段和方法的现代化、教育理论和教育研究方法的现代化。[②] 在老年教育现代化内容方面，中国老年大学协会课题组认为"中国老年教育现代化的基本内涵是一个联系紧密的有机系统，是以教育思想现代化为前提，教育设施现代化为基础、课程现代化为核心、师资现代化为关键、管理现代化为保障的完整的科学系

[①] 黄济，郭齐家. 中国教育传统与教育现代化基本问题研究［M］. 北京：北京师范大学出版社，2003：194－202.

[②] 顾明远. 教育大辞典：增订合编本（上）［Z］. 上海：上海教育出版社，1989：783.

统"①。而在关于中国特色老年大学教育现代化的专题研究中，课题组提出的关于老年大学教育现代化的主要观点包括：第一，办学理念现代化是中国特色老年大学教育现代化的必要前提和思想条件；第二，教学设施和手段现代化是老年大学教育现代化的物质基础；第三，中国特色老年大学教育现代化的核心是课程设置和创新；第四，中国特色老年大学教育现代化的关键是师资和教学质量，而师资现代化又是全面提高教育质量的保证；第五，中国特色老年大学教育现代化的保障是现代科学管理。②

探讨我国老年教育现代化的内容，应该将已有的教育现代化理论、中国老年大学协会提出的老年大学教育现代化指标体系、我国老年教育的实际情况等三个方面有机地结合起来。基于上述认识，老年教育现代化的主要内容应该包括以下几个方面。

（1）老年教育观念的现代化。老年教育观念现代化主要是指人们形成的与社会现代化进程相一致的关于老年教育的认识或认识转变过程。老年教育观念现代化主要包括两个方面：一是对传统老年教育观念进行批判性继承，使老年教育观念适应整个社会现代化建设进程。二是在全球化背景下，老年教育观念要立足本民族优秀文化之根基，吸收世界老年教育现代化的优秀理论研究成果，借鉴国外先进的老年教育理念和经验，实现中国老年教育时代性和民族性的统一。

（2）老年教育内容的现代化。老年教育内容的现代化，集中体现在老年大学（学校）的课程现代化方面，其内涵主要包括：第一，注重课程导

① 中国老年大学协会课题组. 中国老年教育学若干问题研究［M］. 银川：阳光出版社，2012：402.

② 中国老年大学协会课题组. 中国特色老年大学教育现代化研究［M］. 广州：广东教育出版社，2011：13－14.

向，始终贯彻"以学习者为中心"的现代教育思想，以满足老年人精神文化需求为出发点。第二，构建完善科学的课程体系，既要接受国家学科体系指导，又要分阶段规划老年教育课程体系的"年别结构"。第三，确保课程的有效实施，既要创新地将现代教学技术应用于老年大学（学校）的课程实践之中，又要把教学系统设计、现代远程教育等优化课程和创新课程应用途径的教育理念普及到老年大学（学校）教师的心中。

（3）老年教学的现代化。指老年教育系统的教学在社会现代化和教育现代化目标的引领下，依据现代化教学理念，从传统教学向现代化教学转变的过程。通过这一转变，让老年受教育者做到"老有所学"，实现"老有所为"，享受"老有所乐"。

（4）老年教育制度现代化。即老年教育系统中关于教育、教学和管理规则的现代化，其实质是建立与现代化社会和现代化教育相适应的现代老年教育制度的过程，如完善关于老年教育的法律法规体系、建立多样化的老年教育机构、建立并实施规范化的老年教育管理体制等。

（5）老年教育师资建设的现代化。老年教育师资的现代化，主要是指老年教育师资在专业理念与师德、专业知识、专业能力等方面从传统向现代、从落后向先进转变的过程。它包括两个方面的基本内容：一是从事老年教育的教师要具备与现代化社会和现代化教育相适应的专业素质结构，成为履行老年教育教学职责的专业人员。二是建立一支由具备现代专业素质的教师个体构成的、综合结构（如学历结构、学科结构、性别结构、职称结构等）合理的老年教育师资队伍。

（6）老年大学（学校）或其他老年教育机构后勤管理的现代化。这一部分主要是指在老年大学（学校）或其他老年教育机构中以现代化管理理念为指导，改变传统管理模式和思路，用先进的管理设施及手段为老年教育的良好运行提供服务和保障。

2. 我国老年教育现代化的评价体系

老年教育现代化的评价体系是用于评价老年教育现代化建设水平或发展程度的具体的、可测量的评价准则和维度，是根据可测量或具体化的要求而确定的老年教育现代化的评价内容，也是根据社会整体现代化建设需要而提出的老年教育现代化的发展目标。

关于我国老年教育现代化的指标体系，目前最为突出的就是以广州市老年干部大学为主体的中国老年大学协会课题组的研究成果。该研究根据我国的实际情况，借鉴国际老年教育的先进理念和做法，设计了一套较为完整的老年大学教育现代化指标体系。

该指标体系由6个一级指标、25个二级指标、78个检测点组成。一级指标是6个"度"，即老年大学教育保障度（下设组织保障、政策保障、制度保障、经费保障、校园安全保障五项二级指标）、教育质量度（包括现代教育理念、教育规划质量、队伍建设质量、课堂教学质量、教育满意率等五项二级指标）、设施配置度（包括校舍与校园环境建设水平、教育设备现代化水平、信息化建设水平等三项二级指标）、教育创新度（下设制度创新水平、课程创新水平、教材创新水平、理论创新水平等四个二级指标）、文化建设度（下设思想道德建设水平、校园文明创建水平、学校文化艺术活动水平、学员社团建设水平等四个二级指标）、教育贡献度（下设塑造现代老人的作用力、发展地区老年教育的引领力、构建和谐社会的助推力、开展国际合作的参与力等四个二级指标），这一层次强调指标分属范畴。第二级指标是若干个"保障""水平"和"力度"，包括了老年大学教育现代化的理念前提、设施基础、课程核心、师资关键和管理保障，这层次重在标明指标尺度。第三级指标是具体分解的要求，侧重于能付诸检验的量化的标准数据。贯穿中国老年大学教育现代化指标体系的灵魂是人的现代化。^① 该指标体系主要适用于省部级、副省部分级、省会城市的老年大学。

第二节　新时代中国老年教育现代化建设的重点

我国老年教育发展的时间还比较短，其现代化建设任务十分繁重。从当前国际国内社会发展的特点和趋势来看，中国老年教育现代化建设的重点为制度化、智能化和国际化。

一、老年教育制度化

（一）老年教育制度化的内涵

1．制度与老年教育制度

从词源上看，中外"制度"一词包含两个基本内涵：一是作为实体存在的、由若干个个体或单位构成的系统或体系，二是维系系统运行、为系统内的成员所共同遵守的规则。结合不同学科的观点，"制度"的内涵可以概括为三个方面：一是由若干具有共同目标的单位构成的系统。根据系统论的观点，该系统由多个要素（在社会系统中，这些要素主要是一个个具体的单位或机构）组成。这些要素经过整合，形成上下贯通、左右关联的组织架构，以发挥其远远超过于单个机构的整体功能。二是该系统运行所必须遵循的领导管理体制。三是为保证该系统正常运行而制定的规章、法则，其目的在于规范系统成员行为，包括系统内部的规范以及系统外宏观的法律、法规和政策。

---

① 中国老年大学协会课题组．中国老年大学教育现代化指标体系设计［M］．广州：广东教育出版社，2014：6，26 - 48．

据此，老年教育制度是指现代社会某一国家或地区的各级各类实施老年教育的组织系统及其管理规则。其具体含义包括：第一，由各级各类学校或其他机构构成的老年教育系统；第二，老年教育系统运行和发展的领导管理体制；第三，老年教育系统正常运行和发展必须遵从的宏观的（即整个国家和社会层面上的）法律、法规、政策和微观的（即老年教育系统内部的）规章法则。

2. 制度化与老年教育制度化

"制度化"是与"制度"受到同等重视的一个概念，人们对它进行了各自的理解和界定。如美国的亨廷顿（Samuel P. Huntington，1927—2008）指出：制度是稳定的、受珍重的和周期性发生的行为模式。而制度化是组织和程序获取价值观和稳定性的一种进程。制度化水平可以用四个条件加以衡量：第一，适应性—刻板性。组织和程序的适应性越强，其制度化程度就越高；反之，适应性越差，越刻板，其制度化程度就越低。第二，复杂性—简单化。一个组织越复杂，其制度化程度就越高。复杂性包括两个含义：一是一个组织必须具有数量庞大的下属组织，从上到下，隶属明确，职责不同；二是这个组织不同类型的下属组织各具高度专门化水平。第三，自主性—从属性。一个组织独立于其他社会团体和行为方式的生存程度越高，其制度化程度就越高；高度制度化的社会组织有自己的一套程序。第四，内聚力—不团结。一个组织越团结，越具有内聚力，其制度化程度也就越高；相反，组织越不团结，其制度化程度也就越低。① 我国研究者将"制度化"的内涵概

---

① 亨廷顿. 变革社会中的政治秩序［M］. 王冠华，刘为，等译. 北京：生活·读书·新知三联书店，1989：12 - 21.

括为三个层面^①：第一，制度化指制度变迁的一种历时性过程。这个过程不是随意的，而是有方向的，是从不稳定和无序走向稳定和有序的过程。第二，制度化直接描述的是一种更加有序和稳定的属性和状态。第三，在制度产生的过程中，行动者的意图和行为在制度化过程中起着十分重要的作用。从这个意义上讲，制度化还表征主体有意图的行为和策略。

老年教育制度化，是指老年教育作为一种社会组织从个别化、不规范、不稳定、组织松散的形态向被社会普遍认可的系统化、规范化、固定化和动态稳定状态转化的过程。

制度化的老年教育包含如下要素。

第一，形成具有相对稳定形态的老年教育系统。系统内各老年大学（学校）和其他施教机构之间形成内在的联系，系统对于这些"个体"具有凝聚力，也能够给予这些"个体"信赖感和安全感。

第二，制定与社会发展相适应的系统发展目标。老年教育发展阶段不同，其发展目标也不同。

第三，形成老年教育系统内的各成员单位所认可并愿意为此付出努力的发展理念，有一套指导性的价值观，从而保证老年教育系统在发展中具有相对稳定性。

第四，形成对老年教育系统内各成员单位有约束作用的规章制度。

第五，在系统目标、指导价值和内部规范作用下，形成良好的运行模式。

第六，有合理的老年教育领导管理体制。

第七，能够为教育系统（甚至社会系统）所认可和接受，因而政府会

---

① 李威利. 从制度化到结构化：现代国家转型的新结构政治理论 [J]. 甘肃行政学院学报，2019（4）：105－114.

通过制定相关的法律、法规和政策引领和规范老年教育的发展，同时也会为老年教育系统的运行提供人力、物力、财力等方面的保障。

（二）我国老年教育制度化的必要性

1. 我国老年教育制度化是新时代中国社会秩序建构的必然要求

任何一个国家和地区的发展，都需要稳定、良好又充满活力的社会秩序。社会秩序"使社会成为可能，帮助人们不受损害、没有冲突地生活在一起"[①]。社会秩序的建构，要求社会组织有一个制度化的过程。老年教育作为我国社会系统的子系统，要取得符合社会公认的"合法性"，就必须进行制度化建设，使老年教育能够与整个国家社会发展保持协调一致以保证其健康发展。

目前，我们党和政府已经出台了一系列与老年教育相关的法律、法规和政策，这标志着老年教育在法律意义上已经成为我国社会大系统中的重要组成部分。尽管如此，不能由此认为老年教育在我国社会系统中已经完全具有了"合法性"。新制度主义制度化理论的"文化—认知"观强调，思想观念和"文化—认知"等主观因素在制度化中具有重要作用。按照美国知识社会学家伯格（Peter Berger，1929—2017）和拉克曼（Thomas Luckmann）的观点，制度化就是意义的外化、客观化和内化的过程，所谓"客观化"就是"行动者与社会互动过程中所产生的各种意义，相对于行动者而日益成为外在于行动者的事实的过程"。他们还强调在制度化过程中"共同信念"向第三方——没有参与建构这些信念的人进行传播和扩散对于制度化的重要作用。[②]

---

① 徐晓军. 社会秩序视角下的公共危机与制度变革 [J]. 华中师范大学学报（人文社会科学版），2012（1）：13-21.

② 张熙，刘慧珍. "建设世界一流大学"场域中的制度化机制研究 [J]. 高教探索，2015（9）：5-8.

目前，我国专业人员（包括研究者和实践者）在老年教育的许多理论方面（如老年教育的本质属性和社会价值）尚未形成共识，已经形成的认识和理念也没有很好地在社会上进行传播，因而社会公众还没有在"文化—认知"层面形成关于老年教育的共识。我国老年教育在取得社会认知层面的"合法性"方面仍需要一个过程。

2. 制度化是新时代中国老年教育健康发展的必然趋势

形成制度化的老年教育，首先要建构老年教育机构之间纵向连接、横向贯通的组织体系。目前我国的老年教育虽然发展规模大、教育形态多，但是尚未形成系统的老年教育组织体系。解决这一问题的根本途径就是进行老年教育制度化建设。

老年教育制度化的要素之一是形成老年教育系统运行和发展必须服从的老年教育领导管理体制，这一问题在我国尚未得到很好的解决。"现有的政策文件虽已提出建立'党委领导、政府主导'，有关部门密切配合、共同参与的管理体制，但是并没有明确具体牵头部门。部分地方老年教育领导小组办公室职能发挥不够，成员单位之间沟通协调的力度不够，没有形成齐抓共管的局面。这种局面在一定程度上影响了资源整合、师资供给、课程与教材建设、基础保障等工作的有效实施，降低了老年教育事业发展的效能。"[①]这种状况要求我国老年教育进行制度化建设。

老年教育的制度化，还有助于老年教育系统内部形成共同的社会文化心理认同，凝聚系统合力。由于我国老年教育尚未形成系统化的建制，缺乏统一的组织理念和目标，所以在其发展过程中势必会产生一定的内耗，影响老年教育的健康发展。这要求与老年教育发展相关的各方进行协商，对老年教

---

① 刁海峰. 中国老年教育发展报告（2019—2020）［M］. 北京：中国商务出版社，2021：90.

育的发展制定出总体一致的规则要求。

此外，老年教育的发展需要从社会其他方面获得各种资源，如人力、物力、财力等基本资源的支持，这就需要与国家的人力资源、教育、财政、司法等主管部门进行协商，争取得到它们的支持。这些国家政府部门，都是社会制度体系中的单位。老年教育必须实现制度化，将自己纳入社会制度体系之中，才能够在社会制度框架内与相关方面进行协商对话，获得相应的支持和保障。

（三）我国老年教育制度化建设的基本策略

1. 建构相对统一和稳定的老年教育系统

建构相对统一和稳定的老年教育系统，就是要改变目前不同类型的老年教育系统各自为政、贯通不足、分散存在的状态，整合各个领导管理部门主管主办的老年教育机构，形成具有一致的教育、教学、管理理念和目标，有一定的组织建制和共同的老年教育行为模式的一体化老年教育系统，其中主要涉及以下两大方面。

一是形成一体化的老年教育系统。在这方面，深圳市进行了有益的改革探索。

知 识 链 接

深圳市老年教育标准化建设

2020 年 6 月，中共深圳市委组织部、中共深圳市委老干部局印发《关于推进长青老龄大学体系标准化建设的通知》（深老干通〔2020〕4 号），开始在全市范围内开展老年教育标准化建设，其中一个重要的方面就是完善"市—区—街道—社区"四级老年大学网络建设，建立一体化的老年教育系统。他们的关键做法是：第一，老年干部教育引领。以市长青老龄大学体系标准化建设为契机，推动各区老干部大学全面对标，各区老干部中心转变工作方式，协调资源，指导街道、社区老年大学全面挂牌长青老龄大学，真正形成全市"一盘棋"的工作格局。市级老年大学冠名"深圳长青老龄大学"，各分校名称统一为"深圳长青老龄大学×××校区×××分校"，各街道、社区教学点名称统一为"深圳长青老龄大学×××校区×××分校×××教学点"，同时明确各级学校的建设主体、选址布局、功能设置、统一标识等，要求在全市范围内统一深圳长青老龄大学的标识和悬挂规范。这样做，首先在全市老年教育的视觉形象和硬件建设方面做到了一体化。第二，完善老年教育的管理机制。深圳市建立了党委领导、政府统筹，由教育、民政、文化、财政、卫健、老干部工作部门，以及高校、科研院所等单位参与的老年大学管理体制。成立组织部门牵头抓总，相关职能部门积极参与的工作机制，协同推动资源共享，形成工作合力。建立市、区长青老龄大学校长联席会议制度，加强市、区、街道、社区四级老年大学工作联动协同。第三，地方高校等相关部门共同参与建设老年教育。深圳长青老龄大学与深圳职业技术学院合作成立"长青老龄学院"，承担全市老年大学的日常运营和老年教育研究。联合深圳大学、市委党校、市科协、深圳职业技术学院、深圳开放大学等，共同建设老年教育的慕课资源。第四，加强标准化建设。根据《关于推进长青老龄大学体系标准化建设的通知》，深圳市老年教育系统从思想政治建设、阵地建设、教学管理、课程设置、教育研究、师资队伍等方面进行 18 个大项、40 条具体指标的标准化建设。他们组织专门的研究队伍，分别制定了《深圳市长青老龄大学主校标准化建设指引》《深圳市长青老龄大学分校标准化建设指引》《深圳市长青老龄大学街道、社区教学点标准化建设指引》等文件，为全市的标准化建设提供引领和规范。

资料来源：深圳市长青老龄大学. 新时代 乐长青：深圳老年教育体系标准化建设创新实践［M］. 北京：社会科学文献出版社，2021.

二是形成科学的老年教育领导管理体制。目前，我国老年教育界大多倾向于由教育部主管老年教育事业。但是，这势必在很大程度上增加了教育部的工作负荷，而且老年教育的复杂性，也决定了仅仅由教育部来统抓统管，可能存在多部门协调困难的问题。最近，有研究者提出了"1＋1＋1"的老年教育行政体制模式，即终身教育委员会加上老年教育领导小组加上老年教育协会三位一体，管、办、评分权管理、分工负责。[1] 在国家和省（直辖市、自治区）级层面成立终身教育委员会，整合老龄办、老干部门、民政部门、文化部门、卫生健康部门等多个相关行政机关，作为老年教育的最高领导管理机构。下设老年教育领导小组，专门负责老年教育工作。同时，建立老年教育协会和老年教育研究评估中心等机构，从行业规范、职业准入和专业学术等方面协助政府指导老年教育的管理工作。

2. 建立健全老年教育的法律、法规和政策体系

建立一体化的老年教育组织架构之后，第二步就要建立相关的规制和规范。根据制度主义的观点，规制主要处理老年教育系统和社会其他系统之间的关系，其制订和完善主要靠国家相关的法律、法规和政策的出台。美国的罗斯威尔（Rothwell R.）和泽格菲（Zegveld W.）以政策工具所发挥的效果为标准，将政策分为供给型政策、环境型政策和需求型政策。我们据此研

---

① 李海燕. 老年教育管理：理论与实务［M］. 北京：华龄出版社，2021：123－125.

究发现，我国的老年教育政策工具在不同老年教育办学系统的配置基本符合各系统办学特点，但是老年教育政策体系尚不完善。政府主要倾向于制定规划、规范管理或进行过程指导，重视加大资源供给或优化资源配置，扩大和提高老年教育办学规模和水平，但对老年教育的市场供需关注不够，在激励老年教育主体的办学积极性方面力度不足。同时，我国老年教育缺乏顶层规制，如没有专门的老年教育法；也缺乏与老年教育相关的顶层规制，如没有专门的终身教育法。除了国家层面之外，地方政府层面的老年教育法规和政策建设也是一个薄弱环节。所以，建立健全与老年教育相关的法律法规和政策体系，仍是我国老年教育制度化建设的重要举措。

规范主要是针对老年教育系统内部而制订的。这里所说的"内部规范"，不是具体指每一个老年教育施教机构（比如老年大学）自己制定的规章制度，而是指一体化的老年教育系统内所有的老年大学（学校）和其他施教机构共同遵守的规范。它涉及我国老年教育共同的发展理念（如教育理念、教学理念、办学理念等）、发展目标、老年教育系统内部各成员单位之间专业交往的规章制度、老年教育系统的行为模式等。由于建设一体化的老年教育系统本身就是方兴未艾的工作，所以建立老年教育系统内部统一的规范体系，也是一项全新的工程，需要相关部门和专业人员通力合作。从这个意义上来说，老年教育制度化的建立还有待时日。

3. 建设关于老年教育的共同的社会文化心理环境

关于老年教育共同文化心理环境的建设，既是老年教育系统内部相关人员形成共同的文化认知的过程，也是老年教育系统与其他社会系统多方沟通，促进社会公众在老年教育的文化认知方面达成共识的过程。

就老年教育系统内部共同的文化心理环境建设而言，需要党委举办的老年教育、行政部门举办的老年教育、社会力量举办的老年教育等老年教育系统之间打破各自在心理"边界"，通过相互学习、交流沟通，在思想认识等方面进行碰撞，形成关于我国老年教育本质属性、老年教育价值、老年教育目的、老年教育课程的价值取向、老年教学的模式和组织形式等方面的共同认识。

老年教育系统与社会其他系统（包括其他教育系统）之间的共同文化心理建设，旨在让整个社会，特别是其他教育系统全面地认识到老年教育在当今社会中的重要地位和不可替代的作用。从老年教育系统之外的方面来说，一方面需要国家做好顶层设计，以法律法规和政策等形式做出相关要求，并提供充足的宣传和交流平台；另一方面也需要地方党委和政府高度重视老年教育事业，认真贯彻落实党中央和国家政府提出的相关要求，依法依规做好老年教育的宣传、实施、检查、督促、评估等工作。从老年教育系统内部来说，需要做好对外宣传及其相关工作，让社会公众更多地关注和了解老年教育。

老年教育制度化建设，也要求进一步加强研究工作，从经验总结型研究升华为理论提炼型研究，从局域性研究升华为整体性研究，从具体的微观研究上升到抽象的宏观研究，特别要抓住我国老年教育发展过程中面临的重大问题，充分地开展协作研究，产生有影响力的研究成果，为社会公众在老年教育方面形成共同的文化认知提供有效的理论支撑。

二、老年教育智能化

（一）老年教育智能化的内涵

教育智能化是教育信息化的进一步发展。"移动互联网、虚拟现实、新一代人工智能等新技术正向教育的各个领域渗透，已经对传统的课堂教学结构、教学模式、教育评价产生了深远的影响，教育信息化从数字化到智能化的阶梯式发展趋势日益明显。以人工智能为核心驱动力的渐成趋势，教育智能化已经成为传统教育改革的关注点和方向标。"①

老年教育智能化是新时代我国老年教育现代化建设的重要组成。它是指在与智能化社会相适应的先进理念指导下，老年教育领域运用人工智能（Artificial Intelligence，简称 AI）技术，开发和利用信息资源，搭建智能学习平台，创新教育模式，以培养适应智能化社会发展的现代化"数字老人"，推动教育现代化的过程。

这一定义强调如下四个要点。

第一，老年教育智能化是一个动态发展的过程。老年教育智能化包含两个方面：一是指老年教育实现从传统形态向智能形态的转型后呈现的状态，二是指老年教育从传统形态向智能形态转型的过程。由于智能技术处于不断的更新之中，我国的老年教育智能化方兴未艾，因此，老年教育智能化更侧向强调从传统形态向智能形态转型的过程。

第二，老年教育智能化需要先进理念的引领。老年教育智能化不仅需要先进的智能技术做支撑，更需要用先进的理念和思想进行引领，以确保老年教育在新技术条件下的正确方向。这里所指的先进理念，是指智能化条件下产生的与老年教育相关联的所有科学的理论、思想、观念等，不仅仅是先进的教育理念或老年教育理念。

第三，老年教育智能化的关键是对智能信息技术的充分运用。教育智能化是教育信息化的升级转型，是教育信息化进入"人工智能＋教育"的新发展阶段。这一阶段中普遍使用作为信息技术前沿的人工智能技术，形成更高形态的智能导师系统、教育机器人、学习分析技术等信息技术。这些技术

① 祝智庭，胡姣. 教育智能化的发展方向与战略场景［J］. 中国教育学刊，2021（5）：45－52.

的充分运用，有研究者将之概括为"建资源、搭平台、拓空间、筑体系、创模式"[①]。"建资源"，即建设适合老年受教育者在智能技术条件下学习的数字网络资源，实现资源的共建共享。这些资源包括全息资源、全媒体资源、AR/VR资源、3D视频资源、立体数字资源等[②]；"搭平台"，包括建设老年教育机构中的智能教室、智能学习室、智能活动室、智能校园、社会或国家整体的老年教育资源的智能公共服务体系等；"拓空间"，指为老年人建构虚实结合的网络学习空间；"筑体系"，指建构与智能化社会相适应的老年教育系统；"创模式"，即基于智能化社会的新理念和新技术创新老年教育教学模式。

第四，老年教育智能化的根本目的在于培养适应智能化社会发展，能够在智能化社会中健康生存、继续发展、享受数字生活的现代化老人。以智能技术为主要特征的现代社会发展迅速，每个人都处于不停地学习和适应社会变化的过程之中。联合国教科文组织早在1972年就提出了"学会生存"的理念，之后它一直是国际教育界的基本理念之一。今天，智能技术在日常生活中的运用日益普及，老年人如何跨越"数字鸿沟"以适应数字化社会，成为全社会关注的焦点。老年教育智能化建设是解决老年人"数字鸿沟"问题的重要途径，它一方面在先进理念指导下运用智能技术促进老年教育自身的智能化发展，另一方面对老年受教育者开展智能技术教育，提高老年人运用现代智能技术的能力，使老年人有机会享受智能技术带来的社会红利，在智能化社会中高质量地度过晚年生活。

---

①　陈琳，文燕银，张高飞，等. 教育信息化内涵的时代重赋 [J]. 电化教育研究，2020（8）：102 – 108.

②　陈琳. 高校课程立体学习资源建设研究：促进学习方式转变的视角 [J]. 中国电化教育，2013（11）：95 – 97.

（二）人工智能对老年教育的主要影响

"人工智能"的术语最早于1956年的达特茅斯研讨会中提出，其基本内涵为"机器模拟人的智能"。之后，人工智能经历了计算智能、感知智能、认知智能等阶段，其内涵也在不断拓展。人工智能的本质在于计算机通过自适应训练或学习，建立起错综复杂的条件反射神经网络回路，模拟人的思维过程和智能行为。人工智能研究的长期目标是让计算机达到与人类思维和智慧同等的水平，甚至高于人类思维与智慧的水平。

在人工智能全面和深刻的影响下，老年教育的理念、内容、过程、组织形式、师资构成、资源、形态等都将发生重大改变。

1. 老年教育理念的变化

人工智能时代要树立协同教育的发展理念——教育领域内的人机协作。它的具体内涵包括：

第一，人工智能和老年教育协同发展。人工智能在老年教育领域中运用的初期，人们关注的重点是如何运用人工智能技术推动老年教育的变革，这可能导致老年教育过分注重智能技术应用而忽视老年教育的育人本质。人机协作理念要求跨越技术理性，回归教育培养人的本质，老年教育也要相应地将关注的重点定位在培养身心素质进一步全面发展的老年人上。

第二，老年教育协助人工智能进行学习。学习是学习者根据自身已有的知识去主动构建和理解新知识的过程。对于人工智能来说，很多老年人与老年教育的知识是它们无法自主理解的，所以老年教育领域内的人工智能学习需要老年教育工作者的协助和协调。

第三，人机协作是一个逐步发展的过程。"人与AI协作可以随着AI的智能性强弱和创造性强弱分为三个递进阶段：一是人类作为工作的主体，AI担任人类的助手，协作人类高效完成一些常规性工作，即人占主导地位的协作模式。二是人类与 AI 分工合作，共同完成任务的分工合作的协作模式。三是 AI 全面介入任务，甚至人类退居次要地位，AI 占主导地位的协作模式。"① 智能化时代的老年教育也要遵循人机协作的理念，在老年教育教学过程中大力推进人与人工智能的协作，但是也不能完全抛弃传统的科学理念。例如，老年教育无论何时都要遵循"以老年人为本"的基本理念。

2. 老年教育内容的变化

在智能技术广泛运用于老年教育的条件下，传统的以知识扩充和能力养成为主的教育内容将让位于人工智能技术不能完成的老年德育和老年美育，也就是说，人机协作情况下，知识教育已经不再是老年教育的重点，老年教育的核心内容应该转变为进一步养成和提高老年受教育者的德性，训练老年受教育者的思维品质，提升老年受教育者的审美情趣。

3. 老年教育过程的变化

人工智能与老年教育的融合极大地改变了老年教育过程，使其呈现出智能化的特征。为了使更多的老年受教育者在同一时间内学习到更多的知识和技能，传统的老年教育教学主要采取班级授课的组织方式，这种教育教学过程的不足主要表现为难以实现因材施教，教育教学质量受制于资源、场所、时间等因素。融入了人工智能的老年教育将突破上述困境，它通过构建基于大数据的智能化教育教学平台，使得教育资源更加丰富，教学方法更加多元，教育方式更加灵活，教育服务更加精准，这些都将推动教育教学过程发生重大变革。

4. 老年人学习形式的变化

个性化学习是人工智能与老年教育融合的重要表现形式之一。所谓个性

---

① 李忆，喻靓茹，邱东. 人与人工智能协作模式综述［J］. 情报杂志，2020（10）：137－143.

化学习，就是根据老年人的学习风格，提供适合他们的学习内容、学习方法和学习模式，使他们的能力得到充分发挥，促进他们充分、自由、和谐发展。学习个性化离不开自适应学习技术，这种技术基于通过监控一系列学习行为过程的获得的数据，以及学习者个体能力和技能水平，动态调整课程内容，以进一步适应和提高他们的学习表现，实现对学习行为的智能干预。人工智能通过对老年人的学习行为进行智能分析，确定他们的学习风格，创设适宜于每个老年人的学习环境，并提供基于智能教育服务平台的学习资源，帮助老年人实现个性化学习。

5. 老年教育机构师资构成的变化

人工智能与教师的协作，是研究人工智能融入教育的一个重要课题。有人指出，在学校教学中，人工智能主要根据教师的指令进行活动，辅助教师完成教学工作，成为课堂中的另一名"教师"，与真人教师构成"双师课堂"——人工智能教育机器人和教师共同在课堂中承担教学工作，由人工智能教育机器人承担教师的部分教学任务，并提供个性化学习服务的新型的课堂模式。[①] 随着其智能性和创造性的提升，人工智能能够与教师实现高层次的协作，成为人类教师教育教学工作的智能伙伴，与人类教师进行高级的社会性互动。[②]

人工智能技术在老年大学（学校）和其他老年教育机构的不断普及，也将改变传统的老年教育机构中师资队伍的构成。师资队伍将从纯粹的真人教师发展为以真人师资为主、人工智能教师为辅的状况，进而发展为真人师

---

① 汪时冲，方海光，张鸽，等. 人工智能教育机器人支持下的新型"双师课堂"研究：兼论"人机协同"教学设计与未来展望 [J]. 远程教育杂志，2019（2）：25－32.
② 余胜泉，王琦. "AI＋教师"的协作路径发展分析 [J]. 电化教育研究，2019（4）：14－22，29.

资和人工智能教师的有机融合。在人工智能与老年教育深度融合的情况下，从事第一线教学的师资可能主要由人工智能教师组成，更多的真人教师可能从"台前"转向"幕后"，主要从事课程设计、教学辅助等工作，或者从事人工智能教师的培训、维护等。

6. 老年教育资源的变化

大数据和人工智能推动了老年教育系统的资源建设。在智能教育服务平台中，通过将大量的知识信息转换为数据，有效地促进老年教育资源的即时生成和动态开放，使老年教育资源从某一学校走向某一地区，从某一地区走向全国，从全国走向全球，最大限度地实现共建共享。只要有网络和终端设备，老年人在任何时间、任何地点都可以联通老年教育资源库，获取相应的知识。

7. 老年教育形态的变化

在人工智能深度融合老年教育的条件下，老年教育环境将会出现"两相结合"和"三位一体"新局面，并从本土空间发展到全球空间。

所谓"两相结合"，即老年教育将实现真实的教育空间与虚拟的教育空间相结合；"三位一体"，即老年家庭教育、老年学校教育、老年社区教育将紧密结合在一起，成为相互支撑、相互补益的有机体。在这种情况下，传统意义上的老年大学（学校）教育将突破校园的传统概念，真正实现教育社会化、社会教育化。

教育资源的全球化共建共享，将老年教育的空间由某一个国家和民族拓展到整个世界。全球课堂（global classroom）的出现，致力于跨越老年学习的时空限制，为老年学习者提供随时、随地进行学习的环境。

（三）老年教育智能化建设的主要策略

老年教育智能化建设的根本目标是建设公平而有质量的老年人工智能教

育生态系统，具体包括：第一，从国家战略的角度出发，对整体性的人工智能教育进行顶层设计；第二，根据老年教育的实际情况和我国老年教育发展的区域差异进行具体的规划和协调；第三，大力投资与人工智能教育相关的研究项目，出台相关的政策法规予以引领和保障。

在这一宏大目标之下，老年教育智能化建设的主要具体策略包括：

1. 树立智能化的老年教育观

智能化时代要求老年教育界首先更新教育观念，树立与智能化发展相适应的新老年教育观。智能化时代的到来会引发传统社会观念的革命性变化，构成社会的"基石"如道德、情感、家庭、婚姻等的内涵都将有根本性的改变。建立在这些基本概念基础上的老年教育也将发生根本性的变革，如老年教育的主体将由单一的真人教育者逐渐发展为真人教育者和人工智能教育者双主体，老年教育方式也将由线下为主发展为线上线下融合为主，老年教育资源也将从数字化、信息化向数据化、智能化转变……这些转变将会对传统的老年教育观念带来极大的冲击。从现在开始，逐步树立与社会智能化发展相适应的智能化老年教育观，才能够较快地适应社会智能化变革，推动老年教育智能化建设，促进具有智能化特色的老年教育朝现代化方向发展。

2. 建设智能型老年教育师资队伍

老年教育工作者，特别是老年大学（学校）的专业教师是促进智能技术与老年教育有机融合的关键，也是老年教育智能化建设的核心因素。

首先，应该重新厘定老年教育者在老年教育智能化过程中的角色，实现从传统老年教育者向智能型老年教育者转变。关于人工智能时代教师角色的转变或"重塑"问题，是近年来教育学界讨论的一个热点。根据英国广播公司（BBC）关于365种职业在未来的被淘汰率的分析，教师职业在人工智能时代被取代的概率非常低，只有0.4%。尽管如此，实验发现教师的很多

工作会被人工智能所取代。北京师范大学未来教育高精尖创新中心所做的
"AI Teacher" 国际合作研究，提出人工智能教师在未来可能承担 12 个角色：
可自动出题和自动批阅作业的助教、学习障碍自动诊断与反馈的分析师、问
题解决能力测评的素质提升教练、学生心理素质测评与改进的辅导员、体质
健康监测与提升的保健医生、反馈综合素质评价报告的班主任、个性化智能
教学的指导顾问、学生个性化问题解决的智能导师、学生成长发展的生涯规
划师、精准教研中的互助同伴、个性化学习内容生成与汇聚的智能代理、数
据驱动的教育决策助手。[1] 面对如此严峻的挑战，教师要想不被人工智能教
师超越，就必须进行角色的转换甚至"重塑"。有人认为，在智能教育生态
下，教师应从"人技分离的教学者"转变为"人技合一的导学者"、从"教
育数据的分析者"进化为"学生心灵的对话者"、从"机械工作的奴役者"
成长为"高级智能的唤醒者"、从"教学效率的追求者"回归为"教育本质
的探寻者"[2]；也有人通过调研指出，在智能时代，教师应成为知识信息、
数字资源智能传播与呈现的掌舵者。具体而言，在教学功能方面，教师可扮
演基于证据的个性化教学决策者与分析者；在辅导功能方面，教师需成为智
能时代学生辅导的情感补位者；在管理功能方面，教师需成为非常规类班级
及行政管理的人力保障者[3]。老年教育者在智能化社会中应该具有怎样的专
业角色和社会角色，是需要认真研究的问题。

其次，要进一步提高老年教育者的以智能教育素养为核心的信息素养，
提高他们运用智能技术进行老年教育教学的能力。具体而言，一方面要加强

---

① 余胜泉. 人工智能教师的未来角色 [J]. 开放教育研究，2018（1）：16 – 28.

② 韦妙，何舟洋. 技术现象学视域下人工智能对教师角色的重塑 [J]. 电化教育研
究，2020（9）：108 – 114.

③ 赵磊磊，马玉菲，代蕊华. 教育人工智能场域下教师角色与行动取向 [J]. 中国
远程教育，2021（7）：58 – 66.

人工智能时代老年教育者信息素养新内涵的培训；另一方面要培训老年教育者具有智能教育素养。智能教育素养是人工智能时代教师的关键素养，其内容包括人工智能技术及其教育应用的知识、智能化教育教学的核心能力、对待智能教育的理性态度等。[①] 此外，还要通过改良老年教育设施设备、增加老年教育者运用智能技术的机会；通过制订相关的教育和管理制度等途径，建立促进老年教育者不断提高老年智能教育素养的有效机制。

最后，要认真研究老年教育系统中人工智能与人类教育者的融合与协作问题，建设由人工智能教育者和人类老年教育者构成的新型师资队伍。

3. 建设与智能化社会相适应的线上线下相融合（Online-Merge-Offline，简称 OMO）的老年教育新模式

传统的老年教育以线下的集体教育（教学）为主要形式，老年大学（学校）的班级授课是其集中体现。互联网、大数据、云计算等技术的普遍运用，真实环境和虚拟现实环境的结合，以及各种老年教育形式在互联网条件下的整合，使得线上线下相融合的模式成为智能化老年教育的新形式。我国高度重视 OMO 教育模式的实践与推广。2020 年 7 月，国家发改委、中央网信办、教育部等十三部委颁布的《关于支持新业态新模式健康发展　激活消费市场带动扩大就业的意见》中明确指出："大力发展融合化在线教育。构建线上线下教育常态化融合发展机制，形成良性互动格局。"据此，在老年教育系统中积极探索和推进 OMO 教育模式，成为老年教育智能化建设的方向标。新冠疫情暴发之后，老年大学（学校）积极推行线上教学，取得了成功的经验，为智能化条件下建立有效的 OMO 教育教学模式奠定了基础。

---

① 刘斌. 人工智能时代教师的智能教育素养探究［J］. 现代教育技术，2020（11）：12－18.

4. 研究和建构老年人个性化学习方式

当前，我国老年教育系统中老年人的学习多是由教育者预先设定好的，具体表现为老年大学（学校）的管理者要求老年教育者在实施教学之前撰写课程大纲、教学计划，成熟的课程还会组织力量编写教材等。虽然不少学校也会对老年教育者的学习需求进行调研，但是关于老年受教育者个性化学习特征和能力的分析比较欠缺。随着人工智能技术在学习领域的运用和相关研究的不断深入，通过教育大数据、机器学习、学习分析等先进技术的整合，运用智能教育服务系统为老年人提供个性化学习服务成为可能。"用人工智能、大数据等智能技术精准描绘学习者画像，按需定制个性化学习方案与策略，可以为学习者规划个性化的学习目标和最适切的学习路径。借助语音交互、图像识别、AR 等技术，推荐个性化学习内容，驱动个性化学习体验，从而激发学习者的学习欲望。通过对作业与考试进行自动识别与批改，来开展全过程、多维度数据采集和分析评价。综合利用行为建模、经历建模、知识图谱构建和学习分析等技术，对学习者的学习行为、过程和结果进行智能测评和个性化诊断，可以动态化掌握学生学习的全面情况，实现个性化的学习改进。"[①]

此外，智能化老年教育知识（资源）库建设、老年教育机构智能化设备设施建设、老年大学（学校）智慧校园建设等，也是老年教育智能化建设的重要环节。

[①] 刘邦奇，袁婷婷. 智能教育系统的总体架构及区域实践模式研究［J］. 远程教育杂志，2019（3）：103－112.

三、老年教育国际化

（一）老年教育国际化的内涵

教育国际化是新时代中国教育现代化建设的重要内容，《中国教育现代化 2035》将教育国际化列为十大战略任务之一。

教育国际化的内涵、外延、类型、方式等随着时间的推移而不断发生变化。《教育大辞典》将其解释为第二次世界大战后国际间相互交流、研讨、协作，解决教育上共同问题的发展趋势，其主要特点是：①国际教育组织出现与发展；②国际合作加强；③各国改革封闭的学制状况，使本国与国际上的各级各类学校发展趋向一致。① 从当今全球教育发展变化的总体趋势来看，教育国际化更加突出教育的人类普遍性、内在关联性要求和教育对人类发展的基础性作用，更加关注国际教育的共同价值、共同利益、共同责任以及参与各方就特殊问题的共同协商。② 教育国际化内涵是指世界各国为解决教育上的共同问题而做出的一种人为的、有组织的结果，是世界各国应对教育全球化的一种积极举措，可以认为教育国际化是全球化发展到一定阶段的产物。③

我国关于老年教育国际化的一般释义为"老年教育面向世界融入世界的过程"④。这一界定特指中国老年教育的国际化而不是一般意义上的定义，而且不能覆盖老年教育国际化的全部内涵。根据近年来关于教育国际化的理

---

① 顾明远. 教育大辞典：上［Z］. 上海：上海教育出版社，1998：751.
② 张俊宗. 教育国际化：构建人类命运共同体的重要力量［J］. 高校教育管理，2020（2）：21－28，36.
③ 刘剑青，王小飞. 教育国际化内涵及政策定位［J］. 国家教育行政学院学报，2015（5）：21－26.
④ 叶瑞祥，陈先哲. 老年教育辞典［Z］. 广州：广东人民出版社，2020：480.

论研究成果，以及老年教育实践探索的新动态，"老年教育国际化"可界定如下：老年教育国际化是世界上各个国家和地区为了自身的利益和追求，在老年教育的文化基础、价值观念、内容体系、实施方式、管理体制等多维度、多层面进行的跨国界、跨民族和跨文化的交流和整合过程。

老年教育国际化的内涵主要包括以下几个方面。

第一，老年教育国际化在本质上是世界各个国家和地区之间老年教育跨国界、跨民族和跨文化的交流和融合过程。老年教育国际化是当今社会全球化在老年教育系统的一个表现，它强调用全球性的视界，把超越某个国家和地区的文化理念和文化内容融入老年教育。在确立老年教育目的、认识老年教育功能、选择老年教育内容、组织老年教育方式等方面，都要具有更广阔的国际视野，考虑国际社会的发展态势，而不能囿于国家中心主义或民族本位主义。今天任何一个国家和地区老年教育的发展，都不可避免地要与其他国家和民族的价值观念、文化知识发生碰撞和交流。在此基础上相互理解、包容和学习，最终实现相互促进、共同发展，是各个国家和地区老年教育应有的发展取向，是老年教育促进实现国际社会共同价值追求——和平和发展的重要体现。

第二，老年教育国际化是一个多元主体共同参与、共同推进的过程。从现代化与国际化的渊源上来说，国际化在一定程度上可以视为现代化的衍生物。由于现代化的起始时间和动因各不相同，所以有早发内生型现代化（大多数发达国家属于此类）和后发外生型现代化（大多数发展中国家属于此类）之分。国际化运动早期主要发生在发达国家之间，虽然也有少数发展中国家参与其中，但他们主要是向发达国家学习现代化和国际化的理念和做法，国际化的主要表现是发达国家将相关的理念和实践经验输入到发展中国家。这种状况现在已发生了很大的转变，国际化已经从单向输入（输出）

转向多元主体参与，教育国际化在更大程度上是所有参与主体之间平等的双（多）向交往过程。

由于老年教育发源于西方国家且早于中国，所以在老年教育的发展方面的确存在中国向西方学习和借鉴的情况。但这并不意味着中国老年教育的国际化是一个单向地向西方学习的过程。实际上，中国老年教育自诞生以来一直在按照中国特色的道路发展。我们形成的党政主导的办学模式、构建的以中国优秀传统文化为主的老年教育内容体系、独创的"三个课堂"的老年教育实施方式等，都体现着中国老年教育的优势和特点。正因为如此，我们才能够在不到40年的发展过程中形成了得到世界同行公认的老年教育中国模式，在国际老年教育发展方面发挥示范和引领作用。在历次国际老年教育的学术流活动中，来自亚洲和非洲等发展中国家和地区的老年教育工作者的积极参与和平等对话，也说明老年教育国际化是一个平等的多元主体参与对话的过程。

第三，老年教育国际化的内容是多样的。曾任联合国教科文组织亚太国际教育和价值教育联合会会长的周南照将教育国际化归纳为"六化"：一是"化"思想观念，扩大国际视野；二是"化"政策导向，建立扩大开放的创新环境；三是"化"评估质量、效率的标准；四是"化"课程内容，促进跨文化学习；五是"化"教师专业素质；六是"化"学生语言技能和国际意识。[①] 老年教育国际化的内涵也是多维度、多层面的，我国将之概括为老年学生跨国流动游学；课程国际化；参与国际学术会议；参与合作研究项目；开展国际教育援助；与他国老年大学合作，共同提供学位、双学位以及创办海外分校等；确立能够活跃不同国籍、不同民族学者、不同文化间的交

---

① 周南照. 论教育国际化的多元内涵、战略意义与实施途径 [J]. 世界教育信息，2011（5）：11 – 19.

际、交流、交换的章程与制度，像对待本国人一样对待持有不同文化背景的异国的个人与组织等。① 简而言之，老年教育国际化包括了老年教育的价值观念、文化基础、教育教学、科学研究、办学模式、资源建设与共享、管理体制、政策保障等多样化的内容。

第四，老年教育国际化是发展老年教育的一种手段。"教育国际化不是目的，而是促进教育改革发展、培养国际化人才、有效配置和合理使用优质教育资源、提高教育质量和效率、增强国际竞争力的手段。"② 老年教育国际化是各个国家和地区发展老年教育的一种手段，他们根据自己的需要或利益参与老年教育国际化，目的各不相同。不存在为了老年教育国际化而推进的老年教育国际化。我国老年教育国际化的目的，可以理解为《老年教育发展规划（2016—2020 年）》中所阐述的老年教育发展任务：积极参与有关国际教育组织的活动，加强与国外老年教育机构的交流与合作，借鉴国外老年教育先进理念和做法，宣传推广我国发展老年教育的经验与成果，扩大我国老年教育的国际影响力。③

（二）中国老年教育国际化的探索

1988 年 12 月，中国老年大学协会成立。为了加强与国际老年教育界的交流，协会专门设立了国际联络部。次年 6 月，协会派副会长杜子才代表中国老年大学协会参加在墨西哥举行的第 14 届国际老年大学协会专题研讨会。之后，派代表参加国际老年大学协会的年会或老年教育学术活动成为中国老年教育界的惯例。1989 年 11 月，我国第一次承办老年教育国际研讨会。

---

① 叶瑞祥，陈先哲. 老年教育辞典 ［Z］. 广州：广东人民出版社，2020：481.

② 周南照. 论教育国际化的多元内涵、战略意义与实施途径 ［J］. 世界教育信息，2011（5）：11－19.

③ 国务院办公厅. 老年教育发展规划（2016—2020 年）［EB/OL］.（2016－10－19）［2022－01－02］. http://www.gov.cn/zhengce/content/2016－10/19/content_5121344.htm.

1994 年 8 月，中国老年大学协会正式加入国际老年大学协会，并在国际老年教育中扮演越来越重要的角色。1998 年 12 月，在巴黎召开的国际老年大学协会执委会上，中国老年大学协会会长张文范被推选为国际老年大学协会副主席。2013 年 5 月，第 92 届国际老年大学协会理事会暨老年大学创新发展开拓银发旅游业国际会议在广州召开，这次会议开启了我国老年大学国际交流的新格局。在这次会议上，时任中国老年大学协会常务副会长袁新立当选为国际老年大学协会第一副主席，之后中国老年大学协会副会长、广州市老年干部大学校长林元和、上海老年大学常务副校长马宪国也分别继任国际老年大学协会第一副主席。

2013 年 11 月，中国老年大学协会国际联络部迁至广州市老年干部大学。为了充分发挥国际联络部的作用，林元和提出"1 + 1"研究模式，即对国际老年大学协会每次召开国际研讨会的主题在国内老年教育界进行先期研究，用集体智慧形成中国学者的观点，再到国际研讨会上演讲。这一研究模式成为中国老年教育理论研究与国际对接的重要形式。

2018 年 4 月 11 日，在上海举行的主题为"参与实现共享：从老年大学到老年学习者"的老年教育国际学术交流活动上，成立了中国老年大学协会国际老年教育研究中心，为我国开展老年教育研究的国际交流增添了一个重要平台。这次交流活动发布了"2018 老年教育东方共识"，希望致力于更广泛的国际交流，推广各国老年教育的先进理念和经验，促进合作，促进发展。① 从此，"老年教育东方论道"成为国际老年教育学术活动的又一新平台、中国老年教育国际化的又一重要载体。在这次活动中，中国老年大学协会副会长林元和做了《老年教育中国模式》演讲，正式提出老年教育中国

---

① 中国老年大学协会国际老年教育研究中心上海揭牌 [EB/OL]. (2018 - 14 - 11) [2022 - 01 - 02]. https://www.sohu.com/a/227972403_ 123753.

模式问题。后来经国际老年教育界讨论认可，法国模式、英国模式和中国模式成为世界老年教育三大基本模式。

2018 年 7 月，广州市老年干部大学成功申报广州市哲学社会科学发展"十三五"规划重大委托课题"'一带一路'与老年教育研究"。课题组组织中国老年大学协会相关部门、全国老年大学和普通高校的专业人员集中精力进行研究，取得了令人瞩目的成果。在课题研究最终成果专著《"一带一路"与老年教育研究》出版之际，国际老年大学协会主席、法国的弗朗索瓦·维拉斯教授为本书出版撰写了序言，中国老年大学协会会长张晓林撰写了前言。

2019 年 5 月，国际老年大学协会在湖北武汉召开了第 104 届理事会会议和主题为"'一带一路'与老年教育研究"的国际会议。会议上通过的《武汉共识》，标志着全球老年大学都将在自己的教育活动和科研活动中，力求使自身的活动与"一带一路"相联系相对接，并且将中国"一带一路"倡议里面的内涵关联、贯彻到老年教育中去。这是国际老年大学协会第一次将一个国家发起的关于全球治理的倡议与老年教育研究相对接。武汉国际会议是一个历史的转折点，标志着中国老年教育在国际上确立了大国地位。

知识链接

武汉共识

2019 年 5 月 21 日是一个历史性时刻，来自 21 个国家的 AIUTA 成员聚集中国武汉，举行了"'一带一路'与老年教育"国际研讨会，达成以下共识：

一、决定将 AIUTA 平台与中国"一带一路"倡议对接，使世界老年大学都关注和研究中国"一带一路"倡议。老年人参与"一带一路"

倡议，不再仅仅代表着历史的记忆，更是世界和平的力量，更可以预兆着人类社会的未来。民心相通是"一带一路"与老年教育的共同基础、前提和出发点，是"一带一路"建设中各国人民心连心的桥梁。

二、文化通融是"一带一路"的灵魂，是我们新的人文丝绸之路。不同国家、民族的思想文化没有姹紫嫣红之别，也无高低优劣之分，各个文明都有特色和优势，可以相互借鉴、吸取营养、共同发展，这样才能创造灿烂的人类文明。老年大学是文化通融的一个重要阵地。

三、大力开展"一带一路"框架下的老年游学是一个崭新的课题，是"一带一路"亮丽的风景线。

四、倡导"共商、共建、共享"核心理念，不断发展在 AIUTA 框架下的国际合作，天地广阔、大有作为。要把老年教育的国际交流合作提升到"一带一路"大格局中来探索与推进。

湖北老年教育是老年教育中国模式的成功典范，与会中外学者高度评价湖北老年教育发展取得的丰硕成果。

老年教育融入"一带一路"建设道路宽阔、愿景美丽、前途似锦，因为我们是永远的心连心的朋友。

资料来源：林元和，王友农. 中国老年教育理论研究与国际对接（2019）[M]. 广州：广东人民出版社，2020：10.

（三）新时代中国老年教育国际化建设的主要策略

1. 深化我国老年教育的改革和发展

尽管中国老年教育在 40 年的发展过程中取得了举世公认的成就，但是 40 年的发展对于一个人口大国来说还是太短了，中国老年教育面临着老年人口日益增长的美好生活需要与老年教育发展不充分、不均衡之间的基本矛盾。所以，新时代中国老年教育的紧迫任务仍然是立足本土，坚守以老年人为本的基本理念，结合中国老年教育的实际情况和发展趋势，借鉴其他国家和地区老年教育的优点和成功经验，努力扩大老年教育规模，完善老年教育层次和结构，健全老年教育领导管理体制和保障机制，改进老年教育的内容，创新老年教育形式，扎扎实实地推进老年教育在新时代的优质均衡发展。这是推进中国老年教育国际化的基本前提和必然环节。

2．认真总结中国老年教育的优点和特色，讲好老年教育的"中国故事"

2018 年，"老年教育中国模式"得到世界公认，使中国老年教育成为其他国家老年教育发展的模板和示范。老年教育中国模式与其他国家和地区不同的鲜明特色是"党政主导、政府职能部门直接办学"。它在严格意义上是一种办学特色，并不能概括中国老年教育的全部优势和特色。虽然中国老年教育在发展过程中一直十分重视学术研究，但是我们对中国老年教育发展历程的总结、对中国老年教育在教育、教学、管理等方面实践探索的理论提炼和升华等也还不够。因此，要进一步加大老年教育研究力度，全面总结我国老年教育历史进程、主要优势和特点，发现我国老年教育发展中的"短板"，为新时代我国老年教育的改革和发展定准方向、瞄准重点，为讲好老年教育的"中国故事"撰写高质量的"脚本"。在研究过程中，要重视文化的多样性，避免过度套用中国思维模式，在"和而不同"原则下写好和讲好老年教育的"中国故事"。

3．利用新的时机和条件，加大中外老年教育的国际合作力度

今天，中国老年教育面临着前所未有的变化和机会：我国开始了建设中国特色社会主义现代化强国的新阶段；以智能技术为标志的教育信息化的升级转型带来的线上线下融合（OMO）教育模式的日益普及；"老年教育中国模式"的提出和世界范围内的推广，让中国的老年教育模式与世界上其他

模式相容共存、相互借鉴、相互促进；《武汉共识》的发布，推动了"新丝绸之路"（"一带一路"）国际方案框架下老年大学国际合作问题的研究和实践；在全球老龄化日趋严峻的客观环境，要求各个国家和地区的老年教育加强教育理论与成功经验的交流与合作，促进各国老年教育资源的整合及共享，共同推动世界老年教育的协同发展和稳步前进。中国老年教育应该充分利用好这些良机，积极地"走出去"、热情地"迎进来"，通过多种途径和方式，加大中外老年教育文化接触和交流的力度。

在国际交往过程中，我们要坚守中国基本的国际交往原则，真正地面向世界、平视世界，以平等、公平、相互尊重的基本原则向国外老年教育界讲述中国故事、展示中国老年教育大国风貌，虚心学习国外老年教育一切科学的理论成果、优秀文化和成功的实践经验，积极推进国际合作和发展，实现"各美其美、美美与共"。

4. 探讨和逐渐推行老年教育的"在地国际化"

"在地国际化"（Internationalization at Home）是国际高等教育界面对全球形势改变影响和限制跨国教育交流的新形势而提出的一个新概念，最早由瑞典马尔默大学副校长本特·尼尔森（Bengt Nilsson）在 1999 年的欧洲国际教育协会春季论坛上提出。他认为，"在地国际化"是指"教育领域中发生的除学生海外流动之外的所有与国际事务相关的活动"。"在地国际化"不是国际化的全部，也不是以跨境交流为主要特点的传统国际化的替代方案，而是与其相辅相成的，共同构成新时代的教育国际化。它立足本土本校，面向全体师生，涵盖大学与国际事务相关的大部分活动。① 在实践探索过程中，在地国际化形成了普惠性、向内性和包容性的价值指向。首先，跨境学

---

① 王英杰. 后疫情时代教育国际化三题［J］. 比较教育研究，2020（9）：8－13.

习更多的是面向家庭经济基础较好的学生群体，而在地国际化面向更多的学生群体，指向一个"普惠、公平"的学习机遇。其次，与传统国际化模式不同的是，在地国际化强调一个"朝内"的向度，明确国际化发展的动机在于对内的改造，而并非"走出去"。在地国际化的核心意义在于解决本地学生因无法参加跨境交流计划而缺乏国际素养及跨文化能力的问题。最后，在地国际化强调，通过引进异文化，提升原文化对异文化的适应能力，在两者之间形成一种平衡及减少张力，为本族群体适应社会文化的多样性创设必要环境。①

在地国际化已成为后疫情时代中国高等教育国际化政策与实践的主流话语之一，目前中国老年教育领域尚未讨论这一话题。但是，随着老年教育国际化的进一步发展，在地国际化也势必会成为一个重要领域。所以，中国老年教育也应该在理论上研究老年教育的在地国际化问题，并在有条件的地方进行实践探索。

---

① 郑淳，闫月勤，王海超. 在地国际化的概念演进、价值指向及要素条件：基于欧洲地区高等教育一体化进程的思考［J］. 江苏高教，2022（3）：34－42.

第八章 老年教育研究

本 章 提 要

　　本章首先阐述老年教育研究的基本理论知识，包括老年教育研究的概念、类型、原则、一般过程等，然后重点分析老年课题研究的程序和组织管理问题，最后讨论我国老年教育研究存在的主要问题和改进策略。

第一节　老年教育研究的基本理论

　　随着社会人口老龄化状况的日趋严重，人们日益重视老年教育在提高老年人生活质量和继续服务社会方面的多种价值，提高老年教育质量也成为老年教育界的热点话题。老年教育质量的提升，需要实践探索和老年教育研究的通力合作。为此，老年教育工作者应该了解老年教育研究的特定含义，掌握老年教育研究的基本原则和过程。

一、老年教育研究的概念

（一）研究的基市含义

我国最早的字典《说文解字》中对"研"和"究"的诠释为：研，摩也。从手。研声。细磨；究：穷。引申为极、竟、深、尽、推寻等意。汉语中"研究"的一般含义是：探求事物的真相、性质和规律，以便于发现新事物、获得新信息。这里不涉及研究方法问题。

英语中的"研究"多用两个词来表示，即"study"和"research"。它们都包含一定的方法论意义，但运用范围有所区别。"study"的本义是：第一，花费时间和精神去获得某一学科的知识，尤其是通过书本学习获得知识，这就是大家日常理解的"学习"；第二，关心或考虑某事物。我们可将这两种意思引申为"研读与慎思"，用作"研究"时，主要是指理论思辨性研究。"research"的本义是：第一，为了发现新的事实而进行调查；第二，仔细或深入地观察某事物以有所发现（或找出另一种事物），具有"调查""寻找""探索"的含义。用作"研究"时，偏重于实证研究。

（二）老年教育研究的定义

老年教育研究，有广义和狭义之分。广义地说，人们对老年教育现象的观察、思考，对老年教育问题的尝试性解答，都是老年教育研究。狭义而言，老年教育研究是研究者在一定的科学理论指导下，遵循一定的原则和程序，采用恰当的方法，对特定的老年教育问题进行研究，探明老年教育规律，丰富老年教育理论，帮助解决老年教育实践问题，提升老年教育质量的一种特殊的认识活动。

上述定义的要点包括以下三点。

第一，老年教育研究的对象是老年教育问题。社会生活中存在着以培养人为主要内容的社会实践活动，这种客观存在，我们称之为教育现象。作为客观存在，教育现象可以被人们感知和认识。当某种（些）教育现象引起人们的关注，逐渐成为焦点被人们议论、评说，并要求予以深入探讨时，说明这种（些）教育现象已经不是一般的现象，而是影响教育发展的特殊现象。这些现象如果不探讨清楚，就会影响教育活动正常、有序地进行，影响人们产生科学的教育认识。这个时候，这种（些）教育现象就是"困惑"或"疑虑"，由一般的客观存在转变为人们头脑中的教育问题。老年教育问题，就是在众多的老年教育实践中存在的令人困惑或疑虑的现象，它（或它们）是客观存在的、特殊的老年教育现象在关注者的头脑中的"沉淀"和"聚焦"。

老年教育问题根据其性质的不同，可以分为老年教育理论问题和老年教育实践问题；根据其产生时间的不同，可以分为现实的教育问题和历史的教育问题；根据其所处空间的不同，可以分为中国的教育问题和外国的教育问题等。

第二，老年教育研究有明确的目的。老年教育研究的目的总体上分为两个方面。其一，拓展老年教育知识，探索老年教育规律。老年教育研究能够不断地发现老年教育的新知识，促使老年教育知识得以日益丰富。如关于老年教育观念的研究，就是在总结老年教育实践的基础上对老年教育各种观点的总结和提炼。这种研究可以丰富老年教育的理论知识，人们对老年教育发展中共性的知识、相关知识之间的内在联系的认识和凝练，有助于人们发现老年教育规律。其二，帮助解决老年教育实践问题，促进提高老年教育质量。这是老年教育研究最根本的目的。正因为实践中存在问题，才激起了人们的研究动机；正因为进行了有关的研究，许多实践中的问题才得以解决。实践问题的解决，能够保证老年教育的顺利开展和教育质量的不断提升。

第三，老年教育研究要遵循一定的组织实施程序并运用恰当的方法。首先，老年教育研究要以科学的理论为指导。从方法论的角度来说，理论指导的最高层次是哲学理论，我国老年教育研究则必须遵循马克思主义理论的指导；第二层次是老年教育的上位理论，主要包括教育科学、心理科学、管理科学、老年学、人口学等。此外，与老年教育同位的理论对老年教育研究具有积极的借鉴作用，如成人教育理论、高等教育理论、职业教育理论、继续教育理论等。其次，老年教育研究要遵循一定的原则和程序。尽管老年教育研究带有很大的价值性，但是其过程却十分强调科学性。科学性的主要表现就在于老年教育研究要遵循科学的原则和程序，如老年教育研究要有明确的目标、科学假设、对问题准确的陈述、合理的研究设计、准确全面的观察记录、科学的数据处理、充分的学理分析、可信的研究结论等。最后，老年教育研究必须选用恰当的方法。教育研究方法是教育研究所采取的研究类型和具体方式，旨在解决用什么途径、方式和工具认识和解释老年教育问题。在类型方面，老年教育研究包括观察研究、调查研究、实验研究、比较分析、个案研究、叙事研究、行动研究等。就具体方法而言，老年教育研究包括文献法、调查法、历史法、比较法、案例法、观察法、实验法等。

二、老年教育研究的主要类型

（一）根据研究对象的不同，老年教育研究可以分为事实研究和价值研究

老年教育的事实研究是一种"实然"研究，它的研究对象是老年教育领域客观存在的、但尚不为人们所认识的事物和现象，研究目的在于探明"研究对象是什么"或者"研究对象在本质上是怎样的"。如关于老年教育的本质属性、功能的理论探讨，就属于事实研究。

老年教育的价值研究是一种"应然"研究，它的研究对象也是老年教育领域客观存在的事物和现象，但是这种研究关涉研究对象与相关主体（如国家、老年教育工作者、老年受教育者等）之间的价值关系，它要解决的问题是，在相关主体看来"研究对象应该是怎样的""它对于老年教育发

展具有怎样的积极意义"等。例如，通过质量监控促进老年教育高质量发展的研究，就属于价值研究。

（二）根据研究性质的不同，老年教育研究可分为基础研究、应用研究和综合研究

基础研究也称为"纯研究"或"理论研究"，着重回答"是什么"和"为什么"之类的问题。老年教育基础研究的主要目的在于认识老年教育现象，探索老年教育的本质和规律，揭示老年教育活动本身所固有的原理和法则，丰富和发展老年教育知识，建立和完善老年教育理论体系。例如，对提高老年教育师资队伍水平的影响因素的研究，就属于基础研究。

老年教育应用研究主要回答"怎么做"的问题，即将基础研究所揭示的原理或规律运用于老年教育实践，以直接指导或改进老年教育实践，提高老年教育实践的有效性与合理性。其目的除了运用理论解决实际问题之外，还包括检验理论的科学性，评价理论在解决老年教育实际问题中的有效性等。例如，师生协作对老年学生学习成效影响的研究，就属于应用研究。

老年教育的综合研究兼有建构理论与应用理论解决实际问题两个目的。例如，区域内城乡老年教育一体化机制研究，就属于综合研究。这一研究既要探讨老年教育一体化机制的基本理论问题，又要结合某一地区老年教育发展的实际情况，分析影响这一区域内城乡老年教育一体化发展的主要影响因素及其作用方式等，最后还要探明这些影响因素有效的联结方式以及作用于老年教育一体化的具体措施等。

（三）根据研究范式的不同，老年教育研究可以分为定性研究和定量研究

老年教育的定性研究一般是用文字来描述老年教育现象，然后进行学理分析。它在本质上是一个归纳过程，从特殊情境中归纳出一般性的结论。这

种研究在刚开始时并不强调运用于研究的理论基础，而注重对事实本身客观而全面的把握，之后才会运用已有的相关理论对事实进行深入探讨。在研究的过程中，可能会形成新的理论见解，或者改变、提升已有的理论观点，也可能会完全否定研究过程中运用的理论。

老年教育的定量研究主要是运用数据和量度来描述研究对象的特征或变化，然后通过数据处理，得出科学结论并对其进行解释。这是将研究对象的属性数量化，运用数学方法进行统计或测量分析，并用数值来表示分析结果，以判定事物的性质和变化的过程。

（四）根据研究主体的不同，老年教育研究可分为老年学校的教育研究和非老年学校的教育研究

老年学校的教育研究主体是老年学校。这一类研究最大的特点是：基于学校、在学校中、为了学校。基于学校，是指其研究问题主要是从学校发展的实际状况和未来需要中来的，研究成果最终要转化为提高学校教育教学质量和办学水平的实践活动。在学校中，是指研究者主要是与学校发展相关的人员，其中以本校人员为主，而且研究工作主要是在学校场域内进行的。为了学校，是指这类研究的最终目的是为了改革学校现状，促进学校更好地发展。

非老年学校的教育研究，是指老年学校之外的主体开展的老年教育研究活动，这些主体可以是普通高等学校相关专业机构、团体或个体，可以是专门的老年教育研究机构，也可以是社会上其他关注老年教育发展的机构、团体或个体。

这两类老年教育研究的主要区别见表8-1。

表 8 - 1　老年学校的教育研究与非老年学校的教育研究的区别

比较项目	老年学校的教育研究	非老年学校的教育研究
研究目的	解决实际问题，改进学校教育实践，促进师生和学校的发展	不专门针对某一学校的实践，有些研究重在检验假设，发现老年教育规律，发展老年教育理论
研究主体	学校领导和师生员工为主，学者、专家提供支持或合作	学者、专家为主，其他人员协助
研究基础	不需要太多研究积累，以经验为主	需要相当多的研究积累，且要求一定的学术基础
问题来源	来源于学校教育实践	来源于理论和实践两个层面
研究设计和过程	设计较为简单，在研究过程中可随时修改；研究活动伴随老年学校的工作过程；原始资料呈现较多，但分析较为简单，注重研究的实用性	有较为科学的研究设计，重视研究过程中相关变量问题；研究活动根据研究计划按步骤严格实施；注重在原始数据和资料的基础上进行学理分析，强调研究的学术性
成果形式	成果表现形式多样，依实际需要而定，无统一格式	论文、著作、研究报告为主要的成果表现形式，有严格的学术规范上的要求
成果应用	强调成果在本校实践中的转化，注重成果对师生员工成长的价值	注重结果本身的价值，包括理论上的创新性和应用上的可推广性

（五）根据研究范围的不同，老年教育研究可分为老年教育科学研究和老年教学研究

老年教育科学研究，简称"老年教育科研"，是指研究者借助已有的教育科学理论，以有价值的老年教育问题为对象，运用恰当的研究方法，有目的、有计划、有组织地认识老年教育本质与客观规律、创新老年教育理论和

方法，或遵循老年教育规律解决老年教育教学实际问题的创造性活动。

老年教学研究，简称"老年教研"，是指研究者借助教育科学理论，以有价值的老年教学问题为对象，运用恰当的研究方法，有目的、有计划、有组织地对老年教学实践进行研究的活动。

老年教育科研和老年教研是老年学校最常见的两种研究活动。它们都是有目的、有计划、有组织的活动，均需要以科学理论为指导，且具有明显的应用性和创造性。老年学校的教育科研包含老年教学研究，老年教学研究是老年教育科研的重要组成部分。老年教研是老年教育科研的基础；老年教育科研有助于提升老年教研水平。二者相互结合、相互促进，共同推动老年学校的改革与发展。二者的主要区别在于：①研究范围不同。老年教学研究主要是针对老年学校教学工作中出现的问题而展开的，是对学科知识、老年教学等的研究；老年教育科研包括的范围相对要广泛得多，涉及老年学校工作的各个方面。②研究深度不同。老年教研活动中，教学观摩、说课、研讨、反思等都属研究。但老年教育科研是深层次的研究，是有明确的研究目标、内容、研究方法和步骤的科学研究。

（六）根据研究问题来源的不同，老年教育研究可以分为课题研究与非课题研究

老年教育的课题研究，是老年学校或其他老年教育机构组织申报并获得批准的各级各类老年教育立项课题研究，也可以是老年学校或其他老年教育机构自主设立研究课题，然后以项目研究的形式开展的老年教育研究活动。所谓各级课题，主要是指国家级、省（部）级、市级、区（县）级政府或教育行政部门设立的教育研究课题，如每年都可以申报的哲学社会科学研究课题、教育科学规划课题等；各类课题，除了各级教育研究课题之外，还包括各级老年教育（或老年大学）协会等社会团体设立的研究课题、各级政

府委托开展的专项研究课题等。课题研究的设立主体与研究主体一般是分开的。

老年教育的非课题研究，是指除了课题研究之外，老年学校或其他老年教育机构、老年教育工作者在日常工作中自觉进行的老年教育研究工作。这些研究也是老年教育研究的重要组成部分。这类研究，大多是研究主体自主确定的。

关于老年教育研究的类型，我国老年教育界还提出了"三个圈层"的观点。

知 识 链 接

我国老年教育科研时空的三个圈层

第一圈层是各个老年教育机构的"校本研究"。所谓"校本研究"，就是以本校教育存在的问题为研究课题，以本校的科研队伍和全员力量为研究主体，以服务于本校的教育改革和创新，办成现代的学校为研究目的的研究。提出"校本研究"是老年教育科研采取务实态度的明确表达，是贯彻理论联系实际的科研方针的重要保证，是学校教职工和学员对科研的基本要求。

第二圈层是各个老年教育机构对所在地区老年教育发展的"地域研究"。这是各个老年大学义不容辞的责任。因为地区的老年大学是地区老年教育的中心，同时也就是地区老年教育的研究中心。它应当带头研究地区老年教育的发展，组织地区内各个学校共同研究解决地区老年教育面对的问题，起到地区老年教育的决策咨询的作用。《老年教育发展规划（2016—2020 年）》中明确规定：要"推动老年大学面向社会办学"，"在开展教育教学工作的同时，要在办学模式示范、教学业务指导、课程资源开发等方面对区域内老年教育发挥带动和引领的作用"。这是老年大学在进行校本研究的同时，研究地区内老年教育教学各个方面的另一理由。

第三圈层是关注全国老年教育整体问题的"全局研究"。学校的问题和全局的问题是密切关联的。学校面对的大量的问题也是全国老年教育界共同的问题。学校也有自己的个性问题，但个性中有共性，把个性问题和共性问题联系起来是非常必要的，这有利于跟各个兄弟老年大学交流切磋，取人之长，补己之短。

资料来源：陆剑杰. 老年教育学：中国老年教育 34 年实践经验的学术研究升华 [M]. 南京：河海大学出版社，2018：454.

三、老年教育研究的基本原则

老年教育研究原则是老年教育研究必须遵守的基本要求，是老年教育研究的基本规范。它是教育科学研究规律在老年教育研究中的反映，也是老年教育研究实践经验的概括。

老年教育研究原则主要有以下五个。

（一）客观

客观，是指老年教育研究必须尊重事实，以事物的本来面目为基础和依据展开研究，反对研究者主观臆测，妄自论断。这是老年教育研究应遵循的首要原则，只有最大可能地保证研究的客观性，才能最大程度地实现研究目标。

这一原则要求老年教育研究要有严肃的科学态度和严谨的工作作风，坚持从实际出发，实事求是。研究者一方面要尽可能全面地收集研究所需的原始信息和数据，另一方面要力戒成见和偏见，不能轻易舍弃那些与自己原来的设想不相符的材料，更不能为了得到自己想要的结果（或结论）随意更改第一手资料，这样才更有利于发现规律，深化认识，得出符合客观情况的结论。

（二）创新

创新，是指老年教育研究应该在继承（和借鉴）前人（和他人）研究成果基础上，通过老年教育研究发现新问题，提出新观点，得出新结论，产生新认识，为人们提供关于老年教育的新知识。创新既是对老年教育传统最有力、最深刻的批判，也是对老年教育传统最好的继承。

老年教育研究活动中贯彻创新的原则，要求研究者从老年教育实践的历史出发，认真钻研和整理优秀的老年教育传统；密切关注老年教育实践和研究方面的新动态，及时发现那些尚未被研究或者尚未被完全解决的老年教育问题；善于从新角度和跨学科认识和思考，从那些已经被研究过的老年教育问题中发现创新的空间。

（三）理论联系实际

理论联系实际，是指从老年教育的实践需要和实际情况出发，形成和发展老年教育的科学理论，并努力运用这些理论指导老年教育实践，推动老年教育的高质量发展。

这一原则要求从事老年教育研究时重视老年教育理论的建构及其对老年教育实践的指导作用。在确定研究问题、提出理论假设、进行研究设计、搜集整理资料和选择研究方法时，自觉接受科学理论的指导。研究活动应当密切结合国内外老年教育实践发展的需要。

（四）多种方法相结合

老年教育实践中出现的问题大都是复杂的社会问题，单一的研究方法往往不足以揭示其原因和发展变化的规律。例如，缺乏定性研究，研究就很难做到全面把握事实真相，影响研究的深度；缺乏定量研究，研究又难以保证应有的客观性和准确性，可能会降低结论的科学性。因此，老年教育研究应该结合研究目的和问题，恰当地选择多种研究方法，以获得理想的研究效果。

（五）遵守研究伦理

遵守研究伦理，要求研究者在老年教育研究活动中遵循基本的社会伦理准则，不侵犯研究对象或研究参与者的权益，避免对其造成身心伤害。

贯彻这一原则，研究者要尊重相关人员的权利，在研究活动中优先考虑如何保障研究对象（被试）的权利，如不参与协作权、不署名权、保密权、要求研究者承担相应责任的权利等；研究活动不能给被试造成不当的精神压力；研究者还要慎重地解释研究材料、科学地分析研究结论、缜密地表述研究结果，避免给研究对象或老年教育实践带来负面影响。

四、老年教育研究的一般过程

老年教育研究的一般过程包括三个阶段：选题与设计，实施研究，形成结论、成果表达与研究评价。

（一）选题与设计

选题与设计阶段包括四个步骤，即选择问题、查阅文献、提出假设和制订方案。

1. 选择问题

选择问题是老年教育研究的起始环节，其主要目的在于为老年教育研究确立研究主题，具体包括提出问题和确定问题两项内容。

思维源于问题。能敏感地发现并提出有质量的问题，要求研究者具有关注和了解老年教育实践和学术热点的专业敏感；具有理性批判精神，敢于质疑已存的定论；还要善于变换思考角度，能够通过类比、移植等方法发现新问题。

对于研究者而言，并不是发现的所有问题都值得研究或自己有能力去研究，这就需要进一步确定研究问题。首先要判断问题本身的理论价值或应用价值，进而考虑研究人员的研究实力、学术兴趣和前期研究基础，最后还须考虑文献资料、研究设备、研究时间、研究场域等保障条件。

2．查阅文献

研究问题确定以后，应立即着手了解所研究的问题的研究历史和现状，明了相关问题的研究到了哪种程度、存在哪些不足、需要发展和完善的地方等。这就需要进行文献的收集、阅读和整理。在此基础上，一般要写出文献综述。

3．提出假设

假设，是根据一定的科学知识和新的科学事实对所研究的问题成因或规律做出的一种推测性论断和假定性解释。研究之前设想的、暂定的理论，对研究问题所做的尚待证明的初步解释等都属于假设性质。

假设包括确定研究目标和研究对象、表述研究假设、设计研究活动方法和工具等环节。

4．制订方案

研究方案是研究工作的行动纲领，其内容必须全面、具体。制定研究方案包括如下内容：用文字准确表述研究的问题，以及每个研究环节（或子问题）需配置的参与人员、经费、设备、资料；制定研究进度；规定各个环节（或子问题）研究人员之间信息沟通的时间和方式等。

（二）实施研究

1．收集资料，形成科学事实

研究资料一般分数据资料、文字资料和实物资料三种，分别采用不同的收集方法来获得。老年教育研究中收集资料的主要方法有观察、测验、访谈、问卷调查、实物收集等。收集到资料后要做好分类整理、信息处理等工作，形成与研究问题相关、反映客观事实的文字或数据信息。

2. 分析科学事实，形成新的理论或解决实际问题

老年教育研究的目的就是要形成能揭示老年教育的本质属性及其运动变化规律的新理论，或者运用科学的教育理论解决现实的老年教育问题。这两者都必须通过在已有理论基础上进行大量的科学事实分析而达成。分析过程中，要综合地运用各种研究方法，如数据的处理就需要运用 SPSS 等工具进行统计分析，文字的处理就需要文本分析。

（三）形成结论、成果表达与研究评价

1. 形成研究结论

研究老年教育问题，就是要通过理论思辨、实证分析、实验探索等途径，对研究的问题、问题的形成原因等进行综合分析，最后得出客观、可信的结论。没有结论的研究，是不完整的研究，或者说算不上研究。

2. 用规范的学术形式表达研究成果

老年教育研究工作完成之后，需要对研究工作进行总结，系统反思整个研究过程（确立研究问题、设计研究方案、收集和处理研究资料、进行信息分析，以及形成研究结论等），还要对所有的研究信息进行整理、归类。对研究工作进行总结之后，要写出研究的总结报告。

基于研究总结，研究者还要用规范的成果表达形式将研究结论（如通过研究形成的新理论观点，提出的解决实际问题的策略、建议等）及其形成过程、依据、理论基础等呈现出来，这就是研究者通常所说的撰写学术论文或研究报告。学术论文和研究报告，都要求用客观、冷静、规范的学术语言进行表述，而且在格式上都有各自的规范要求。

3. 研究的鉴定和评价

老年教育研究结束之后，要依据研究总结报告、研究成果等对研究过程、所得出的结论进行鉴定和评价，以检查研究的科学性、合理性、周密性等，具体内容包括：鉴定和评价研究所运用的资料和数据的真实性、研究过程的科学性、所做分析的逻辑性和可靠性、形成新理论或解决问题的策略的科学性和可行性、研究成果的学术水平和应用价值等，有的时候还要对研究的不足和后续研究提出一定的意见。鉴定与评价结束后，一般要拟定一份书面的老年教育研究的鉴定或评价意见。至此，就完成了老年教育研究的全过程。

第二节　老年学校主持的纵向课题研究程序

课题研究是老年教育研究的重要形式。

老年教育研究课题的来源主要有：国家、省（部）、市（厅）、区（县）政府、教育行政部门和教育研究机构颁布并管理的老年教育研究课题；教育学（协）会或其他群众性老年教育组织颁布并管理的老年教育研究课题；老年学校或其他专门的老年教育机构内部设立的老年教育研究课题等。其中前两类课题一般称为纵向课题。这里以老年学校组织申报和主持的纵向课题为对象，阐述其一般的研究和管理程序。

老年学校主持的纵向课题研究一般分为课题申报、立项之后的研究实施与管理、研究之后的结题与成果推广等三个阶段。

一、课题申报

这是老年教育纵向课题研究的准备环节，主要包括老年学校获得课题申报信息之后的选题、论证和申报工作。

（一）选题

选题是老年教育纵向课题研究的起始环节、课题研究任务和内容的高度浓缩与概括、课题学术观点的集中体现。老年学校应该根据国内外老年教育发展状况和趋势，结合本地、本校老年教育发展的需要，选择有学术价值和实践意义的问题进行研究。重大或重点课题应根据课题主管部门颁布的课题指南进行选择，一般研究可以自主选题。

选题的基本要求是：第一，科学。要选择老年教育改革和发展中的真问题进行研究；明确限制研究的时空背景和关键事件等研究条件，有操作性。第二，新颖。新颖性选题一般是指尚无人涉足的学术处女地，老年教育学科前沿的理论探讨，老年教育经典问题的新视察，老年教育新问题的发掘，老年教育新策略、新方法的运用，以及海外老年教育新理论、新视点的引介、移植运用和推广。第三，适中。选题不要太大，也不宜过小。一般情况下，选题要做到以小见大，小而精深。第四，实际。选题要考虑课题组成员的理论修养、学术水平、科研素养、研究优势等条件，不可选择课题申请人和课题组承担不了的课题。

（二）课题的论证与申报

选题确定后，老年学校要组织研究力量，形成课题组，然后根据课题研究申请书的内容和填写要求进行课题论证并填写课题申请书。

不同主管部门发布的课题申请书格式和要求不尽相同。一般情况下，课题申请书包括以下八个主要内容。

1. 国内外研究现状与趋势

这一部分内容旨在了解课题申请人是否对拟研究问题的研究现状有较为全面的把握。这是申报的课题能否获批立项的基础性环节，其成功的关键在于做好文献综述。

文献综述是对别人的相关研究成果的梳理和评价，其目的在于了解其他研究者已经做了哪些与拟申报的研究问题相关的研究工作、他们的研究取得了哪些成果，从而找准本课题研究的切入点，进一步明确拟申报课题研究的主要内容、重点、难点和应该取得的新突破（即创新之处）。

做好文献综述要注意以下问题：第一，文献综述应该是对已有学术研究成果的述评，而不是国家的相关政策、法规的汇总，更不是实践做法的总结与概括。第二，选择的学术研究成果原则上应该是已公开发表的。第三，选择的学术研究成果应该有代表性。第四，要做到"述""评"结合，而不能只述不评或重述轻评。第五，要对已有研究成果的学术观点进行归纳。

2. 选题意义

这一部分主要说明研究选题在学术（或理论）和实践方面的价值。填写课题申请书时这两方面的意义都要体现出来，不能顾此失彼。

3. 研究目的与主要内容

研究内容是指拟申报的课题研究想要解决老年教育哪个方面的主要问题，研究目的是指通过课题研究解决问题之后，老年教育相关方面的发展应该达到的理想状态和水平，二者不能混为一谈。

4. 研究的重点、难点与创新之处

研究的重点和难点指拟申报课题的研究内容中应该着重解决的核心问题，以及在研究过程中可能遇到的理论或技术方面的困难。一个课题研究的重点要明确，不能模棱两可，但也不能太多，一般情况下明确 1~2 个重点较为适宜。课题研究的重点和难点，可以重叠（重点和难点是一个内容），但也不尽然。

创新之处是通过文献综述确定的拟申报课题与其他同类研究相比的特色

所在、本研究在已有研究基础上对问题研究的深化与推进，以及在研究内容、视角、理论基础、研究方法等方面的独特之处。一个课题研究的创新之处也不宜太多。

5. 研究思路、方法与进度安排

这一部分是对课题研究在操作层面上的思考。研究思路是对拟申报课题如何开展研究的整体思考，反映问题研究的实施次序，应该有清晰的逻辑线索。研究方法是课题研究采用的主要方法，关键在理清不同的研究方法在课题研究中的使用目的、范围和操作技术。研究进度安排是根据课题研究的起止时间划分出不同研究阶段，明确不同阶段主要的研究任务、内容和成果。每一阶段要突出一个重点，阶段与阶段之间要有连贯性。

6. 研究基础和参考文献

研究基础包括前期研究状况、研究队伍、研究的保障条件等。前期研究状况主要指课题组成员已经开展的与拟申报课题相关的研究工作以及取得的成果，目的在于向评审专家展示拟申报课题的前期研究情况，证明申报这一课题已经有一定的研究基础。研究队伍主要是指课题研究成员的构成情况，其论证内容主要包括课题组成员的学术背景和研究能力、课题组成员的结构（职称、职务、专业、学历、年龄等），以及在拟申报课题中的研究分工。课题组成员不要太多，所有成员必须是直接参与课题研究的人。研究的保障条件主要是明确学校能够为拟申报课题研究的顺利开展在时间、经费、图书资料、实验条件、设施设备等方面提供的保证。

参考文献是指与拟申报课题研究关系最为密切的学术成果。这些成果中不包括课题申请人的成果，最好也不要有课题组成员的研究成果。

7. 预期结果及其去向

预期结果包括阶段性成果和最终成果，前者反映的是课题组成员在研究过程中取得的阶段性成绩，后者是整个课题研究成果的集中体现。成果可以是学术论著、学术论文、调研报告，也可以是优秀课例、实验报告等。研究成果的去向是要说明课题研究所取得的成果可以用于哪些领域。老年学校申报的研究课题，要重在向老年教育实践转化。

8. 研究经费预算

研究经费指用于拟申报课题研究所需的专项费用，是课题顺利实施的重要保证。现在，大多纵向课题的研究经费包括直接经费和间接经费。直接费用是指在项目实施过程中发生的与之直接相关的费用。老年教育研究的直接经费主要包括图书资料费、会议费、差旅费、国际合作与交流费、出版费、信息传播费、数据采集费、专家咨询费、劳务费、论文发表版面费、成果印刷打印费以及其他直接支出。间接费用是指老年学校在组织实施项目过程中发生的无法在直接费用中列支的相关费用，主要用于补偿学校为项目研究提供的现有设备及房屋、水、电、气、暖消耗，有关管理费用等。

课题研究经费要严格按照教育研究经费管理办法中规定的项目去填写，各项经费预算要有依据，申请经费的额度以能够满足课题研究所需为标准，经费预算要留有余地。

课题申请人要组织课题组成员对上述内容进行详细论证，然后认真填写课题申请书。填写之前要阅读并理解相关要求，特别注意经费额度、论证字数等方面的要求和规定。提交的课题申请书应该问题明确、内容完整、论证充分、语言简明、形式美观。

完成了课题论证和课题申请书填写工作之后，老年学校科研主管部门要对本单位申报的所有课题进行形式审查，确保课题申报材料的真实和规范。审查合格的课题申请书，加盖学校科研主管部门或学校公章后，即可通过网上申报和提交纸质申请书的方式报送上级主管部门。

二、课题立项之后研究的实施与管理

老年学校申报的课题研究申请书到达发布课题的上级主管部门后，主管部门会组织专家进行评审，按一定比例确定拟立项课题，经公示后发布课题立项名单。老年学校申报的课题获准立项后，就要组织实施研究，这期间的管理工作主要有课题开题和中期检查。

（一）课题开题

开题是实施课题研究的第一个环节，其目的在于对课题研究做进一步的论证，使课题研究更具操作性。通过开题，还可以使课题组成员对研究的目标、意义、内容、方法、步骤等有更清晰的把握。

课题开题一般以会议的形式举行。会议由学校教育科研部门组织，参加人员除了课题组成员外，还包括学校的科研管理人员和校内外评议专家组成员。

课题开题的一般程序是：第一，会议主持人介绍参加课题开题会议的人员；第二，学校科研管理人员宣读课题立项通知；第三，课题负责人做开题报告。开题报告一般包括：研究目的、选题意义、研究价值、课题国内外研究现状、课题研究内容、研究方法与技术路线、预期成果、研究阶段与任务分工、经费预算等；第四，评议专家组就课题研究提出意见和建议；第五，与会人员就课题研究进行讨论。

课题开题管理，是促进老年学校教育研究规范化、科学化、高效化的重要举措，学校领导管理人员，特别是科研管理部门要认真对待、精心组织。开题前要认真审核课题负责人撰写的开题报告，务求全面、翔实、规范。开题会议要坚持求真务实、民主高效的原则，使与会人员充分发表意见，集思广益，为课题研究起到理清思路、聚焦重点、合理分工、指导实施的作用。

（二）中期检查

课题开题之后，课题组就要按照课题研究计划有步骤地开展研究工作。在这一过程中，老年学校教育科研管理部门要做好中期检查。

中期检查前，课题负责人要撰写中期检查报告。报告内容包括：研究工作的进展情况、阶段性成果、主要创新点、存在问题、重要变更、下一步计划、可预期的最终成果等。

中期检查形式多样，其中重大或重点课题多采用会议的方式进行。会议由学校组织，参加人员包括课题组成员、学校相关领导管理人员、评议专家，以及关注课题研究的学校教师等。会议的主要程序是：第一，介绍参加中期检查的评议专家；第二，课题负责人汇报课题研究进展情况；第三，评议专家进行检查和评议；第四，与会人员就下一阶段课题研究的问题及策略等进行讨论。一般课题的中期检查多是自检，但要向上级主管部门提交中期检查报告。

三、课题研究之后的结题与成果推广

课题研究结束之后的工作主要包括课题结题鉴定、课题研究成果的登记与归档、课题研究成果的推广与运用等。

（一）课题结题鉴定

课题结题鉴定是当课题研究结束后对课题研究计划执行情况以及研究成果的终结性评估验收，主要包括以下几个环节：第一，课题组向上级主管部门提出结题鉴定申请，按要求提交结题（或成果鉴定）申请报告、最终研究成果、阶段性研究成果、结题报告等相关材料。第二，上级主管部门对课题进行鉴定验收。鉴定的方式一般包括专家通讯鉴定和会议鉴定。鉴定后要写出鉴定意见，并对课题研究能否通过验收，通过验收成果的等级做出判定。通过鉴定者即可结题。第三，上级主管部门汇总鉴定意见，发布课题鉴定结果。

（二）课题研究成果的登记与归档

课题研究通过鉴定之后，课题负责人还要根据上级主管部门或老年学校的要求，对课题研究成果进行登记与归档，以便及时统计老年教育研究成果，促进课题研究成果的交流，助推课题研究成果的宣传与转化，也为老年学校推荐研究成果奖励做好前期工作。应用类课题研究成果（如研究报告、调查报告、实验报告、优秀课例、应有软件等）在登记时，要提交相关的评价证明（鉴定证书或者鉴定报告、老年教育科研项目验收报告、有关单位的采纳证明等）；理论类课题研究成果（如科研论文、著作、译著、工具书等）在登记时，需要提交成果原件与复印件、各种学术评价意见及成果发表后被引用、转载情况的证明等。老年学校的教育研究管理部门要对提交登记的课题研究成果进行分类整理，审核确认后入库归档。

（三）课题研究成果的推广与运用

课题研究成果的推广与运用是老年学校教育研究的重要目标之一。推广工作要以实实在在的效果为基础，精心策划，认真组织，科学实施。课题研究成果推广与运用的形式很多，通常有：①直接运用——把课题研究的新理论或解决问题的新措施直接运用于老年学校教育实践；②交流运用——通过公开发表、学术交流等方式，运用研究成果去影响老年教育的改革和发展；③形成研究报告或政策建言提交给相关领导管理部门，为老年教育科学决策提供学术参考。

（四）课题研究成果的评奖

设立优秀成果奖是教育行政部门或相关专业组织为了对优秀课题研究成果进行表彰奖励而设立的，体现了政府或社会对教育研究的鼓励和对优秀教育研究成果的肯定。

优秀教育研究成果奖的主要来源有四：一是上级教育科研管理部门，二是学校本身，三是老年教育协会等群众社团组织，四是学术论坛等学术交流平台。优秀成果的评奖范围一般包括公开出版的著作、工具书、论文、调查报告、研究报告、实验报告、政策建议等。

老年学校教育研究成果奖的申报程序是：第一，老年学校组织申报人填写由上级教育科研管理部门或相关专业组织印制的教育研究成果奖励申报评审书；对申报评审书审查后签署意见、加盖公章，然后将参评材料（包括申报书、所报成果及其社会反响等）统一上报。第二，评奖主管部门组织专家进行评审。第三，评奖主管部门对获奖成果进行表彰，然后以一定的渠道向社会发布与宣传。

第三节　我国老年教育研究的问题及其解决策略

经过 40 年的发展，我国老年教育取得了长足的进步，创立了国际老年教育界公认的中国模式，成为国际老年教育的引领者。然而，老年教育研究却明显滞后于老年教育实践，难以满足老年教育继续深化改革和发展的需要。为此，必须认真分析我国老年教育研究存在的问题、成因及其改进策略。

一、我国老年教育研究存在的主要问题

（一）老年教育研究在全国教育科学规划课题系列中立项数量少、层次低

国家重要的课题研究系列——全国教育科学规划课题可以折射出我国老年教育课题研究的总体状况。依据全国教育科学规划领导小组办公室发布的数据，统计2011—2020年全国教育科学规划课题立项进行情况发现，随着我国不断加大对教育科学研究的支持力度，全国教育科学规划课题立项数量总体呈上升趋势，2019年课题立项数量创新高，达到521项。但如表8-2所示，老年教育研究课题在全国教育科学规划课题中立项数量极少，10年间仅有17项课题获准立项，年占比不到1%。17项老年教育研究课题中以部级课题为主，共立项12项，其中包括10项教育部重点课题和2项教育部青年课题；国家级课题较少，共有5项，其中国家重大课题1项、国家一般课题3项、国家青年课题1项，这反映出目前老年教育研究课题立项的层次总体偏低。

表8-2 2011—2020年全国教育科学规划课题（老年教育类）立项统计

年份	课题类别	立项数量/项	承担地区	占比
2011年	教育部青年	1	上海市	0.25%
2012年	教育部重点	1	上海市	0.24%
2013年	/		/	0
2014年	/		/	0
2015年	教育部重点	3	浙江省	0.71%
	教育部重点		浙江省	
	教育部重点		广东省	

续上表

年份	课题类别	立项数量/项	承担地区	占比
2016 年	教育部重点	1	上海市	0.21%
2017 年	国家一般	1	上海市	0.61%
	国家青年	1	陕西省	
	教育部重点	1	重庆市	
2018 年	国家重大	1	上海市	0.78%
	国家一般	1	山东省	
	教育部重点	1	浙江省	
	教育部重点	1	陕西省	
2019 年	教育部重点	1	浙江省	0.58%
	教育部重点	1	浙江省	
	教育部青年	1	天津市	
2020 年	国家一般	1	江西省	0.23%

另根据我国教育部社会科学司公布的教育部人文社会科学研究项目（含规划基金项目、青年基金项目、自筹经费项目）立项结果，近 10 年间老年教育研究课题仅有 2 个规划基金项目立项（2014 年和 2018 年各有一项）。在平均每年 3 000 多个教育部社科项目中，老年教育研究的年占比不到 0.1%。此外，近 10 年的老年教育研究都没有在教育部基地重大项目和重大课题攻关项目中获得课题立项。

（二）老年教育研究成果发表数量少、层次低

通过在中国知网（CNKI）的期刊论文数据库中以"篇名 = 老年教育"为线索对期刊文章进行精确检索，统计出 1983 年至 2022 年 3 月间收录的有关老年教育研究的中英文文献共有 1 556 篇，剔除英文文献 205 篇和非学术

性文献 90 篇，得到学术文献 1 261 篇（包含重复发表文献）。其中，发表在核心期刊和 CSSCI 期刊上的学术文献 268 篇，占学术文献总量的 21.3%，2001 年以来发表的数量为 255 篇，占比达到 95.1%；2011 年以来发表的数量为 224 篇，占比达到 83.6%。这说明，绝大多数核心期刊和 CSSCI 期刊上的学术文献是在 21 世纪之后发表的，尤以近 10 年的数量为甚。

从中国知网（CNKI）期刊论文库收录老年教育研究成果的现状来看，我国老年教育发展近 40 年来已刊发的老年教育研究成果数量总体上还是比较少的，平均每年不到 33 篇（约 32.3 篇）。收录老年教育研究成果者多为一般刊物，集中在成人教育、职业教育、继续教育、远程教育和综合类教育期刊。发表在核心期刊和 CSSCI 期刊上的成果比例更小，表明老年教育研究成果发表的层次比较低。发表在教育类权威刊物的成果更是寥寥可数，如《教育研究》刊发的老年教育研究成果只有 2 篇（1988 年陈乃林、孙孔懿的《终身教育的一项紧迫课题——关于我国老年教育的若干思考》，以及 2018 年杨德广的《建立老年教育学刍议》）。

（三）老年教育研究力量薄弱，分布不均

目前我国老年教育研究人员主要包括老年大学工作人员以及科研院所、普通高校和成人高校的专业人员，具体又以师范类院校和广播电视大学（开放大学）为主体，普通高校参与老年教育研究程度不高，研究者集中在成人教育与特殊教育、教育理论与教育管理领域。各级老年大学（学校）的研究人员虽然数量比较多，但是由于工作性质和编制等方面的限制，他们从事老年教育研究在时间、精力、学校制度等方面的保障并不充分，难以形成数量多、质量高的研究成果。专门、持续地从事老年教育研究的人员也比较少。总体来看，"老年教育的科研力量比较薄弱，理论研究的广度、深度

和力度都不够，对老年教育事业发展规律的研究不多"①。

从地域来看，我国老年教育研究的核心力量集中在京津沪等地区，其中上海、江苏、浙江、福建、广东等东部沿海地区是开展老年教育研究的重镇。相对而言，中西部地区老年教育研究的力量和氛围有待进一步提升。老年教育研究在区域间、机构间、研究者间的合作不紧密，因此研究力量较为分散，也缺乏足够的、具有引领作用的研究团队。

（四）老年教育研究的专业人才培养乏力

我国老年教育研究队伍主要由非老年教育专业人员组成，高层次专业研究人才紧缺。目前，全国普通高等院校中尚未开设老年教育本科专业，仅有少量院校开设了相关课程，开展与老年相关专业的研究生教育的普通高校共74所。② 2003年中国人民大学率先设立了老年学专业，是教育部批准的全国第一个正式设立老年学专业的高校。之后，北京大学和复旦大学先后开设了老年学的相关专业。按照教育部学科门类划分，老年学目前属于社会学一级学科下的一个二级学科，主要是从社会学和人口学角度研究人口老龄化问题，更多培养的是老年医药学、老年社会学等方面的人才，对老年教育有所关注但不是主要研究方向。在研究生培养层次开设专门的老年教育培养方向的普通高校很少，一般设在成人教育学专业中。但成人教育主要对象是在职成年人，年龄集中在五六十岁及以下，而老年教育面对的是五六十岁以上的退休群体。因此有研究者呼吁，老年教育学不应归入成人教育学，应作为一门独立的学科列入教育学的分支学科。③ 研究生学位论文一定程度上可以反

---

① 刁海峰. 中国老年教育发展报告（2019—2020）［M］. 北京：中国商务出版社，2021：91.

② 陈功，黄国桂，等. 我国老年学教学及科研发展历程［J］. 老龄科学研究，2017（2）：22 - 30.

③ 杨德广. 建立老年教育学刍议［J］. 教育研究，2018（6）：16 - 23.

映学科人才培养状况。截至 2021 年底，中国知网（CNKI）博硕士学位论文数据库中以"题名＝老年教育"和"老年大学"为条件共检索到 251 篇学位论文，其中博士论文仅有 3 篇。

二、我国老年教育研究问题的主要致因

（一）对我国老龄化国情认识和教育不足

许多发达国家的老龄化进程长达几十年至百年，如法国用了 115 年，瑞士 85 年，英国 80 年，美国 60 年，德国 40 年，日本 24 年，而我国只用了 18 年左右的时间就于 1999 年进入了老龄化社会，不但老龄人口数量以及老龄化速度均为世界第一，而且老龄化的速度还在加快。进入 21 世纪以来，我国人口总量压力有所减轻，但人口结构问题逐渐成为新时代关注的焦点。特别是进入新时代之后，我国人口发展处于深度转型阶段，人口老龄化成为我国人口发展面临的重要风险和挑战。为此，全国老龄办、中共中央组织部、中共中央宣传部、国家发展改革委、教育部等 14 部委于 2018 年 2 月联合发布了《关于开展人口老龄化国情教育的通知》，其中明确提出：人口老龄化是贯穿我国 21 世纪的基本国情，积极应对人口老龄化是国家的一项长期战略任务。[①] 根据 2020 年第七次全国人口普查数据，在我国（不包括香港、澳门和台湾地区）1 411 778 724 人口中，60 岁及其以上人口已占到 18.70％，65 岁及其以上人口比例为 13.5％。[②] 按照国际通行划分标准，当一个国家或地区 65 岁及以上人口占比超过 7％时，意味着进入老龄化社会；

---

① 全国老龄办，中共中央组织部，中共中央宣传部，国家发展改革委，等. 关于开展人口老龄化国情教育的通知 ［EB/OL］.（2018－02－27）［2022－01－02］. http://www. cncaprc. gov. cn/zcwj/187045. jhtml.

② 国务院第七次全国人口普查领导小组办公室. 2020 年第七次全国人口普查主要数据 ［M］. 北京：中国统计出版社，2021：9.

达到 14%，为深度老龄化；超过 20%，则进入超老龄化社会。据此，我国已经在很大程度上进入深度老龄化社会。统计发现，目前全国有 149 市已经进入深度老龄化社会，其中有 11 个城市已经进入超老龄化阶段，主要来自苏中地区、四川、辽宁和内蒙古。[①]

认识老龄化国情是应对老龄化问题和发展老龄事业的基本依据，也是积极开展老年教育研究的根本动因。只有基于老龄化形势认知的老年教育研究，才是"扎根中国大地"的研究，具有切实的时代感和实践感。这样的研究，才能为老年教育和老龄事业的科学决策提供智力支持。然而，目前我国社会公众对人口老龄化形势的认识还不足，其中一个重要的表现是人口老龄化国情教育在全国尚未普及，一些社会系统和部门对此问题认识不足，在实施过程中出现不少偏差，如仅仅面向离退休人员开展老龄化国情教育，教育的形式也比较单一。老年教育研究之所以滞后于老年教育发展，与对老龄化形势认识水平还不够高、人口老龄化国情教育不足有直接的关系。

（二）对老年教育的关注程度不够

近 10 年来，我国人口受教育水平明显提高，人口素质不断提升。15 岁及以上人口的平均受教育年限从 2010 年的 9.08 年提高至 9.91 年，16～59 岁劳动年龄人口平均受教育年限从 2010 年的 9.67 年提高至 10.75 年。文盲率从 2010 年的 4.08%下降为 2.67%。在 60 岁及以上人口中，拥有高中及以上文化程度的有 3 669 万人，比 2010 年增加了 2 085 万人。[②] 相比较而言，尽管老年人口受教育程度和接受教育的年限在逐年提高，但我国老年人口受

---

① 全国 149 市进入深度老龄化，11 城进入超老龄化社会［EB/OL］.（2021 - 09 - 13）［2022 - 01 - 02］. https://www. sohu. com/a/489512123_162758.

② 梁丹. 十年来我国人口受教育水平明显提高［N］. 中国教育报，2021 - 05 - 12（1）.

教育的总体程度不高。近年来，随着终身教育理念的传播与落实、新一代老年人口不断增多，越来越多的老年人有接受继续教育的需求和能力。但与之相对的是，全社会还未树立科学的老年教育观，特别是主管老年人口的领导部门中的一些人还将老年教育的认识停留在"老有所乐"的层面，认为老年教育就是帮助老年人身心愉悦、保健养生的康乐活动，没有认识到老年教育的教育本质，也没有认识到老年教育既是老年人生命的活跃和质量的提高过程，又是老年人生命价值的实现和生命体验的升华过程，对于老年人个人继续发展以及整个社会的发展都具有积极意义。这种认识在很大程度上给老年教育研究产生了负面影响。

（三）普通高校和专业研究机构参与度低

现代大学具有培养人才、科学研究、服务社会等重要功能。普通高校参与老年教育，不仅能够最大限度地让老年教育和社会共享教育资源，对老年教育规范化办学起示范作用，而且还能够提升老年教育研究的水平。目前我国普通高校参与老年教育的程度还不高，这一点从普通高校创办老年大学的情况可见一斑。2020 年，我国普通高等学校有 2 738 所[①]，然而同年 5 月的统计显示，普通高校创办的老年大学只有 116 所[②]，占比为 4.23%。从老年教育研究方面来看，普通高校由于缺乏专门的人才培养和研究机构，所以也未能在老年教育研究方面提供足够的专业研究人员和研究资源，因此在老年教育研究——尤其是理论研究方面的示范、引领、辐射作用尚未得到很好的

[①] 教育部. 2020 年教育统计数据 [EB/OL]. (2021 - 08 - 30) [2022 - 01 - 02]. http://www.moe.gov.cn/jyb_ sjzl/moe_ 560/2020/quanguo/.

[②] 本书编委会. 中国老年教育发展研究报告（2018—2020）[M]. 北京：当代中国出版社，2021：159. 这里统计的是加入中国老年大学协会高校老年大学工作委员会（发展联盟）的会员校数据，但即使还有一些高校老年大学没有统计进来，普通高校举办老年大学的数量也不会有很大的变化。

发挥。目前，普通高校中一般由从事终身教育、成人教育或者继续教育的机构承担部分老年教育研究的任务，开设专门的老年教育研究部门的高校极少。这与普通高校领导对人口老龄化国情的认识不到位、对普通高校服务社会功能理解偏颇、对老年教育重视程度不够等都有关系。

目前，我国也还没有以老年教育作为专门研究任务的科研机构，只有个别机构的部分相关领域研究者开展了一些老年教育研究。1988 年中国老年大学协会成立，其下设的老年教育学术委员会负责中国老年大学协会的老年教育学术研究，指导各会员校进行老年教育理论研究。各地老年大学协会的会员校均有老年教育研究的职能。但是由于如前所述的种种原因，老年大学工作人员参与老年教育研究的积极性并不高，老年大学在老年教育研究方面的地位与作用尚未得到充分发挥。

（四）老年教育研究成果"出口管道"少

老年教育研究的成果一般通过论文发表、论著（译著、论文集）出版、学术会议交流、门户网站推广等途径得以呈现，但这方面的情况并不理想。从论文发表渠道来看，目前我国还没有专门刊发老年教育研究成果的学术期刊，教育类学术刊物中发表老年教育研究成果的主要有《成人教育》《中国成人教育》《职教论坛》《开放教育研究》《现代远距离教育》等，数量有限。近年来，也有一些高校学报的社会科学版和综合类社会科学期刊开始发表老年教育研究方面的论文。从学术交流情况来看，虽然中国老年大学协会和各省（或地区）老年大学协会都会举办老年教育学术交流活动，搭建了成果交流的平台，但是大多囿于老年大学系统之中，成果推广范围有限，在全社会范围内形成的影响比较小。从老年教育网站建设情况来看，各老年大学或协会的门户网站以发布工作指示、转发相关政策文件、老年大学活动新闻等内容为主，老年教育研究成果发布少，更新不及时。各级老年大学协会或各个老年大学创建的老年教育刊物以内部交流为主，在发挥公布老年教育研究成果、促进老年教育学术交流方面作用不大。

由于老年教育研究成果输出渠道少，在很大程度上消减了教育研究者，特别是青年教育研究者参加老年教育研究的热情与积极性，影响了老年教育研究学术力量的巩固和壮大。

三、解决我国老年教育研究问题的主要策略

（一）增强全社会人口老龄化国情教育

继续在全社会加强人口老龄化国情教育，通过人口老龄化形势教育、老龄政策法规教育、应对人口老龄化成就教育、孝亲敬老文化教育、积极老龄观教育等，增强我国公众的人口老龄化国情意识。对党政干部开展国情教育，有利于引导和重塑老龄化社会的政府行为；对青少年群体开展国情教育，可以加固人口老龄化的支撑力量和后备力量；对老年人开展国情教育，有助于提升老年生活质量，提高生命的尊严和价值。[①] 开展人口老龄化国情教育可通过以下形式进行：开展主题宣讲，把人口老龄化国情教育纳入大、中、小学教育教学内容及党校、行政学院和各级领导班子理论学习中心组和干部培训教育内容；举办主题文化活动；组织文艺创作等。要重视教育形式方面的创新。

（二）进一步贯彻落实党和国家关于发展老龄事业和老年教育的政策要求

2016 年 10 月，国务院办公厅发布了《老年教育发展规划（2016—2020年)》，这是我国历史上第一个专门为老年教育制定的国家专项规划，从老

---

① 穆光宗. 人口老龄化国情教育意义重大 [J]. 中国社会工作，2018（8）：28.

年教育的性质、目标、任务、行动、保障等方面进行了全面部署，对老年教育的形式、内容、方法、条件等进行了全方位梳理。社会各界要在"党委领导、政府主导、社会参与、全民行动"的老龄工作方针的指导下，积极贯彻落实该文件中提出的"扩大老年教育资源供给、拓展老年教育发展路径、加强老年教育支持服务、创新老年教育发展机制、促进老年教育可持续发展"五项主要任务，合力建设中国特色老年教育发展新格局。尤其是高等学校、科研院所和老年教育机构，要通过建立老年教育研究基地（或中心、研究所）等形式，加强老年教育的基础理论研究、政策研究和应用研究，探讨和解决老年教育发展中的重大理论和实践问题。做好老年教育研究成果共享和推广平台，积极开展老年教育优秀研究成果交流活动。

2021 年底，我国先后出台了《中共中央 国务院关于加强新时代老龄工作的意见》和《"十四五"国家老龄事业发展和养老服务体系规划》。这两个文件中都对发展老年教育、培养老年服务专业人才等提出了专门要求。文件精神的落实，对于改进老年教育研究现状，促进老年教育研究发展具有积极意义。

知识链接

《中共中央 国务院关于加强新时代老龄工作的意见》
关于发展老年教育、强化老龄工作保障的若干内容

（十）扩大老年教育资源供给。将老年教育纳入终身教育体系，教育部门牵头研究制定老年教育发展政策举措，采取促进有条件的学校开展老年教育、支持社会力量创办老年大学（学校）等办法，推动扩大老年教育资源供给。鼓励有条件的高校、职业院校开设老年教育相关专业和课程，加强学科专业建设与人才培养。编写老年教育相关教材。依托国家开放大学等建国家老年大学，搭建全国老年教育资源

共享和公共服务平台。创新机制，推动部门、行业企业、高校创办的老年大学面向社会开放办学。发挥社区党组织作用，引导老年人践行积极老龄观。

（十八）加强人才队伍建设。加快建设适应新时代老龄工作需要的专业技术、社会服务、经营管理、科学研究人才和志愿者队伍。用人单位要切实保障养老服务人员工资待遇，建立基于岗位价值、能力素质、业绩贡献的工资分配机制，提升养老服务岗位吸引力。大力发展相关职业教育，开展养老服务、护理人员培养培训行动。对在养老机构举办的医疗机构中工作的医务人员，可参照执行基层医务人员相关激励政策。

（二十一）强化科学研究和国际合作。加大国家科技计划（专项、基金等）、社会科学基金等对老龄领域科技创新、基础理论和政策研究的支持力度。支持研究机构和高校设立老龄问题研究智库。推进跨领域、跨部门、跨层级的涉老数据共享，健全老年人生活状况统计调查和发布制度。积极参与全球及地区老龄问题治理，推动实施积极应对人口老龄化国家战略与落实 2030 年可持续发展议程相关目标有效对接。

资料来源：中共中央 国务院关于加强新时代老龄工作的意见 [EB/OL]．（2021 - 11 - 24）［2022 - 01 - 02］．http://www. gov. cn: 8080/xinwen/2021 - 11/24/content_ 5653181. htm.

（三）培养老年教育研究的专门人才

加强学科建设与人才培养培训，优化老年教育研究队伍结构。在高等院校开设老年教育相关专业与课程，鼓励有条件的高校开展老年教育方向的研究生教育，培养老年教育科研人才。建设在职进修老年教育专业课程，为在职老年教育工作者提供弥补教育科学知识与专业发展的机会。

发展老年学历教育，在老年群体中培养一批老年教育研究的专门人才。2014年江苏开放大学在全国率先开展老年本科学历继续教育，修满学分者颁发国民教育相应专业和层次的毕业证书，本科毕业生符合学位授予条件的授予学士学位。上海开放大学于2011年与上海老年大学合作开展老年学历教育（专科）项目，招收退休老年人参加学历教育的学习，获得毕业资格者可颁发国家承认的、电子注册的上海开放大学高等专科毕业证书。在老年教育领域开展学历教育，支持老年教育中的高层次学生转变为研究者，让更多老年人成为老年教育研究的"内行"，从而补充老年教育研究力量。

（四）建设具有影响力与凝聚力的研究团体

通过中国老年大学协会、各省（地区）的老年大学协会、中国成人教育学会等社会学术团体的组织研究团队、高等学校和科研机构设立老年教育研究基地、志同道合者建构老年教育研究共同体等多种途径，聚集老年教育研究人才，整合老年教育研究资源，壮大老年教育研究力量。建立各级社会学术团体课题立项制度，用课题研究的形式发挥老年教育研究团体的作用，集中解决老年教育发展中的重大问题，带动区域间、机构间、学科间的老年教育科研合作，扩大老年教育研究的学术影响力。高等学校和专业科研机构要充分发挥自己的研究优势，主动引领和参与老年教育研究，在解决老年教育基本理论问题、提高老年教育研究学术质量方面发挥应有的作用。

老年教育研究团体要积极参与国际老年教育组织的学术活动，了解国外老年教育的先进理念和做法，推广我国老年教育研究成果与经验，拓宽老年教育研究者的国际视野，增强中国老年教育的国际影响力。中国老年大学协会于2018年在上海老年大学设立国际老年教育研究中心，组建面向世界的老年教育研究队伍，为开展老年教育研究的国际交流增设平台，也为老年教育研究团队建设开了先河。

（五）拓宽老年教育研究成果的发表渠道

争取创办专门的老年教育研究学术期刊，为老年教育研究成果的发表和交流搭建平台。已有的教育类学术期刊要增设老年教育主题或栏目，以增加老年教育研究成果的发表数量，提高老年教育研究成果的发表层次。这样既可以促进老年教育研究成果的宣传与交流，让更多的人共享老年教育研究成果，又可以调动更多的教育研究者进行老年教育研究的积极性。大多数青年教育研究者缺乏老年教育研究的主动性，一个主要原因就是在高层次学术刊物上发表老年教育研究成果比较困难，而这直接影响到他们的职称评定、职务聘任和专业发展。如果他们的老年教育研究成果能够在高层次教育学术刊物上刊发，就能使他们产生从事老年教育研究的动力。此外，要严格监管老年教育内部交流的刊物，增加学术研究成果的刊发数量，提高刊物的理论水平。

参 考 书 目

［1］叶忠海. 老年教育学通论［M］. 上海：同济大学出版社，2014.

［2］杨德广. 老年教育学［M］. 北京：人民教育出版社，2016.

［3］陆剑杰. 老年教育学：中国老年教育 34 年实践经验的学术研究升华［M］. 南京：河海大学出版社，2018.

［4］董之鹰. 老年教育学［M］. 北京：中国社会出版社，2009.

［5］林元和. "一带一路"与老年教育研究［M］. 北京：北京师范大学出版社，2020.

［6］林元和，王友农. 中国老年教育理论研究与国际对接（2017）［M］. 广州：广东经济出版社，2018.

［7］林元和，王友农. 中国老年教育理论研究与国际对接（2018）［M］. 北京：北京师范大学出版社，2020.

［8］林元和，王友农. 中国老年教育理论研究与国际对接（2019）［M］. 广州：广东人民出版社，2020.

［9］齐伟钧. 海外老年教育［M］. 上海：同济大学出版社，2014.

［10］中国老年大学协会课题组. 中国老年教育学若干问题研究［M］. 银川：阳光出版社，2012.

［11］中国老年大学协会课题组. 中国特色老年大学教育现代化研究［M］.

广州：广东教育出版社，2011.

［12］中国老年大学协会课题组. 中国老年大学教育现代化指标体系设计［M］. 广州：广东教育出版社，2014.

［13］刁海峰. 中国老年教育发展报告（2019—2020）［M］. 北京：中国商务出版社，2021.

［14］本书编委会. 中国老年教育发展研究报告（2018—2020）［M］. 北京：当代中国出版社，2021.

［15］王卫东. 中国特色老年教育现代化建设：广东省老干部大学的探索［M］. 北京：北京师范大学出版社，2019.

［16］李海燕. 老年教育管理：理论与实务［M］. 北京：华龄出版社，2021.

［17］深圳市长青老龄大学. 新时代 乐长青：深圳老年教育体系标准化建设创新实践［M］. 北京：社会科学文献出版社，2021.

［18］朱芬郁. 高龄教育：概念、方案与趋势［M］. 台北：五南图书出版股份有限公司，2011.

［19］林振春，等. 老人教育学［M］. 台中：华格那企业有限公司，2012.

［20］邱天助. 教育老年学［M］. 台北：心理出版社有限公司，1993.

［21］周德荣. 老年教育的理论与实践：以台湾为例［M］. 台北：师大书苑有限公司，2010.

［22］台湾成人及终身教育学会. 高龄学习与高等教育［M］. 台北：师大书苑有限公司，2009.

［23］黄济，王策三. 现代教育论［M］. 北京：人民教育出版社，1996.

［24］黄济，郭齐家. 中国教育传统与教育现代化基本问题研究［M］. 北京：北京师范大学出版社，2003.

［25］瞿葆奎. 教育学文集·第 14 卷：教育制度［G］. 北京：人民教育出版社，1990.

［26］瞿葆奎. 教育学文集·第 1 卷：教育与教育学［G］. 北京：人民教育出版社，1993.

［27］王道俊，王汉澜. 教育学：新编本［M］. 2 版. 北京：人民教育出版社，1989.

［28］孙喜亭. 教育原理［M］. 2 版. 北京：北京师范大学出版社，2003.

［29］陈桂生. 教育原理［M］. 2 版. 上海：华东师范大学出版社，2000.

［30］陈桂生. 学校教育原理［M］. 长沙：湖南教育出版社，2000.

［31］成有信. 教育学原理［M］. 郑州：河南教育出版社，1993.

［32］叶澜. 教育概论［M］. 上海：华东师范大学出版社，1991.

［33］石中英. 教育学的文化性格［M］. 太原：山西教育出版社，1999.

［34］柳海民. 现代教育原理［M］. 北京：人民教育出版社，2006.

［35］袁振国. 当代教育学［M］. 北京：教育科学出版社，1998.

［36］全国十二所重点师范大学. 教育学基础［M］. 北京：教育科学出版社，2014.

［37］项贤明. 教育学原理［M］. 北京：高等教育出版社，2019.

［38］王炳照. 陈元晖教育文集［M］. 南京：江苏教育出版社，2011.

［39］郭齐家. 中国古代教育思想史［M］. 北京：教育科学出版社，1987.

［40］黄甫全. 现代课程与教学论学程：上［M］. 北京：人民教育出版社，2006.

［41］汪崇渝，梁兴连. 现代教育技术理论与应用［M］. 北京：北京师范大学出版社，2011.

［42］王卫东. 教育原理与改革热点［M］. 北京：高等教育出版社，2015.

[43] 王卫东，田秋华. 教育学纲要 ［M］. 广州：中山大学出版社，2009.

[44] 王卫东. 现代化进程中的教育价值观：西方之鉴与本土之路 ［M］. 北京：中国社会科学出版社，2002.

[45] 雅斯贝尔斯. 什么是教育 ［M］. 邹进，译. 北京：生活·读书·新知三联书店，1991.

[46] 布列钦卡. 教育科学的基本概念 ［M］. 胡劲松，译. 上海：华东师范大学出版社，2001.

[47] 色诺芬. 回忆苏格拉底 ［M］. 吴永泉，译. 北京：商务印书馆，1984.

[48] 杜威. 民主主义与教育 ［M］. 王承绪，译. 2 版. 北京：人民教育出版社，2001.

[49] 孔布斯. 世界教育危机：八十年代的观点 ［M］. 赵宝恒，等译校. 北京：人民教育出版社，1990.

[50] 桑特洛克. 毕生发展 ［M］. 桑标，等译. 3 版. 上海：上海人民出版社，2009.

[51] 范梅南. 教学机智：教育智慧的意蕴 ［M］. 李树英，译. 北京：教育科学出版社，2001.

[52] 沛西·能. 教育原理 ［M］. 王承绪，赵端瑛，译. 北京：人民教育出版社，1992.

[53] 劳伦斯. 现代教育的起源和发展 ［M］. 纪晓林，译. 北京：北京语言学院出版社，1992.

[54] 联合国教科文组织教育统计局. 国际教育标准分类 ［M］. 北京：人民教育出版社，1988.

[55] 联合国教科文组织. 反思教育：向"全球共同利益"的理念转变? ［M］. 联合国教科文组织总部中文科，译. 北京：教育科学出版社，2017.

［56］谢培豪，倪进东. 老年学［M］. 北京：科学出版社，2018.

［57］孙鹃娟，梅陈玉婵，陈华娟. 老年学与老有所为：国际视野［M］. 北京：中国人民大学出版社，2014.

［58］刁海峰. 树立和培育积极老龄观［M］. 成都：四川教育出版社，2020.

［59］袁贵仁. 对人的哲学理解［M］. 郑州：河南人民出版社，1994.

［60］李德顺. 价值论［M］. 北京：中国人民大学出版社，1987.

［61］周大鸣. 文化人类学概论［M］. 广州：中山大学出版社，2009.

［62］李文阁，王金宝. 生命冲动：重读柏格森［M］. 成都：四川人民出版社，1998.

［63］英克尔斯，史密斯. 从传统人到现代人：六个发展中国家中的个人变化［M］. 顾昕，译. 北京：中国人民大学出版社，1992.

［64］亨廷顿. 变革社会中的政治秩序［M］. 王冠华，刘为，等译. 北京：生活·读书·新知三联书店，1989.

［65］辞海（缩印本）［Z］. 上海：上海辞书出版社，2000.

［66］顾明远. 教育大辞典：增订合编本［Z］. 上海：上海教育出版社，1998.

［67］叶瑞祥，陈先哲. 老年教育辞典［Z］. 广州：广东人民出版社，2020.

［68］李旭初，刘兴策. 新编老年学词典［Z］. 2版. 武汉：武汉大学出版社，2016.

［69］李德顺. 价值学大词典［Z］. 北京：中国人民大学出版社，1995.

［70］芮逸夫. 云五社会科学大辞典·人类学［Z］. 台北：台湾商务印书馆，1971.